国鉄スワローズ 1950-1964

400勝投手と愛すべき万年Bクラス球団

堤　哲
Tsutsumi Satoshi

交通新聞社新書 020

国鉄スワローズ1950-1964——目次

目次

本文中敬称略

はじめに

「金田、国鉄を退団／契約更改を拒否」

45年前の新聞のコピーに、カネやんは怒りの声をあげた。「退団⁉　冗談じゃない。国鉄スワローズという球団が消滅したんや」。

「同じ貧乏球団の広島カープは存続している。スワローズだって身売りしなくてもよかったんや。ホンマに弱かったけど、いい球団やった。総裁以下、現場の職員も、労働組合も、国鉄一家あげて応援してくれてのう」

２００９年秋、この本のために金田正一《まさいち》に取材したときのことである。

国鉄スワローズは、プロ野球が2リーグに分裂した１９５０（昭和25）年1月に誕生した。ちょうど60年前になる。金田は、その年の8月、高校を中退して、17歳で入団した。いきなり8勝をあげ、最下位脱出の原動力となった。

それからB級10年選手の権利を行使して巨人に移籍するまで、国鉄スワローズのエースとして君臨、数々のアンタッチャブル・レコード（永久不滅の記録）をつくった。

国鉄スワローズの球団経営は、国鉄の外郭団体が行っていたが、経済の高度成長とプロ野球人気の高まりに伴って、選手の契約金が暴騰するなど経費が膨らみ、国鉄では持ち切れなくなった。その結果、東海道新幹線が開通し、東京オリンピックの開かれた１９６４（昭和39）年を最後に、経営権を手放してしまう。球団が誕生して15年、国鉄が赤字に転落した年でもあった。

あれから半世紀、世界は時速３００〜３５０キロの高速鉄道時代を迎えている。当時の国鉄総裁・十河《そごう》信二が周囲の反対を押し切って東海道新幹線を建設しなければ、航空機、自動車に押されて斜陽となっていた鉄道の復権はなかった。その十河は、シーズン開幕前の激励会などで決まってこういった。「日本の国鉄は世界一だ。しかし、君達の国鉄は日本一にもなれない」と。

国鉄スワローズは、セ・リーグ優勝もできなかった。3位になったのが1回（１９６１年）あるだけで、シーズン当初は首位を突っ走っていても、終わってみるとBクラス。最下位は3回だけだったが、あとは4位か5位だった。

「もう少しまともなチームだったら、５００勝していますよ」とカネやんはいった。

国鉄野球の歴史は古い。野球殿堂入り第1号に平岡凞《ひろし》（吟舟《ぎんしゅう》）がいるが、平岡はアメリカに留学して機関車製造技術を学ぶとともにベースボールを体得し、バットやボールなどの用具やルールブックを携えて帰国した。鉄道発祥の地、新橋鉄道局に鉄道技師として勤め、日本初の野球チーム「新橋アスレチック倶楽部」を結成、ユニホームもつくった。1878（明治11）年のことである。

ベースボールが野球と翻訳される以前の話で、つまり、日本最初の野球チームは国鉄の職員を中心につくられたのである。そのユニホーム姿の記念写真が東京ドームにある野球殿堂（野球体育博物館内）に飾られている。

1906（明治39）年、全国に延びた鉄道が国有化され、その頃から大正時代にかけて全国の国鉄職場で野球部が生まれた。そして鉄道開業50周年を記念して、1921（大正10）年に第1回の全国大会が開催された。都市対抗野球大会が始まる6年も前である。

プロ野球の誕生は、1936（昭和11）年だった。読売新聞社長・正力《しょうりき》松太郎が呼び掛けて7球団（東京巨人、大阪タイガース、大東京、名古屋金鯱《きんこ》、阪急、東京セネターズ、名古屋）で日本職業野球連盟を結成した。その巨人軍を国鉄熊本の鉄道野球チームが1―0で破る金星をあげている。前年には東京鉄道局が巨人軍と2勝2敗の五分の成績を残し、東鉄のエース前川八郎は、巨人に引き抜かれている。前川は、巨人軍創設75周年の記念試合（2009年7月7日横浜戦）に復刻ユニホームを着て始球式を行った（2010年3月逝去、97歳）。

戦前の国鉄チームは、プロ球団に負けないほどの実力があり、プロ野球への人材供給源でもあった。１９５０（昭和25）年にプロ野球が2リーグに分かれたとき、国営事業から「独立採算」の公共企業体に変わった国鉄に「プロ球団を持ちませんか」と、野球好きの国鉄総裁・加賀山之雄に働きかけがあったのも、今から考えると当然のことだったのかも知れない。

２０１０年は、セ・パ両リーグが結成されて60年にあたる。したがって国鉄スワローズが誕生して60年でもある。この機会に、国鉄スワローズ、そしてその母体ともなった国鉄野球に改めてスポットライトを当ててみたのが本書である。

第一章

国鉄スワローズ誕生

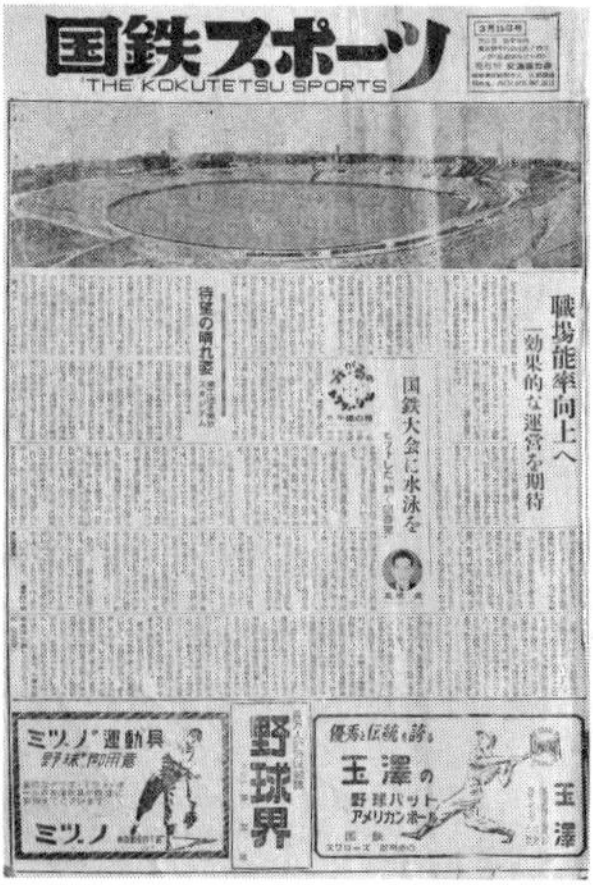
国鉄スポーツ
THE KOKUTETSU SPORTS

職場能率向上へ
効果的な運営を期待

国鉄大会に水泳を

待望の晴れ姿

ミツノ運動具
野球用品
ミツノ

野球界

優秀と伝統を誇る
玉澤の
野球バット
アメリカンボール
玉澤

武蔵野グリーンパーク球場が完成。東京駅から直通運転を報じる。（国鉄スポーツ1951年3月25日号）

公共企業体「国鉄」の発足

日本のプロ野球にセ・パ両リーグが誕生したのは、1950（昭和25）年のシーズンからである。セ・リーグは3月10日、パ・リーグは翌3月11日に開幕した。

この年1月1日付の「日刊スポーツ」は、「二大リーグ攻防戦の年明ける」と1面トップで報じた。「庚寅《かのえとら》」の年。干支の虎のイラストをつけて、タイガースの強打者・藤村富美男と、パ・リーグの新球団毎日オリオンズにノンプロ別府星野組から入団した左腕投手・荒巻淳の2選手の写真をあしらっている。

タブロイド判の1面記事下に、プロ野球の年賀広告が載っている。「謹賀新年／希望に燃ゆるスポーツ日本のホープ」というコピーをつけて両球団所属のチーム名がある。

太平洋野球連盟（パシフィック・リーグ）として阪急ブレーブス、大映スターズ、南海ホークス、東急フライヤーズ、毎日オリオンズ、近鉄パールス、西鉄クリッパースの7球団。

セントラル野球連盟（セントラル・リーグ）として読売ジャイアンツ、中日ドラゴンズ、阪神タイガース、松竹ロビンス、広島カープ、㊉ホエールズ、西日本パイレーツの7球団。

国鉄スワローズはまだ誕生していない。水面下で球団結成の準備作業が進められていた。

当時の国鉄総裁・加賀山之雄が東大法学部—国鉄を通じての1年後輩で、国鉄の外郭団体である財団法人交通協力会の理事長・今泉秀夫に「プロ野球の球団を結成できないか」と持ちかけたのは、前年の12月中旬だった。

加賀山は、一高—東大を通じてボート部だったが、野球好きで、国鉄総裁になる前の運輸省鉄道総局長官時代から省内で軟式野球のチームをつくり、投手をしていた。この草野球チームは後に「総裁チーム」と呼ばれるようになって、1987（昭和62）年に国鉄が分割民営化されてJRになるまで続いた。加賀山が野球好きでなかったら、国鉄スワローズの誕生はなかった、というのが当時の国鉄関係者の一致した見方である。

長崎抜天《ばってん》記者が描いた加賀山之雄の似顔絵。（時事新報1961年9月17日付）

国鉄は1949（昭和24）年6月1日、日本国政府が経営する「官業国鉄」から公共企業体「日本国有鉄道」に生まれ変わった。敗戦とともにやってきた進駐軍・GHQ（連合国軍最高司令官総司令部）の最高司令官マッカーサー元帥の指令に基づくもので、国営事業を公社化して経営を合理化、同時にその事業の公共性から職員のスト権を禁止した。ひと言でいうと「親方日の丸」の経営から「独立採算」への移行である。英語標記もJapanese Government Railways（JGR）から、Japanese National Railways（JNR）へ変わった。「総裁チーム」のユニホームの胸のマークは、公企体移行後も「JGR」だった。GHQのお仕着せ改革への、せめてもの抵抗だったのだろうか。

しかし、国鉄は「公共性」と「企業性」の間で揺れ動き、最後は年間1兆円を超える赤字を出し続け、25兆円もの長期債務を抱えてJR各社に分割民営化されたことはご存知の通りである。

公共企業体（パブリック・コーポレーション）のモデルは、アメリカのTVA（テネシー川流域開発公社）といわれた。だが、どういう事業をしている公社なのか誰も知らなかった。GHQの通訳を務めた国鉄の兼松學（元交通公社副会長）が後年、TVAを訪ねたが、「それはなんとルーズベルト大統領が建設を指示した原爆製造所だったので驚いた」と記している。

「アメリカの鉄道会社はすべて民間」という単純な理由での組織の改編だったという証言もある。

「パブリック・コーポレーション、公共企業体っていわれても何のことか分からない。兼松さんからGHQはこういっているという情報が入るが、冗談じゃないと思っていましたね。敗戦直後の東京ではメシを食うのも大変なので、箱根の国鉄の寮に籠って、若手事務方3人で鉄道省のまいけないか、プランを練りました。そうしたらGHQの命令だといわれて」と、当時文書課員だった１８４３（昭和18）年入省の原岡幸吉はいう。他の２人は同じ文書課の吉田敏郎、総務課の下島留夫である。

戦前の鉄道会計は豊かで、１９１９（大正８）年から１９４２（昭和17）年までの24年間、運賃値上げをしなかった。鉄道大臣は、他の大臣と比べ羽振りがよかった。ところが戦後の国鉄は赤字に陥った。１００円を得るためにかかる経費、営業係数は１９４５（昭和20）年１２６・９、１９４６年１６５・６、１９４７年１４９・０。公企体に移行する前年の１９４８（昭和23）年は１３５・８。一般会計から３０２億円を鉄道特別会計に繰り入れて、収支を合わせた。

国鉄の初代総裁に運輸事務次官の技術屋・下山定則（１９２５年鉄道省入省、東大機械卒）が、副総裁に2年後輩の事務屋・鉄道総局長官の加賀山之雄が就任した。

最初の仕事が、人員整理だった。戦後、鉄道から兵隊に行った人や、満鉄（南満州鉄道）など外地の鉄道から復員した人たちを国策で受け入れたことから職員は61万人にまで膨れ上がった。一方で、公企体発足と同時に定員法（行政機関職員定員法）が施行され、「10月１日現在50万６７３４人」までの減員を義務づけられた。

国鉄総裁・下山は、７月４日に９万５０００人の整理を国鉄労組に通告するが、翌５日、東京・日本橋の三越本店に入ったのを最後に行方不明となり、６日未明、常磐線北千住～綾瀬間の線路上で轢《れき》死体となって発見される。「下山事件」の発生である。

自殺か、他殺か。警視庁の捜査は自他殺両面で進められ、毎日新聞は自殺説、朝日新聞は他殺説をとるなど報道も2つに割れた。副総裁の加賀山は「鉄道マンが線路で自殺することはあり得ない」―「下山さんは殺された」と、「他殺」を公言していた。

下山事件に続いて7月15日に三鷹事件（中央線三鷹駅で無人電車が暴走し6人死亡）、8月17日には松川事件（東北本線金谷川～松川間で旅客列車が脱線転覆して3人が死亡）と、怪事件が頻発した。

下山の死亡で空席になっていた国鉄総裁に副総裁の加賀山が就任したのは、9月24日になってからだった。副総裁は置かなかった。GHQが推した若手抜擢の副総裁候補（前述の当時37歳の兼松學がGHQから副総裁就任を持ちかけられたが、兼松は「日本の官僚組織ではあり得ないこと」といって断ったという）を拒否した結果ともいわれたが、「僕は下山さんの副総裁なんだ。いつも下山さんが生きているつもりでやるよ」と周囲に漏らしていた。

加賀山は総裁就任のあいさつで、幹部職員全員に起立を求め、故下山総裁に黙祷を捧げたあと、収支のバランスを図るためセクショナリズムの一掃、米英のコーポレーション思想を生かし、政治に左右されない自主性の確立を訴えた。労働組合との関係については「労組の健全な発展は国鉄の復興、再建にも欠かせない」と、50万職員の一体化を求めた。

正力松太郎奔走、プロ野球2リーグ制へ

一方でプロ野球2リーグ化に向けて、新チームが続々と名乗りをあげていた。2リーグ化を最初に言い出したのは、日本プロ野球の初代コミッショナー・正力松太郎だった。1949（昭和24）年4月のことで、併せて大リーグチームの招聘（この年の秋に3Aのサンフランシスコ・シールズが来日）と東京に野球場の建設をうたった。

正力の構想は、これまでの8チーム（読売ジャイアンツ、大阪タイガース、阪急ブレーブス、中日ドラゴンズ、南海ホークス、東急フライヤーズ、大陽ロビンス、大映スターズ）に、とりあえず2チームを増やして計10チームで2リーグへ移行、将来的にはあと2チーム増やし、12チームにしようというものだった。

正力は、まず当時大阪が本社だった毎日新聞社（大毎）に「プロ球団の結成」を持ちかけた。2リーグのひとつはむろん読売新聞が仕切り、もう一方は毎日新聞が、と考えたのだ。

大毎は戦前「大毎野球団」を持っていた。東京六大学野球のスター選手をそろえた強豪チームだった。まだプロ野球がない大正から昭和の初めだ。在籍した選手で野球殿堂入りした者だけを

見ても、剛球投手・小野三千麿《みちまろ》（1922年に来日した大リーグから日本人投手として初の勝利投手。都市対抗野球大会の小野賞に名前が残る）、のちに慶大野球部の黄金時代を築いた名監督・腰本寿、巨人軍初代監督・三宅大輔、1925（大正14）年に19年ぶりの早慶戦復活に奔走した桐原眞二（以上慶應義塾大学）、明大の黄金時代の監督・岡田源三郎、審判の横沢三郎、元中日ドラゴンズ監督・天知《あまち》俊一（以上明治大学）がいる。それ以外では、毎日オリオンズ初代監督・湯浅禎夫らも大毎に所属していた。

ところが、正力は公職追放中の身で、GHQからの指摘で5月にプロ野球コミッショナーを辞任してしまう。とりあえず株式会社日本野球連盟会長となったものの、すでに読売新聞社長の肩書もなかった。敗戦後の1945（昭和20）年12月に戦犯容疑で巣鴨拘置所に収監され47年9月に釈放されたが、後任社長に馬場恒吾が就いていた。

日本職業野球連盟が発足したのが1936（昭和11）年。苦難を重ね、1リーグ最後の1949（昭和24）年になってやっと黒字が出て、各球団に分配金がもたらされた。チーム数が増えることは分配金の減少につながる。既成球団の思惑は複雑で、読売新聞社内からも「毎日新聞の加盟は、販売政策上好ましくない」と反対の声があがり、正力の思い通りにことが運ばなくなった。毎日新聞社の加盟が紛糾のタネになった。セ・パ両リーグがすんなり誕生したのではなく、「分裂」とか「分立」と書かれるのはそのためである。結果的に、喧嘩別れしてセ・リーグは毎日加盟反対派、パ・リーグは毎日加盟賛成派という色分けとなった。

既成の8球団のうち田村駒治郎《こまじろう》オーナーの大陽ロビンス（チーム名は当初「太陽ロビンス」だったが、「野球は点を取らなくてはアカン」というオーナー命令で「大陽」に改名）が松竹と提携して「松竹ロビンス」となり、新設球団はパの「毎日」「近鉄」「西鉄」、セの「広島」「大洋」「西日本」。セ・パ両リーグとも7球団だったが、セ・リーグは最後に、隠し玉だった国鉄スワローズが加わった。

列車と病室からスタートした国鉄プロ球団

国鉄スワローズ誕生の経緯を見てみよう。

国鉄球団株式会社で常務取締役まで務めた徳永喜男が書き残している。著書『スワローズ激動の歩み』（1980年、恒文社）から動きを追ってみる。

徳永は、国鉄スワローズの初代監督となった西垣徳雄と同級生で、第一神港商業―法政大学を通じて野球部のマネージャーだった。戦後、復員した徳永は、1948（昭和23）年6月に日本野球連盟の職員となる。プロ野球の審判員になっていた西垣と、旧制中学・大学と同じ道を歩んだ2年先輩の島秀之助（後にセ・リーグ審判部長）のあっせんだった。2リーグの誕生に事務局の職員として携わり、セ・リーグの初代事務局長に内定していた。

徳永は、1912（明治45）年生まれで、2010年3月1日に98歳の誕生日を迎えた。東京・府中市の有料老人ホームで独り暮らしをしているが、いたって元気だ。80年も前の1929（昭和4）年、第一神港商業はエース西垣徳雄の活躍により選抜高校野球大会で優勝し、その夏にアメリカ遠征をしているが、マネージャーの徳永も同行した。そのアメリカ遠征の思い出をこと細かに話してくれた。

徳永によると、国鉄がプロ野球球団を持つようになった歴史的な日は、1949（昭和24）年11月7日（月）だった。

その前日の11月6日の日曜日、阪神甲子園球場で東西対抗野球最終第3戦が行われた。東軍が10―7で西軍を破った試合で、勝利投手はスタルヒン（大映）、敗戦投手は野口二郎（阪急）。本塁打は東軍・白石勝巳（巨人）、小鶴《こづる》誠2本（大映）、川上哲治（巨人）、西軍・土井垣《どいがき》武（阪神）、飯田徳治（南海）が記録している。

西垣はこの試合の審判を務め、翌7日帰京するため急行列車に乗った、と徳永は記している。当時特急が復活していて、東京〜大阪間を9時間で運転していた。急行だと所要時間は11時間10

分。特急列車のような気がするが、どうだろうか。

西垣はその車中で、偶然、国鉄総裁・加賀山之雄と出会った。西垣が法政大学を卒業して1935（昭和10）年に東京鉄道局に採用されたときの人事担当者（人事掛長）である。加賀山は東鉄野球部の強化を図り、西垣とともに、前川八郎（国学院大）―藤松清和（早大）のバッテリーらをとり、沢村栄治投手のいた読売巨人軍と2勝2敗と五分に戦えるまでの強豪チームに仕立てた。当然、2人の間で野球談議に花が咲いた。西垣はプロ野球が2リーグ化に向けて進んでいて、セ・リーグがもう1球団の加盟を待ち望んでいることを伝えた。

「総裁、どうでしょう、国鉄には管理局ごとに野球チームはありますが、全国職員の士気高揚のために、プロ野球チームをお持ちになったらいかがでしょうか」

するとと加賀山は、

「それは面白い案だなぁ」

と真顔で答えたという。

国鉄が球団創設を発表した翌日の日刊スポーツ1950年1月13日付の2面に「話題の人」として加賀山が取り上げられている。見出しは「冗談から出た駒／球団の夢実現」。筆者は東大野球部OBで、のちに毎日新聞運動部のアマチュア野球担当記者として名を馳せた鈴木美嶺である。

鈴木が都市対抗野球大会期間中に毎日新聞スポーツ面に連載した「黒獅子の目」は絶品だった。「日本野球規則」編纂委員にも名を連ねた野球のルールのオーソリティーで、東京六大学の審判員を務めたこともある。

鈴木の記事にこうある。〈もう旧聞に属するが、旧臘《ろう》（昨年12月）NHKのスポーツ便りがスクープした「国鉄もプロ球団を持つ模様である」とは、（中略）野球マニアぶりを遺憾なく発揮していた加賀山国鉄総裁の車中放談のとんだ余波とわかり、「年末賞与」の問題で大モメの国鉄にとっては球団結成などもっての外と一時はこの話も落着いた〉

「国鉄がプロ野球球団」は、NHKラジオが特ダネとして放送したと書いている。それを裏付ける記事が「スポーツニッポン」にもあった。「ことの起こりは昨年12月に加賀山総裁が下阪するときにNHKにしゃべったのがきっかけだ」（1950年1月20日付）。今はやりのマスコミ用語を使うと、国鉄総裁・加賀山がリークしたのだ。NHKの記者は、面白い話題として取り上げ、それが電波に乗った。残念ながらどういう内容の放送だったかは不明である。

加賀山としては、国鉄がプロ野球のチームを持つことに、世論がどう反応するか知りたかったのだと思う。観測気球を打ち上げたのだ。

「年末賞与」の問題とは、国鉄労組が1949（昭和24）年8月末に9700円のベアと年末賞与1カ月分を要求したのに対し、国鉄当局はゼロ回答。調停委員会が8050円のベアを提示したが、これも当局が拒否。仲裁委員会の裁定が出ても、「ない袖は振れない」と主張し、労使でもめ続けていた。国労書記長の星加要ら国労幹部・中央闘争委員ら8人が「仲裁裁定の完全実施」を求めて12月9日から東京・数寄屋橋でハンストに入り、それが上野公園下、新宿、静岡駅前にも広がり104人が参加したという。

だからその年の暮れに、「国鉄がプロ野球団」というラジオ放送が流れても、「冗談じゃない」と労組からは相手にもされなかった。しかし、加賀山は、国鉄が直接経営するのではなく、外郭団体が持つのなら問題はないのではないか、と判断したようだ。加賀山は、東鉄局長の後任でもあった財団法人交通協力会理事長・今泉秀夫に、球団創設の具体的なプラン、収支目論見の作成を依頼する。

今泉も人一倍野球好きだった。「今泉に、プロ球団創立の責任者として白羽の矢をたてたことは、けだし適材適所というべきである」と、評論家の大和球士は、国鉄スワローズ誕生の内幕について書いている（「野球界」1950年8月号）。今泉は、国鉄野球黄金時代の1936（昭和11）年に仙台鉄道局野球部長（人事掛長）、翌37年は新潟鉄道局野球部長（貨物課長）として都市対抗野球大会の本大会に出場、神宮球場のベンチに座っている。36年の第10回大会は、国鉄チームが

8チームも出場し、門司鉄道局が優勝した（第六章で詳述する）。今泉が「野球効果」を実感したのは、次の新潟局での体験だった。新潟鉄道局は36年9月に新設され、職員は東京、名古屋、仙台の3局からの寄せ集め。一本化するのに苦労していた。ところが翌37年夏の都市対抗野球の予選の決勝で、不利を予想された新鉄が新潟コンマーシャル倶楽部を破ってしまったのだ。本大会では1回戦で敗退したが、「頑張れニイテツ！」の応援を通じて、局員の心がひとつになった。「職場を明朗にするには野球に限る」となったのである。

今泉は、そのあとニューヨーク勤務を経験しており、大リーグの試合も観戦。新聞・雑誌を通じて生まれたばかりの日本のプロ野球と、本場大リーグとの違いを肌で感じていた。

今泉は、密かに日本野球連盟社長の鈴木龍二らを訪ねて、プロ野球の経営、その実情について話を聞いた。日本野球連盟は1949（昭和24）年のシーズンを終え、決算がまとまっていた。それによると、入場者総計は459万9000人、総売り上げ4億1397万円、税引き後の利益は1億2453万円と、入場者数も収入も、これまで最高だった1946（昭和21）年度の約3倍にのぼっていた。そして純益のうち7747万円を8球団に分配した。球団別では巨人1465万5247円、阪神1080万5560円、南海983万2858円、大映890万8363円、東急870万7855円、中日868万1380円、阪急811万0335円、大陽77

7万1668円になっていた。

プロ野球人気は確実に上がってきているものの、チーム数が増えて、2リーグに分かれて収支がどうなるかは、誰も予測できなかった。そのうえ国鉄が加盟しようとしていたのはセ・リーグ。今泉が親しくしていた私鉄の関係者は、主としてパ・リーグだ。「国鉄が球団結成を検討」というような情報が事前に漏れたら、どこから横槍が入るか分からない。独自に具体案を練るしかなかった。

年明け早々に、今泉の妻・弘子が盲腸で入院。その看病を装って、今泉は新宿にあった東京鉄道病院の病室でプランを練った。数日後、「国鉄プロ野球団設置要綱」（巻末資料参照）となって、まとまった。「素人がよく短時間にこれだけのものをつくった」と徳永は感心している。

大ざっぱにいうと、年間収入2000万円、経費は3000万円。ざっと1000万円の赤字である。それでも選手は最低限の25人に抑えている。一流プレーヤーもとりたいとしているが、予算に盛られたのは、最高で契約金100万円、月給6万円。とてもスター選手の獲得は不可能だ。

では、当時の一流選手はどのくらいの報酬をもらっていたのか。日刊スポーツ1950（昭和25）年1月23日付の「プロ野球選手収入調べ」によると、月給10万円が最高で、川上哲治、別所毅彦（巨人）、大下弘（東急）、藤村富美男（阪神）、別当薫（毎日）、小鶴誠、スタルヒン（大映）ら。

「総理大臣の月俸は4万円だから、川上選手などは2人の総理大臣を抱えたうえ、あと半人を首にぶらさげるというあんばい」と皮肉っている。

9万円は千葉茂（巨人）、真田重蔵（松竹）、若林忠志（毎日）など。ルーキーは荒巻淳《あつし》（毎日）が8万円でトップ、ついで蔭山和夫（早大—南海）5万円、関根潤三（法大—近鉄）4万円。

契約金の最高は、阪神から引き抜いた毎日の選手が上位を占め、別当が200万円、若林、土井垣武が180万円。新人荒巻は150万円とある。

収入としては、国鉄スワローズ球団のフランチャイズ球場にする予定で建設中の「武蔵野グリーンパーク球場」の広告収入や売店収入の戻しまであてにしている。むろんそれでは収支が合わないので、今泉私案として国鉄からの援助をあげている。
①選手は国鉄職員の身分を保持、その給料の中（1人月4000円）を国鉄から支給。
②選手に全線パスの支給。遠征経費が減少する。
③武蔵野グリーンパーク球場専用駅の収入の一部を球団の収入とする。
それでもなお「毎年400万円程度の援助」を必要としている。

ただ、「努力次第で5、6年後には独立採算に到達しうる可能性なしとは断じ得ないであろう」と付け加えている。

さらに最後に特記事項が書かれている。①連盟に対する加盟金1000万円は免除を要請する。

その代替条件として、「セ・リーグ球団の試合のための長距離移動用として特別車（車中を畳敷きにする）を作り、三等運賃で使用し得るように国鉄の配慮を願いたし」とあり、さらに「選手退団の場合、本人が希望するなら直ちに国鉄職員として業務に従事せしめられたい」とも付記している。

今泉がネジリ鉢巻きで作成したこの要綱は1月11日の国鉄理事会で承認された。翌12日にセントラル・リーグに加盟を申請して受理された。そのあと記者会見して、「国鉄が新球団を結成」を高らかに宣言した。

球団設立決定と夜行列車での密談

一方、セ・リーグ側の対応はというと、西垣から「国鉄総裁・加賀山が球団を持つことに乗り気だった」と聞かされた徳永は、すぐ連盟会長の鈴木龍二に報告した。

「なんとしてでも国鉄を加盟させせよう」

鈴木は、セ・リーグ会長で読売新聞副社長兼編集局長だった安田庄司、セ・リーグ理事長の中日ドラゴンズ代表・中村三五郎、セ・リーグ事務局長に内定していた徳永の3人を集めて協議。国鉄幹部へ事前に根回しをして、総裁提案に賛同してもらう工作が必要となった。白羽の矢が立ったのは松前重義だった、と徳永は記している。のちの社会党衆議院議員、東海大学総長の松前重義である。

何故、当時公職追放中の松前だったのか。松前は「武蔵野グリーンパーク球場」を建設していたのである。今泉の収支目論見にある「三鷹グラウンド」である。

その経緯はこうである。松前は、戦前、逓信省技官で工務局長まで務めたが、東条英機内閣に反対して怒りを買い42歳で懲罰召集となった。無事復員して、戦後、逓信省総裁に就任したが、1947（昭和22）年1月に公職追放となった。一方、武蔵野市には戦時中、戦闘機「零戦」をつくっていた中島飛行機の広大な跡地があった。敗戦で「中島飛行機」から社名変更した「富士産業」は、「戦災により荒廃せる武蔵野地域を文化的に復興する」目的で47年5月に「武蔵野文化都市建設会社」（資本金20万円）を設立した。そして市内在住の文化人を社長に迎えることになり、公職追放中の松前重義を担ぎ出した。

野球場建設が決まったのは、49年10月だった。社名が「東京グリーンパーク」と変わり、資本金が5000万円に増資された。議論の過程では、競輪場誘致に傾いていた。「戦災復興」を旗印に、前年の48年11月に初めて福岡県小倉市で競輪が始まり、初開催4日間の売り上げは1973万円にのぼり、小倉市が得た純益は120万円と報じられていた。貴重な財源だった。しかし、松前は「競輪は賭博の一種」と猛反対、「野球場はどうだ」と提案した。

球場建設は急ピッチで進められた。収容人員7万人というスケールの大きい野球場だった。球場前に駅をつくった。松前は「知人の加賀山之雄国鉄総裁に頼んで、中央線の武蔵境駅から引き込み線まで引いた」と朝日新聞連載の「松前重義が語るわが昭和史」（1986年9月10日付）で証言している。今泉の目論見だと、初年度シーズンからこの球場を使って、国鉄から観客輸送に伴う旅客収入の一部、球場からも広告収入や売店の売り上げの一部を球団の収入に見込んでいた。しかし、朝鮮戦争の勃発による資材不足などで球場建設は難航、完成が1年延びた。そのうえ、土ぼこりがひどいなど悪条件が重なり、結局、この球場で国鉄の試合が行われたのは、完成した1951（昭和26）年の7試合のみ。実質的には後楽園が国鉄のホームとなり、東京グリーンパークは53年に解散、球場も56年、完成からわずか5年で解体されている。

話を戻して、松前が国鉄スワローズ結成に関与した件である。松前は当時の国鉄幹部に根回しをした。加賀山と採用同期の理事兼運転総局長・小西桂太郎、同施設局長・立花次郎、加賀山の1年後輩、今泉と同期の運輸省自動車局長・牛島辰弥《たつや》、加賀山の2年後輩の運輸総支配人・天坊《てんぼう》裕彦らだ。

小西と牛島は、軟式野球の「総裁チーム」の外野手と一塁手。のちに国鉄総裁となる磯崎叡《さとし》もこのチームのメンバーだった。磯崎は一高―東大を通じて野球部のマネージャーをしていた。加賀山体制を支える筆頭課長の文書課長だった。のちに国鉄副総裁・参議院議員となる天坊は、弊衣破帽《へいいはぼう》時代の旧制三高の応援団長。野球の応援はお手のものである。

そして1月5日、銀座の料理屋「鶴之家」で三者会談が持たれた。むろん極秘裏に、である。国鉄側からは交通協力会会長の三浦義男（のちに宮城県知事・参議院議員）と、理事長の今泉秀夫。プロ野球側はセ・リーグ会長の安田庄司、日本野球連盟会長の鈴木龍二、事務局長の徳永喜男。それに仲立ちした松前重義。国鉄スワローズのセ・リーグ加盟は、この三者会談で決まった。

西垣徳雄はこの1月5日の夜、東京駅発の夜行列車の一等コンパートメントに乗るよう総裁の加賀山之雄からいわれていた。列車に乗ると、そのコンパートメントには交通協力会の会長・三浦義男と理事長の今泉秀夫の2人がいた。列車が東京駅から走り出してすぐ、2人は西垣に国鉄スワローズの初代監督就任を要請するとともに、今泉のつくった要綱に基づいて、球団結成の方針など具体的なチームづくりの説明を始めた。

夜行列車の個室での密議。これなら絶対秘密が漏れるわけはない。実直な鉄道マンらしい場所の設定である。

今泉は、選手強化費1500万円でスター選手4、5人を獲得し、これを中心にチームづくりをすること、他球団から1チーム一人ずつ選手を供給してくれる約束になっていることなどを明かした。

「月給7万円の監督は、こうして〝夜つくられた〟のである」と西垣は、1965（昭和40）年1月26日に国鉄スワローズを退団する際、スポーツニッポンに手記を寄せている。「国鉄プロ野球団設置要綱案」では、監督の給料は8万円となっており、1万円ケチって契約したと思われる。

セ・リーグへの加盟金は1000万円だが、国鉄側が免除を訴えたのに対し、セ・リーグ側は「その代わり選手が寝ていけるように、お座敷寝台列車をつくってくれないか」と条件を出した。

『戦後20年プロ野球の歩み』（1965年、ベースボール・マガジン社）のグラフに1リーグ時代の遠征の写真が載っている。夏の北海道遠征。「昭和23年7月27日から8月11日にかけて、巨人、阪神、大陽、金星の4チームが帯同、戦後初の東北、北海道遠征を行った」と説明がついている。暑さでぐったりの満員の三等列車。汗臭さがにおってくるようだ。むろん冷房なんてない。トンネルに入ると、あわてて窓を閉める。開けたままだと、蒸気機関車（SL）の煤煙が車内に充満して呼吸困難になってしまうからだ。「旅行事情は（戦前・中より）敗戦後の方が悪化していた。その状況は惨澹たるもの」と、鉄道紀行作家の宮脇俊三が書き残している。

川上哲治（巨人）がランニングシャツ姿でボックス席に窮屈そうに横になって寝ている。川崎

(…省特別扱承認) THE KOTSU-SHIMBUN (明治…年…月…日第三種郵便物認可) 第1971号(日刊)

交通新聞

東京都千代田区丸の内3の4交通協会ビル内
発行所 交通協力会
編集兼印刷発行人 大森俊雄
電話丸の内(27)0・997・2611
振替口座東京 58712番

1カ月45円 1部1円50銭 送料別

国鉄でプロ野球団結成

セントラルに参加

清新な一級チーム・二月練習開始

運営は交通協力会で

ニック・ネーム職員から募集

国鉄がプロ野球団を結成してセントラル・リーグに加盟することが決定した、国鉄ではかねてからプロ野球団を持つことについて検討中であつたが、十一日の定例理事会において今泉本会理事長が正式に提案、理事会の賛同を得たので本会が主体となつていよく実現をめざして結成準備に着手した、監督には鉄道局の審判員の西垣徳雄氏(法大出身)が内定、マネジャーには小坂三郎氏(元日本野球連盟)が決定、目下選手の人選について工作が続けられているがプロ球界の一流選手も相当数加入が予想され、廿五日までには大体の人選を終了二月一日より門司市営グラウンドで合宿を開始する筈である、今泉本会理事長は十二日セントラル・リーグを訪れ、正式に加入申込みを行つたが「国鉄プロ野球(仮称)」の効用並に編成基趣の効用としては①国民大衆と国鉄の結びつきを緊密にする②野球を通じて国鉄職員の一体化を増強し相互の親睦を醇化する③健全な精神身体を持つ職員を養成する④国鉄部内ノンプロ野球の発展を刺戟する等におき、各鉄道局ノン・プロ野球選手の登龍門たらしめ、部内の精神的一体化と国民と国鉄の繋りを密にしようとするものである、チーム編成の基本方針としては①交通協力会所属のチームでセントラル・リーグに加盟する②チームの名称は国鉄を背景とするチームであることを表示する名称を冠する③少くとも二、三年後にはリーグの覇権を握ることを主目標として強力なチームを編成する④国鉄チームにふさわしい清新な気品…精鋭主義をとる⑥差当り現プロ中から一流プレヤーを獲得する⑦広く国鉄職員中から有名、無名の能材を発見、登用しこれをもつてチームの中心勢力を構成する

なお本会所属の新チームは当分監督一名、選手廿五名をもつて発足し漸次強化することになつており名称は広く国鉄職員から懸賞募集を行う

國民との繫り密に

初めは一流、今後は逸材の登龍門

加賀山国鉄総裁の談

かねてから従業員の中でも国鉄としてプロ野球を持つて欲しいという声が盛んにあり、われわれも考えていたことであつたが、いよいよ実現することになつた、国鉄がプロ野球を持つということはいろんな意味で有意義なものがあり、交通協力会が主体となつて運営す…衆の繋りを密にし、また五十万従業員の気持をこれによつて一つにまとめたいと思う

当初は一流選手の参加を求めてチームを編成することになろうが、今後は国鉄部内の有名、無名の逸材を集めて選手の登龍門…

八千万円節約

門鐵の節炭成績

十月から十二月の三カ月間展開された石炭節約運動に門鉄が収めた成果は合計二万一千八百六十二トン金額にして八千二十二万円の節約となつた(門司)

"日本野球に貢献"

安田セ・リーグ会長は語る

国鉄では多年ノン・プロ野球に力を入れてこられたが、日本野球の人気がプロに移行している今日、プロ・チームの編成を行われることは極めて当然な成行だと考える 野球は柔剣道のように個人競技でなく団体のチーム・ワークで行うものだから非常に民主的な運動であり、これを如何なる職場にも及ぼすことにより日本国民が心身共に明朗、健康な要素を身につけると信じているセ・リーグに加盟された理由については同リーグが東京から九州にまで連なるその全国的性格を認めてのことゝ思うが国鉄チームの参加により従業員諸君は体育、娯楽、慰安の中心を得ることゝなり、また各鉄道局チームがマイナー・リーグの形で選手を送れば誰でもが親しめる野球となり、日本野球のためにも大きく貢献するわけで今回の参加を深く感謝している次第です

写真 上から加賀山総裁、安田セ・リーグ会長、西垣氏

国鉄のプロ野球参加決定の報。加賀山総裁の談に「野球を通じて国鉄と国民大衆の繫りを密にし、また五十万従業員の気持をこれによって一つにまとめたいと思う」とある。(交通新聞1950年1月14日付)

徳次、塀際の魔術師・平山菊二（いずれも巨人）はパンツ姿で本を読んでいる。この年7月1日のダイヤ改正で、上野〜青森間は17時間15分に短縮されたが、その先青函連絡船に揺られ、列車を乗り継いで、移動だけで2日がかりの北海道遠征だった。そのうえ宿舎から球場へはトラックの荷台に立ったまま乗せられる有様だった。

選手専用の「お座敷寝台車」は、当時の社会情勢では大変魅力的な加盟記念のプレゼントのはずだった。今泉は、ルー・ゲーリッグを追悼した映画『打撃王』（1942年）でヤンキースの選手が転戦するのに特別車を使っていたことを指摘、プロ野球が使わないときは一般の団体客に提供したら喜ばれるし、収入もあがる、と主張したが、国鉄側が世論を気遣って乗り出さなかった。〈われわれは「国鉄がお座敷寝台を作ってくれる」と盛んに吹聴したが、空手形に終わった〉と、鈴木龍二は回顧録で述べている。

ノンプロの雄、ついにプロ球界へ進出

国鉄総裁・加賀山は1月11日の国鉄理事会に、交通協力会が主体となって国鉄球団を新設することを提案、承認された。添付資料は今泉のつくった「国鉄プロ野球団設置要綱案」である。

翌1月12日、交通協力会の会長の三浦義男と理事長の今泉秀夫が読売新聞社にセ・リーグ会

長・安田庄司を訪ね、加盟を正式に申請。そのあと記者会見に臨んだ。

プロ野球に乗出した国鉄

セ・リーグに正式加盟

八球団総当り制実現

読売新聞直系の「報知新聞」は1月13日付1面トップで報じた。同紙は前年の暮れから、夕刊紙から朝刊紙に切り替え、同時にスポーツニュースを重視する紙面になっていたが、まだスポーツ専門紙ではなかった。リードは本文より5割ほど大きい活字を使い、紙面の半分以上を「国鉄球団」誕生に割いて、まさに「大事件」扱いだった。少し長くなるが記事を引用したい。

〈ノン・プロ球界の重鎮であった国鉄が、プロ野球興隆の波に乗ってプロに乗り出すであろうという噂は野球好きの加賀山総裁就任と共に急ピッチに進み、11日の国鉄定例理事会で具体化、国鉄球団の立役者・今泉交通協力会理事長が12日午前11時読売新聞社重役室に安田セントラル野球連盟会長を訪問、正式にセ・リーグ加盟を申込み、即日円満加盟が認められて、同日午後4時交通協力会で今泉氏から別表の如く発表した。

強大なバックを持つ国鉄の加盟により総当り制が実現、陽春3月10日のリーグ開幕を前にスケジュール編成その他完璧なプロ・リーグ体制をととのえるに至ったが、全国11鉄道局を傘下に持つ国鉄は各局チームをファームチームに優秀プレーヤーを集め、経営には外郭団体の交通協力会があたる〉

別表の発表文の全文。

一、セントラル・リーグの要請にこたえ加入を決定した。

二、12日午前11時安田セントラル野球連盟会長を訪問、今泉交通協力会理事長より正式に加盟を申し込んだ。

三、国鉄チームは交通協力会が主体となりその経営に当るが、国鉄と密接な関連をとる。

四、国鉄球団の披露会は1月25日東京で開催、席上メンバーを発表する。

五、現在国鉄球団の代表は三浦交通協力会会長、専務は今泉理事長が当り、監督には日本野球連盟審判員西垣徳雄氏（元東鉄監督）に交渉中、マネージャーに小坂三郎氏（元日本野球連盟員）が決定した。ニックネームは交通新聞で国鉄従業員一般から募集、決定する。

六、春の練習は2月1日から約1ケ月間門司市営球場で行う。

「プロ球界への供給源／幾多の花形選手を生んだ鉄道野球」という見出しの脇に、「球団専用の旅行車も提供」の3段見出しがある。

今泉の談話が載っている。〈国鉄チームといっても国鉄自体はやれないので、協力会の一事業として経営することになったが、国鉄とは密接な関連をとる。メンバーは各鉄道局の有望選手を網羅しなるべく純国鉄人ばかりのチームにしたい。協力会が主体であっても「国鉄球団の名でゆくつもりだ」〉

ところで、経営主体の財団法人「交通協力会」とはどんな国鉄の外郭団体なのか。その前身は1943（昭和18）年に誕生した「財団法人陸運協力会」である。太平洋戦争が3年目に突入してますます苛烈になっていく戦局に、国鉄を中心に全国の陸上輸送の総合力を結集して輸送国策を完遂しよう、そのために鉄道省が機関誌（紙）をもてないかという狙いだった。当時、用紙事情の悪化と言論統制で、新聞・雑誌の統合が進められ、日刊新聞は事京で5紙（朝日、毎日、読売、中外商業〈現・日経〉、東京）、地方は一県一紙、業界紙も一業界一紙になりつつあった。そこで「陸運弘報協力会」の設置が検討され、1943年1月に当時の鉄道大臣・八田嘉明個人が現金5万円を鉄道大臣・八田嘉明宛に寄付、「財団法人陸運協力会」が発足した。協力会の責任者は、相談役に日本通運社長の久保田敬一、理事長に片岡謌郎が就任、同年3月31日に「陸輪新報」

第1号が発行された。

戦後1946（昭和21）年1月1日に「財団法人交通協力会」が設立されて、前年末に解散した「陸運協力会」の事業を継承、会長に田誠（故田英夫参議院議員の実父）、理事長に三輪真吉、専務理事に滝清彦が就任。「陸輸新報」は46年2月1日付から題字を「交通新聞」に改めた。

球団事務所は交通協力会のあった社団法人日本交通協会の4階に置かれた。1898（明治31）年に創設された帝国鉄道協会の赤煉瓦の建物である。国鉄エリート官僚ＯＢたちの本拠地に「居を構えた」わけである。

その交通協力会が発行する交通新聞も、1面トップで報じた。タブロイド判のほぼ半分を埋めている。

何故、国鉄がプロ野球の球団を持つのか、その効用を紹介している。

①国民大衆と国鉄の結びつきを緊密にする
②野球を通じて国鉄職員の一体化を増進し、相互の緊密感を強化する
③健全な精神身体を持つ職員を養成する
④国鉄部内ノンプロ野球の発展を刺激する
など。

チーム編成の基本方針に
①少なくとも2、3年後にはリーグの覇権を握ることを主目標として強力なチームを編成する
②国鉄チームにふさわしい清新な気品のあるチームとする
③可及的少数精鋭主義をとる
④差しあたり現プロ中から一流プレーヤーを獲得する
⑤広く国鉄職員中から有名、無名の偉材を発見、登用しこれをもってチームの中心勢力を構成する
をあげた。

「国民との繋がり密に」という見出しで国鉄総裁・加賀山之雄の談話が載っている。

〈野球を通じて国鉄と国民大衆の繋がりを密にし、また50万従業員の気持をこれによって一つにまとめたい。当初は一流選手の参加を求めるが、今後は国鉄部内の有名、無名の逸材を集めて選手の登竜門たらしめるつもりである〉

国鉄球団株式会社は、資本金3００万円で設立された。初代会長・上林市太郎は西垣が東鉄野球部に入ったときの野球部長。１９５7年12月、球団会長のまま61歳で死去した。２代目会長は、鉄道弘済会会長の早川慎一。専務は、球団結成の影の主役・今泉秀夫。常務に総監督となった楠

見幸信。取締役に森三郎（交通協力会）、金丸富夫（日本通運常務）、北原広男（弘済建物社長、のちに国鉄球団代表）、滝清彦（鉄道弘済会理事長）、監査役に相良《さがら》千明（元国鉄職員局）、平野重雄が就任した。社長がいないのは、加賀山の総裁退任後のポストとして空けていたといわれるが、加賀山は1951（昭和26）年4月の桜木町事故の責任をとって辞任、その後参議院議員になった。

国鉄は「清貧」な球団であった。高い契約金で他球団のスター選手を引き抜くなど、「国鉄」のイメージダウンにつながることはできなかった。「気品のあるチーム」をうたった。予算の関係で選手の数は25人とした。全国11の鉄道チームはそれぞれノンプロの雄だから、その中から優秀な選手を集める、給料も現在の月給に多少上積みすればよい、というケチケチ作戦だった。

〃混んどる〃か〃座ろう〃か

球団結成を発表した直後の1月22日に東京駅わきにあった東鉄局の八重洲グラウンドで選手選考試験が行われた。全国の国鉄のチームや学生野球の選手たちが対象で、テストを受けたのが15人。採否を決めるために、初代監督の西垣や、セ・リーグ事務局長になった徳永喜男らが立ち会った。

国鉄のノンプロチームからノミネートされたのは、大阪鉄道局の成田啓二―井上親一郎（ともに慶大）のバッテリー。投手に田原基稔《もととし》（札幌鉄道局）、初岡《はつおか》栄治（東京管理局）、村上峻介（門鉄熊本管理部）、内野手に土佐内吉治（新潟鉄道局）、岩瀬剛、岩橋利男（以上門司鉄道局）、外野手に山口礼司、榎本茂（以上東鉄）らだった。投手・村上はその年1950（昭和25）年の全国鉄野球大会に門鉄から出場しているので、入団していない。村上はその後、日鉄二瀬に転職して、1957（昭和32）年の都市対抗野球で完全試合を達成している。

スタープレーヤーとして獲得したのは、東都大学野球リーグの三振奪取王だった中央大学2年の左腕投手・高橋輝。高橋は巨人が先に入団を決めていたが、「各チーム一人の供給」が不可能と分かってセ・リーグの会長と同時に巨人軍のオーナーであった安田が国鉄に譲った。契約金は100万円だった。今泉の「要綱」にある1級プレーヤーに相当するのだろうが、この年の8月に契約する金田正一の契約金が50万円、月俸2万5000円だから、大学中退の高橋の契約金は、国鉄にとっては破格だった。

契約第1号は、川崎コロムビアの捕手・勝田興（中大）だった。川崎コロムビアからは、他に投手の古谷法夫（東鉄）、内野手の土屋五郎（法大）、外野手の荻島秀夫（国鉄大宮工機部）が参加した。監督だった藤田宗一（法大）が西垣の後輩だったからで、藤田もシーズン途中から助っ人入団する。

球団披露式は1月25日に東京駅丸の内南口の地下にあったレストランで行った。各球団代表をはじめ球界関係者やスポーツジャーナリストら80余人を招待した。まず交通協力会会長の三浦義男があいさつ、ついでGHQマーカット少将（代理）が祝辞を述べた。さらにセ・リーグ会長・安田庄司、「東京グリーンパーク」の社長・松前重義と祝辞が続き、最後にスポーツ記者を代表して公式記録員の広瀬謙三が「国鉄野球」への讃辞とプロ球団への希望を述べた。宴の最後に野球評論家でのちにパ・リーグ会長となる中沢不二雄が万歳三唱の音頭をとった。

これに引き続き、今度は国鉄関係者、外郭団体のトップらを招いて、披露した。まず総裁・加賀山があいさつしたが、政府からは運輸次官（代理）、国鉄労組を代表して総務部長の田村清美が祝辞を述べている。

国鉄50万職員から募集していた球団のニックネームは、審査の結果「スワローズ」と決まり、1月30日に発表された。「気品の高い」チームに相応しい愛称を、と呼びかけていたもので、特急「つばめ」のイメージである。「特急だからスピードがある。スワローズを燕と読めば、飛燕の早業という形容がある。燕のような早業に鬼の弁慶あやまった……の牛若丸を思わせる」と、大和球士が記している。

応募総数8315通。静岡県富士川町（現富士市）の斎藤臣祐さんが当選、賞金5000円を獲得した。佳作に選ばれたのは「フォルコンズ（隼）」と「ジョーカーズ」の2つだが、「ジョーカーズ」は加賀山総裁が応募したもので、加賀山も「金一封を頂戴した」と読売新聞1950（昭和25）年2月2日付にある。

そのほか、「ホイッスル」「レッドキャップ（赤帽）」「ホイール（車輪）」など鉄道関連がほとんどで、次に多かったのが動物の名前。「コンドル（禿鷹）」も相当数あったそうだ。戦後の混乱期。列車は大混雑していた。こんな笑い話もある。「コンドルは〝混んどる〟みたいで好ましくない。スワローズは〝座ろう〟に通じるから感じがよいよ」

そして1月31日午後1時、東京駅発長崎行き急行第3列車で西垣監督はじめ選手が2月1日から門司で始まるキャンプに向けて出発した。

「ホームには加賀山総裁、天坊運輸総局総支配人、今泉交通協力会理事長ほか選手の近親者、職場の同僚、同級生など多数の見送りがあり」「定刻に列車が静かにホームを滑り出すと加藤（源蔵）東京駅長の先導で『万歳』の声が湧き、一行は感激に手を振りながら勇躍壮途に向った」と交通新聞にある。

「国鉄スワローズ」結成は、あまりにもあわただしかった。ともかくセ・リーグのペナントレースに向け、出発進行！　だった。

巣立つスワローズ
張り切りキャンプ訪問記

調子も漸く高潮
中村遊撃手の守備早くも定評
観覧席へボンボン　拍手湧くスタンド

玉砕戦法で行く
国鉄の声援に報う　西垣監督談

雨にもめげず

どんな相手でも気負せず

開幕に備え、門司でキャンプを張るスワローズの面々。メガネの捕手は主将の井上親一郎。（交通新聞1950年2月17日付）

第二章　シーズン開幕

特集
日本プロ野球に春来る！
待望の國鉄球團颯爽と登場

投手陣に成田（大鉄）高橋（中大）
内野は井上、土屋、福田、勝田ら
新鋭チーム明るく発足

球團第一次メンバー決る

選手の顔触れ

まさにプロ供給源
名プレーヤーずらり

メンバーが決定し期待に溢れる開幕前の特集記事。（交通新聞1950年1月26日付）

寂しすぎる開幕とトンネル突入

セ・リーグの開幕戦は、パ・リーグより1日早く1950（昭和25）年3月10日（金）に行われた。山口県の下関市営球場では対国鉄、中日対阪神戦と福岡平和台球場で西日本対広島、松竹対巨人の各変則ダブルヘッダー。ペナントレースは8チーム20試合総当たりで、各140試合で争われた。実際は松竹ロビンスが優勝を決めたあと、終盤の試合がカットされた。

午後1時、門司鉄道管理局長・吾孫子豊（のちの国鉄副総裁）の始球式で国鉄スワローズの公式戦がスタートした。国鉄ナインには試合前、吾孫子と門鉄営業部長・谷伍平（のちの北九州市長）がナインに花束を贈って激励している。相手のははは大洋漁業の登録商標だが、新聞は「マルは」とか「まるは」と表記した。そんな活字はなかったからだ。開幕4試合目から大洋ホエールズに変更した。下関は大洋漁業の捕鯨船の母港。新加入チームをお祝いするオープニングゲームだったが、観衆はざっと2000人。「ウィークデーとはいえリーグ戦の開幕日にしては寂し過ぎる」と野球評論家・大和球士は慨嘆した。

国鉄スワローズは、大洋のエース今西錬太郎（前阪急）のシュートに苦しんだ。2安打散発のシャットアウト負け。大和球士の嘆きは続く。「国鉄と云えば、小生の知っている選手が1人もいない。随分珍しい新チームである。プロ野球をプロ野球石器時代から拝見している小生に1人のなじみのいないチームと云えば国鉄位なものであろう」

さらに「バッテリー成田―井上はその昔慶応のバッテリーだった頃見た様な気がする。他の7人はまるで知らない。結局プロとして顔見知りの選手は1人もいない。眼を皿の様にして見詰めたが、誰が誰だか最後まで判別が出来ず、背番号と選手一覧表を首っ引きでにらんだ」と記している。

大和球士は、この歴史的なセ・リーグの開幕試合を観戦するため、前日の9日午前10時30分東京駅発鹿児島行き急行1号に乗車、10日午前10時6分に下関駅に着いた。丸1日列車に揺られて来ただけに、「お粗末な試合」に腹を立てたのだろう。

[国鉄スワローズ　3月10日　(は)戦]

				打	安	点	三	四	犠	盗	失
(二)	福田　勇一	29歳	(専大―小口工作所)	4	1	0	0	0	0	0	0
(右)	小田切茂造	23歳	(中大)	3	0	0	0	0	0	0	0
打	土屋　五郎	25歳	(法大―コロムビア)	1	1	0	0	0	0	0	0
走	荻島　秀夫	25歳	(中大―コロムビア)	0	0	0	0	0	0	0	0
(一)	岩橋　利男	29歳	(明善中―門鉄)	4	0	0	1	1	0	0	0
(中)	久保　吾一	26歳	(専大)	3	0	0	0	0	0	0	0
(捕)	井上親一郎	31歳	(慶大―大鉄)	3	0	0	0	0	0	0	0
(左)	榎本　　茂	27歳	(京王商―東鉄)	2	0	0	2	0	0	0	0
左	相原　　守	31歳	(高崎商―全桐生)	1	0	0	0	0	0	0	0
(三)	土佐内吉治	27歳	(鶴岡工―新鉄)	2	0	0	0	1	0	0	0
(投)	成田　敬二	31歳	(慶大―大鉄)	3	0	0	1	0	0	0	0
(遊)	中村　　栄	26歳	(桐生中―阪急―全桐生)	3	0	0	0	0	0	0	0
			計	29	2	0	4	2	0	0	0

▽二塁打＝福田　▽試合時間＝1時間37分　▽敗戦投手＝成田

開幕戦のスコアを記録しておく。

国鉄	000	000	000	0
(は)	000	002	00X	2

国鉄スワローズお目見え。（1950年3月3日阪神甲子園球場で）

報知新聞の戦評。「なんといっても打てない国鉄ではよほどのことがない限り当然勝てない試合だった」

日刊スポーツの戦評。「今西、成田双方第一投手を登板させての争いは（中略）国鉄は今西を徹頭徹尾打ちあぐみ放った安打僅かに2本というさんたんたるものであった」

スポーツニッポンの戦評。「全然打てないスワローズをゆうゆう抑えてリーグ初試合をものにした」

一般紙の扱いはどうだったか。朝日新聞は2面に2段で「セ・リーグ開幕す」と素っ気ない。毎日新聞は3段で「三球団零敗喫す／セ・リーグ福岡・下関で開く」。朝毎両紙とも裏表2ページのペラだったから、この程度の扱いでやむを得ないところか。読売だけは4ページ建て。3面トップで写真を掲載し「大洋、西日本初の凱歌」と報じた。写真には「福岡―本社電送」とある。今、写真は世界中のどこからでも、インターネットを使って瞬時に届くから、「電送」

3月12日	下　関	●3—11	松　竹
14日	広　島	●1—16	広　島
15日	広　島	●0—4	中　日
16日	倉　敷	●0—7	阪　神
18日	名古屋	●4—6	松　竹
19日	鳴　海	○11—6	広　島
21日	後楽園	●1—11	西日本
22日	後楽園	●0—3	巨　人
23日	沼　津	●1—8	中　日
24日	後楽園	△5—5	巨　人
25日	後楽園	●0—8	阪　神
28日	長　野	●0—14	松　竹
29日	飯　田	●2—5	松　竹
30日	岡　谷	●3—6	松　竹
4月2日	京　都	●8—9	大　洋
4日	後楽園	●0—7	中　日
8日	後楽園	●1—6	中　日
9日	後楽園	●4—13	西日本
11日	仙　台	●1—13	中　日
15日	名古屋	●3—6	西日本
16日	鳴　海	●2—4	松　竹

はもはや死語である。

翌11日は、関門トンネル（1942年開業の世界初の鉄道海底トンネル、全長3.6キロ）を列車で抜けて、福岡平和台球場で広島カープと対戦。新人左腕投手の高橋輝が完投して3—2で初勝利、貴重な1勝をあげた。

ところが、それから長いトンネルに入る。

開幕23戦で2勝20敗1引き分け。勝率9分1厘。1割を切ってしまった。得点力がない。投手陣が弱体である。戦力不足を露呈した。

非力打線を救ったロートル3人組

3月16日の阪神戦では、左腕・田宮謙次郎に9回2死までパーフェクトに抑えられた。あと一人で日本プロ野球史上初の完全試合。27人目の打者、9番遊撃手の中村栄は戦前阪急に在籍した国鉄スワローズ唯一のプロ野球経験者だった。俊足の左打者。中村の一打は、セーフティーバントを警戒して前進守備をとった三塁手・藤村富美男のグラブをかすめてレフト前に落ちた。

余談になるが、日本で初めての完全試合は3カ月後の6月28日、巨人の藤本英雄が青森市民球場の西日本パイレーツ戦で記録した。両チームとも北海道シリーズを終えて、青函連絡船で早朝青森港に着いた。浅虫温泉の旅館で休息したあとの変則ダブルヘッダー。第1試合・広島対松竹戦に続き、この第2試合が始まったのは午後4時12分だった。

スポーツ紙なら1面トップ、一般紙でも運動面で大々的に扱う快挙だが、写真が残っていない。現場にカメラマンがいなかったのだ。公式記録員の広瀬謙三（野球殿堂入り）、朝日新聞の出野久《いでのく》満治《まじ》、読売新聞の記者で巨人軍代表・宇野庄司、のちに毎日新聞に移る日刊スポーツの堀浩、スポーツニッポンの杉山修八、それに共同通信の記者らが目撃者となったが、誰もカメラを持っていなかった。当時の記者は記事を書くだけで、写真はカメラマンが撮るものと決めつけていた。

27人目の打者は、代打で西日本パイレーツの監督・小島利男が自ら打席に入った。東京六大学リーグ戦で2度も首位打者になった早大の強打者だったが、2―2からカーブを空振り三振に終わった。

ネット裏最前列の記者席は「丸太棒と荒縄で骨組みし、板を張り、その上にムシロを敷いた」急造の桟敷席。大記録達成で記者たちが立ち上がった途端、桟敷の縄が切れて記者席が陥没、記者たちは1メートルほど下に投げ出される騒ぎも起きた。

試合時間1時間15分。心配された日没は免れたものの、記者たちは参考にしようにも米大リーグの記録が手元になかった。原稿書きに四苦八苦した。スポーツニッポンは、「9回を通じて1人の走者も出さなかった試合」とパーフェクトゲームの説明をつけた。


国鉄スワローズの序盤戦に戻って——。

マスコミの論調は弱者に厳しい。

「国鉄、突っ走る黒星路線」

「特急に負けずに、敗戦街道を驀進す」

「いつもここ一番というところで脱線転覆」

「国鉄だけにトンネルが多い」

開幕早々の立ち往生。監督の西垣徳雄がシーズン後に語っている。「もう少しやれると考えていた。ノンプロとプロの差が、これほどとは思いませんでしたよ」。

西垣は開幕前になんといっていたか。「打倒巨人が目標」と日刊スポーツ(2月20日付)にある。

「バックの全国鉄従業員の期待に応える意味からも打倒既成球団、打倒巨人を目標にやってみる。

そのためにどんどんエースを起用する。ただ勝率を稼いでも強いチームに勝てないのではチームの品格も出来ないし、選手の自信も湧かない」

もっとも西垣自身は「3年計画で優勝を狙えるチームにしたい」と、若手選手を鍛えるのに時間がかかることを言明していた。

しかし、得点がとれなければ勝てない。チーム初本塁打が開幕12試合目の土屋五郎というから打力がなかった。プロ野球の華はホームラン。本塁打を出やすくするために飛ぶボール、ラビットボールを使っていたにもかかわらずだ。このシーズン、国鉄スワローズの本塁打数はリーグ最低の66本。優勝した松竹は179本にのぼり、本塁打王の小鶴誠ひとりで51本放っている。

土屋は法政大学時代に東京六大学リーグ戦で首位打者になり、スワローズ2年目の1951(昭和26)年はセ・リーグ盗塁王(52個)となった俊足好打の1番打者だった。

連敗で先に明かりが見えないときに、西垣は「国鉄関係者ばかりでチームを固める方針をやめて広範囲に選手を求めます」と、新聞記者に話している。ただ、25人の枠がある。西垣は25人の枠を撤廃、定員増を今泉に訴えた。渋る今泉に西垣は「これ以上連敗すると50万国鉄従業員の士気が衰えます。スワローズをつくった目的と反します」と迫った。

西垣は、まず打線の強化を図った。法大の後輩でノンプロ「川崎コロムビア」の監督・藤田宗一を獲得した。藤田は4月18日の巨人戦に3番・一塁手で先発出場。1安打を放ち、連敗脱出と巨人戦初白星に貢献した。

藤田は、西垣のあとを継いで国鉄スワローズ2代目監督となるが、戦前、1シーズン制だった1934（昭和9）年、東京六大学リーグ戦で主将の投手・若林忠志（阪神―毎日）、鶴岡（旧姓山本）一人（南海）、戸倉勝城（毎日、のちに阪急監督）らとともに法政大学の優勝に貢献。2シーズン制が復活した翌35年春も連覇した。36年に主将となり、春のリーグ戦で3割9分5厘の高打率をマークして首位打者に輝いた。スワローズでは主に右翼手だったが本来は捕手。その人柄と豊富な野球知識で若い選手から慕われた。

次いで5月に松竹ロビンスの2軍監督・森谷良平（のちに社会人野球いすゞ自動車監督）を獲得する。森谷は藤田と法大同期だが、病気で1年遅れ、藤田のあとの法大主将。藤田が首位打者になった36年春のリーグ戦、対東大1回戦で9回裏に満塁サヨナラ本塁打を放っている。長距離打者だった。長男の忠一は、1964（昭和39）年春に慶應義塾大学・渡辺泰輔投手（元南海）が立教大学戦で完全試合を記録したときの4番で三塁手。

もうひとり、シーズン途中から加わった打者に捕手の宇佐美一夫がいる。戦前、静岡中学―横浜高等商業から大連満鉄倶楽部の捕手で4番打者。戦後は野球界から離れていたが、大連満鉄倶楽部の監督をしていた中沢不二雄が横浜で働いていた宇佐美に連絡をつけて、好きな野球の道にカムバックさせた。中沢不二雄は「野球をよく知っているうえ、ナイン全員に愛される人柄だった。コーチにはうってつけ」と話している。

3番ライト藤田宗一35歳、4番一塁森谷良平35歳、5番捕手宇佐美一夫36歳。3人とも1914（大正3）年生まれだが、宇佐美は早生まれで入団したときは誕生日を迎えていた。ベテラン・クリーンアップトリオだった。ロートル助っ人衆といった方が当たっている。しかし、3人とも打率2割8分台をマーク、森谷がチーム首位打者（2割8分8厘）と本塁打王（21本）、藤田がチーム打点王（64打点）となった。この3人がいなかったら、国鉄スワローズ打線はどうなっていたのか。

前代未聞のシーズン中キャンプ

4月1日、国鉄スワローズ球団は、総監督に楠見幸信を発令した。楠見は西垣監督の3歳年上で、5月18日に発足する国鉄球団株式会社の常務取締役就任が決まっていた。球団が発足したばかりで雑務に追われる西垣にグラウンドに専念してもらうための人事だった。

楠見の球歴は華やかだ。岡山一中から慶應義塾大学に進学。1928（昭和3）年春、「エンジヨイ・ベースボール」をうたったハワイ出身の名監督・腰本《こしもと》寿のもとで、宮武《みやたけ》三郎、山下実、浜崎真二らとともに米国遠征。帰国して、秋の東京六大学リーグ戦で10戦10勝の完全優勝。1番センターで全試合出場し、2割9分4厘の打率を残している。1931（昭和6）年に米大リーグ選抜チームが来日した日米野球でも1番センターで出場した。東鉄入りは1934（昭和9）年。東鉄が監督に大阪鉄道局から藤本定義（巨人―阪神監督）を迎え、チームの強化に乗り出してからである。

もっとも西垣の球歴も、楠見にひけをとらない。1929（昭和4）年春の選抜高校野球大会の優勝投手。第一神港商業のキャプテンだった。夏に選抜大会の優勝のご褒美でアメリカ遠征したことは前述したが、その年の夏の甲子園大会には出場不能のため夏の大会優勝校広島商と、真の日本一をかけて秋に阪神甲子園球場でガチンコ勝負。5―2で完投勝利している。

法政大学に進んでも30年秋に、東京六大学リーグ戦で法政大学の初優勝に貢献。翌春、若林忠志（阪神―毎日）らとともに法大のアメリカ遠征に参加している。全米各地を転戦、11勝14敗だったが、「ベースボール」を直に学べたことは大きな収穫だった。

西垣は法大を卒業して1935（昭和10）年に東鉄入り。選手として都市対抗野球大会に出場し、その後東鉄の監督となって、「国鉄野球」を育てた。そしてプロ野球の審判員になるのである。

「温厚沈着」な知性派野球人。東鉄監督時代は「第2の藤本定義」といわれたほどだ。スプリングキャンプの夜の座学では、若い選手にセオリーを教え、米大リーグ選手の著書を基に質疑応答を繰り返した。国鉄スワローズの2年目のシーズンを終えたとき、新聞記者から総括を求められて「ソフォモア・ジンクスにはとりつかれなかった」と答えている。"sophomore jinx"、2年目のジンクスである。

いくら監督が野球を知っているからといっても、選手が監督の思惑通り働いてくれなければ「勝利」につながらない。セ・リーグは、あまりにも弱いスワローズにお灸をすえた。5月末から6月半ばまでの17日間、試合日程を組まなかった。キャンプをして戦力アップを図れ、というい わば強制命令だった。

「守備に、打撃に開眼／猛練習の効果てきめん」

報知新聞は、この休養期間の合宿練習の成果について、監督の西垣徳雄、キャプテン井上親一郎、投手の成田啓二、古谷法夫、高橋輝、田原基稔を集めて座談会を開き、「楽しめる国鉄のはばたき―休養2週間を語る」を3回にわたって連載した（6月10～12日）。「巣立ちつつある〝ツバメ〟」を温かい目で見てほしいという内容の記事である。

報知新聞は、まだスポーツ専門紙になりきっていなかった。トップ記事は国鉄信越線熊ノ平駅構内で起きた土砂崩れで「駅長ら70名生埋め」の惨事（死者50人、重軽傷者は21人にのぼった）。連載の最後に「有望新人投手が7月ごろ入る予定」と小坂三郎マネージャーが明かしている。水面下で獲得工作をしていた金田正一を指していると思われるが、それにしては入団のメドが早過ぎる。

金田は夏の甲子園大会の愛知県予選準々決勝で敗退すると、享栄商業高校を中退して8月に国鉄スワローズに加わった。17歳だった。コントロールは定まらなかったが、150キロを超える快速球と大きなカーブ（ドロップとも呼んだ）で8勝をあげた。

国鉄スワローズの初年度は138試合42勝94敗2分、勝率3割9厘。公式戦終了間際に広島カープを抜いて7位に滑り込み、最下位を免れた。チーム最多勝利投手は、札幌鉄道管理局から入団した田原基稔の13勝だった。次いで高橋輝10勝、古谷法夫（日通名古屋監督―南海コーチ）9勝、金田が8勝で続き、成田啓二（天王寺管理局監督）2勝。勝ち星をあげたのは5投手である。

月別の勝率を見ると、

3月　2勝13敗1分　勝率1割3分3厘
4月　2勝13敗　勝率1割3分3厘
5月　2勝10敗　勝率1割6分7厘

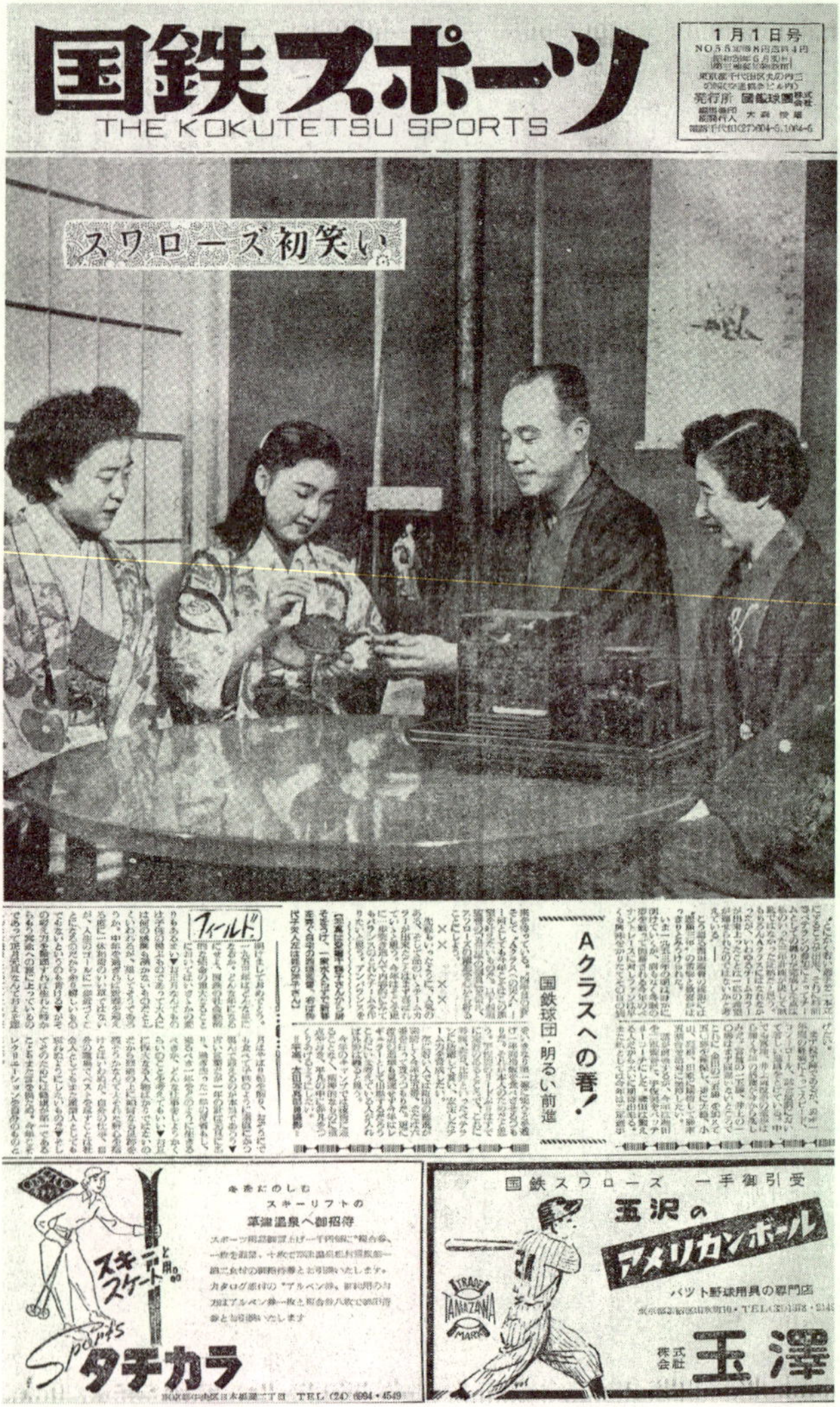

新年を寿ぐ西垣徳雄監督一家。おとそを注ぐ娘の千鶴子さんと美代子夫人。左端は姪の洋子さん。（国鉄スポーツ1953年1月1日号）

6月	1勝5敗	勝率1割6分7厘
7月	8勝11敗	勝率4割2分1厘
8月	6勝12敗	勝率3割3分3厘
9月	4勝10敗1分	勝率2割8分6厘
10月	8勝11敗	勝率4割2分1厘
11月	9勝9敗	勝率5割

尻上がりである。「この調子なら来シーズンは期待できそう」と、「国鉄一家」を中心としたスワローズファンはそう思ったに違いない。50万国鉄職員とその家族、国鉄の外郭団体とその関連企業などで組織された後援会は、その規模と動員力で両リーグの中でも抜きん出ていた。とくに地方へ行くと、各鉄道管理局をあげて集客に動き、選手を歓迎した。「こんな温かいチームはなかった」と、カネやんこと金田正一は述懐する。

応援団は〝オール国鉄〟

後援会は、シーズン開幕50日後の5月1日に発足した。「その清純なつばさをさらに強め、より高く飛んでもらおう」と全国の職員に加入を呼びかけた。国鉄本社内に本部を置き、地方の鉄道管理局、現業部門の各駅をはじめ機関区、車掌区、保線区などの各職場に支部がつくられた。

会費は、職員らの普通会員は1カ月10円、関連企業などの協力会員は年額一口1000円以上とした。1950（昭和25）年というと、まだ10円札の時代で、10円硬貨が発行されるのは翌51年10月からである。東京の銭湯の料金が大人10円、コーヒー20円、ビール1本123円だった。

初代後援会長は平山孝。1911（明治44）年鉄道省入り、終戦直後の運輸事務次官。「ゴルフの平山」といわれたほどで、仙台鉄道局長時代、東京のゴルフ場に「土帰月来」したと新聞の紹介記事にあった。52年に全日本観光連盟副会長。訪日観光客が年間10万人あれば輸入食糧分のドルが稼げる、と「観光立国」を訴えていた。

7月に開かれた役員会のあと、新たに顧問を委嘱している。当時の運輸事務次官・秋山龍を名誉顧問に据え、顧問は早川慎一（日本通運社長）、堀木鎌三（鉄道弘済会理事長）、吉松喬（日本食堂社長）、高田寛（日本交通公社会長）、小倉俊夫（運輸倉庫社長）、内田境（日本電設工業社長）、小林紫郎（鉄道建設社長）、青盛忠雄（海運運輸社長）、三浦義男（交通協力会会長）、鈴木清秀（帝都高速度交通営団総裁）。いずれも鉄道マンの先輩である。

国鉄幹部は局長以上全員が顧問になった。東海道新幹線の生みの親・島秀雄（当時、車両局長）の名前もある。島は国鉄総裁・加賀山とともに1951（昭和26）年に起きた桜木町事故の責任をとって辞任するが、1955（昭和30）年5月、71歳で国鉄総裁に就任した十河信二に、技師長として呼び戻された。初代総裁の下山定則とは1925（大正14）年の入省同期、2代目総裁の加賀山より2年先輩で、この3人は1936（昭和11）年に欧州を視察、ベルリンオリンピックを観戦している。

球団を持ったこと自体が野球の応援を通じて職員の一体化を図ろうという狙いだから、当然国鉄労働組合（国労）にも協力を求める。球団が結成されたとき、顧問に国労初代委員長の加藤閲男が入り、6月末から7月初めにかけて北海道の登別温泉で開かれた国労大会で新三役に選ばれた委員長・斎藤鉄郎、副委員長・星加要、書記長・片岡文重も後援会の顧問に名を連ねている。

この国労大会3日目の6月30日には、国鉄スワローズの総監督・楠見幸信とキャプテン井上親一郎がわざわざあいさつするために登別温泉に出向いている。2人の来訪は組合にとっては想定外のことで、大会議長の沢田広が気をきかせて2人を壇上に呼びあげた。スワローズの前日までの成績は7勝40敗1分で最下位。「選手がまだ若いので、皆さんのご期待に沿えなくて……」と総監督の楠見があいさつすると、「それでもあまり負けないでくれ」と野次が飛んだ。2人が「応援をよろしく」といって頭を下げると、「頑張れよ」の声援と盛んな拍手が送られた。

この大会に全国から集まった代議員ら関係者は500人を超す。国労は函館駅から貸し切りの登別行き臨時列車を仕立てたほどで、「超々満員の旅館／登別温泉大賑わい」と地元北海道新聞は報じている。新聞の1面トップは朝鮮戦争の勃発。「米、極東に実力を発動／海・空軍に出動命令／トルーマン大統領韓国を救援」と大見出しが躍っている。第4次吉田茂内閣改造の記事も1面だ。大蔵大臣・池田勇人はその年の暮れの国会で「貧乏人は麦を食え」と答弁したとして、マスコミの袋叩きにあった。

時代は、まだ戦後の混乱期だったが、朝鮮戦争による特需ブームが起きた。その額は3年間に10億ドル、間接特需も含めると36億ドルにものぼったといわれる。繊維・金属を中心とした糸へん景気、金へん景気に沸き、世の中が浮き立った。それが「高度経済成長」につながっていく。

国労本部には、毎年、シーズンが始まる前に国鉄スワローズの球団代表をはじめ監督、ナインが訪問して「今年もよろしく」とあいさつした。

60年安保の年のシーズン前、委員長・吉田忠三郎は「当局とわれわれは、相反する立場にある関係上意見を異にして対立することもあるが、ことスワローズに関する限りはつねに労使が全く一致して支持してきたし、これからも支援を惜しまないつもりだ」と激励している。

労組の幹部たちが笑顔でスター選手と握手する写真が残っている。のちに書記長から委員長になる中川新一は、自ら私設応援団の副団長を買って出たこともあった。中川は1971（昭和46）

年8月の国労大会で国鉄当局のマル生運動（生産性向上運動）に対し「座して死を待つより、立って反撃に転じよう」と総決起を促す決意表明をしたことで知られる。

そのマル生運動を推進し、途中で中止したのは第6代国鉄総裁・磯崎叡だった。国鉄スワローズがフジサンケイグループに経営権を委譲して、球団名から「国鉄」が外れた1965（昭和40）年4月、当時国鉄副総裁だった磯崎は、「経営的に行き詰まって、もう国鉄や関連事業団の力ではどうにもならない状態になってきている」とやむを得ない事情を話した後、こう続けた。

「スワローズを手放したことは、私としては労使の話し合いの場が一つなくなったことにもなり、この点では残念だ」

磯崎は、官業「国鉄」最後の職員課長で、公共企業体「国鉄」発足時の筆頭課長である総裁室文書課長。初代総裁・下山定則が組合に通告した9万5000人の人員整理計画を作成した当事者である。それだけに「国鉄スワローズ」という有力な労使間のパイプが消滅することを惜しんだ。

ファンに支えられた球団経営

では、当初の球団運営の収支はどうだったのか。球団事務局長・秋田正男が書き残している。

日本のプロ野球がフランチャイズ制を採用したのは2リーグになって3年目の1952（昭和27）

年のシーズンからだが、最初のシーズン１９５０（昭和25）年の収入は８４０万円。2年目の51年は７５０万円。この年は秋にジョー・ディマジオら米大リーグ選抜チームが来日した関係で公式戦が打ち切られた。国鉄の試合数は１０７試合で前年より31試合も少なかった。

フランチャイズ制初年度の52年は１２００万円。内訳は公式戦が１０００万円、それにオープン戦と2軍戦で２００万円。翌53年は細かいデータが記されていて、後楽園球場で主催した29試合の入場者数が26万９４５０人（1試合平均８９８２人）、収入は１６５６万２８５６円。地方で行った35試合の入場者が15万５４４６人（同４４４１人）で、収入は５３５万１４１９円とある。

むろん赤字である。その実情を国鉄本社厚生労働局厚生課・山邊貞雄がこう記している。スワローズ球団の後援会事務局員である。

「日本のプロ野球は残念ながら球団だけでは運営できないのが実情で、巨人や松竹のような強い球団でも2千万円ないし3千万円の赤字である。しかし巨人は読売新聞の力強い援助の下に、また松竹は松竹映画とタイアップして松竹宣伝の役割を果たしていることで収支を償っている。阪神や阪急はプロ野球場としての甲子園、西宮球場への電車賃をもって球団経費を考えているようであるが、国鉄の場合もプロ野球からの国鉄収入を考えればスワローズの経営位易々たるものであろうが、それとこれとは別問題として取扱われ、国鉄球団は国鉄の指導の下に『国鉄球団株式会社が経営を委託されている』という形である。国鉄球団もアメリカのプロのように球団自体の野球場や付属施設をもてば、独立運営も可能であろうが、今日の状況では、全職員各位の深い理解を得て後援会の強化によって運営の基盤を作らねばならない」

つまり赤字は後援会の会費収入で補填する仕組みなのだ。秋田が書いている。

「スワローズのあげた興行収入で支出を賄うにはまだ大分隔たりがある。勿論後援会による絶大な援助によって運営上には懸念はないけれど、企業として収支のバランスが完全にとれるようにすることは今後の大きな課題といわねばならぬ」

では、後援会がどれほど援助していたのか。交通協力会が1951（昭和26）年2月に創刊したタブロイド判旬刊紙「国鉄スポーツ」に、初年度の後援会費の収支決算が報告されている。

それによると、収入合計が950万8799円で、球団への援助金として744万3435円を支出している。初年度の入場料収入は、さきほど見た840万円だから、援助金を合わせ1600万円足らずである。球団結成をするときの年間収入見込みは、ざっと2000万円だったから400万円ほど下回ったことになる。

後援会費の収支報告は、すべてが国鉄スポーツに掲載されているわけではなく、判明分を拾うと、球団援助費は、1951年度が12月までで1100万円、1年飛んで53年度1935万円、

広島カープの救助資金カンパ風景。これが「樽募金」につながっていく。

54年度2030万円、55年度2070万円。毎年、ざっと2000万円を球団に献上していたことになる。

市民球団・広島カープは、初めてのシーズン途中で選手の月給が払えない騒ぎとなった。球場前に日本酒の四斗樽を置いて、「郷土チーム広島カープのため資金援助をお願いします」と資金カンパを呼び掛けた。伝説の「樽募金」である。

シーズン終幕間際に「身売りか解散か／カープに危機」と日刊スポーツ（1950年11月18日付）が報じた。記事には「カープ全選手10月分の給料支払いがすでに20日も遅配となり、そのため選手の留守家族から連日矢の催促が遠征先に舞い込み、ために選手の士気もとみに低下の一途をたどっている」とある。

その点、バックの大きい国鉄スワローズナインは、年俸そのものは低かったかも知れないが、給料遅配の心配はなく、幸せだったといえるだろう。

プロ野球と当世スポーツ新聞事情

セ・パ2リーグ誕生に伴うプロ野球の隆盛は、スポーツ専門紙の創刊を促した。本章の終わりに、当時のスポーツ新聞事情を少しだけ見ておこう。

日本で最初のスポーツ専門紙は、1946（昭和21）年3月6日付で創刊した「日刊スポーツ」である。タブロイド判、1部50銭、1カ月送料共20円とある。次いで関西で48年8月に「デイリースポーツ」、翌49年2月に大阪で「スポーツニッポン」。

その49年、日本中が熱狂したのは、全米水泳選手権でのフジヤマのトビウオ古橋広之進、橋爪四郎らの活躍だろう。秋にはサンフランシスコ・シールズが来日した。野球人気が沸騰し、日刊スポーツは、15万部も発行したという。

競輪が始まったのは48年11月の小倉競輪だが、翌49年には戦災復興の名目で全国に広がり、競馬の売り上げを上回るほどになった。急激なインフレで貨幣の価値が下落する。「だから使ってしまえ、一攫千金をねらえと、せち辛い世の中で射幸心があおられた」と『日刊スポーツ三十年史』で分析している。

49年暮れには「報知新聞」が夕刊紙から朝刊紙に切り替えて、スポーツ報道を始めた。報知新聞は戦前、読売新聞に吸収され、戦後、新聞用紙の割り当てを確保するために夕刊紙「新報知」で復活していた。もっとも報知新聞がスポーツ専門紙となるのは1951（昭和26）年7月からである。

毎日新聞の子会社「スポーツニッポン」が東京で発行するようになったのは、50年3月6日である。毎日新聞が結成した新球団・毎日オリオンズがきっかけだ。パ・リーグの開幕は5日後に迫っていた。

中日ドラゴンズの経営母体である中日新聞は、同年3月17日に週刊「中日スポーツ」を創刊した。日刊スポーツ（1月31日付）に「公正なる本社の立場」という見出しの社告が掲載された。

「一団体に機関紙にあらざる新聞はその報道において断じて不公平であってはならないことは自明の理でありますが、その記事の公正を期するために本紙は特に努力しております」

つまりセ・パ両リーグの誕生、それを報道するために創刊されたスポーツ紙は、それぞれプロ野球球団の資本とつながった「機関紙」で、唯一公正報道をしているのはわが社である、と主張したのである。

現場では販売競争が激化していた。こんな社告が出ている。

愛読者の皆様にご注意

最近本紙愛読者の方々から、無断本紙を他社に切り替えられたとの訴えをしばしば承ります。万一右のような事実がありましたら如何《いか》なる方法を講じましても御手元まで配達致しますから、早速本社販売部（銀座二五九二）宛て御連絡下され度《た》く、此段お願い申し上げます。

日刊スポーツ販売部

「銀座二五九二」は電話番号である。

当時、新聞販売店は、どの新聞も扱っていた。新聞販売店が新聞社の系列別になるのは１９５２（昭和27）年に専売制に移行してからである。どんな売り込み工作があったのだろうか。

スポーツ紙の急増で、日本新聞協会の機関誌『新聞研究』１９４９年11月号に、スポーツニッポン編集局長・木村象雷が「スポーツ新聞のあり方」を寄稿している。

まず「売れる新聞」づくり。一般紙は宅配で定期購読者がほとんどだが、スポーツ紙は駅や街の新聞スタンド売りが大半だからである。次に「指導的要素」「記録の要素」「描写の要素」「批判の要素」「真実性」「事業と記事」「ヒロイズム」「終局の目標」と小見出しをつけて論じているが、たとえば「記録は正確迅速、しかも詳細を極めたいが、記録を偏重すると無味乾燥の傾向を生じる」とある。「スポーツ記事の陥りやすいワナは、絶えざる誇大なる形容詞、安っぽいヒロイズムの発散である」。古びていないと思う。

国鉄スワローズは、「交通新聞」を発行していた財団法人交通協力会が2年目のシーズンからタブロイド判の旬刊紙「国鉄スポーツ」を発行、それが機関紙となった。創刊号は1951（昭和26）年2月20日付だった。定価1部8円。編集長は交通新聞文化部長の藤咲《ふじさき》栄三が務めた。藤咲は現在もスワローズOB会の会員である。

第三章　金田正一入団

ちょっぴり気取った金田少年。享栄商業1年生のとき、友人と。

〝金の卵〟との契約成立

セントラル・リーグの8球団が阪神甲子園球場に勢ぞろいして、「春の野球祭」を開いたのは1950（昭和25）年3月3、4両日だった。開幕を1週間後に控え、新リーグ、新球団のお披露目のトーナメント戦だった。

国鉄スワローズ監督の西垣徳雄は、その前日の2日、名古屋市内の享栄商業高校野球部が練習している名大グラウンドにいた。近くの八事《やごと》球場管理人をしている国鉄名古屋鉄道管理局総務部厚生課の狩野勉から「とてつもない速いタマを投げる高校生の左腕投手がいる。背丈が6尺もある」という金の卵情報が寄せられ、名古屋で途中下車したのだ。

「球がピュッ、ピュッと伸びてくる。捕手は体の正面に来た球は何とか捕るのですが、ちょっと両サイドにそれるとミットが間に合わない。右打者のインサイド高めに来た球はバーンと後ろへはじいてしまう。ドロップが相当なもので、グイッと落ちる。粗削りだが、こんな素材を見たのは初めて。3、4年後には沢村栄治をしのぐ投手になるに違いないと思いましたね」

初めて金田正一のピッチングを見て、西垣は「日本のプロ野球を背負って立つ大投手になる素質を持っている。何としてでも国鉄スワローズでとりたい」と思った。帰り際に、金田の肩をポンと叩いて「しっかりやりたまえ」と激励した。

金田はこの日のことをよく覚えている。投手としての素質をプロ野球の監督に認められたと感じたからだ。

西垣は甲子園の優勝投手だ。第一神港商業と法政大学時代の2度、アメリカ遠征して大リーグのプレーを見ているうえ、1949（昭和24）年に日本野球連盟審判部編で出版した『野球教室』の「投手の研究」を執筆したほどの理論家である。投手を見る目は確かだった。

西垣は帰京後、国鉄総裁・加賀山之雄に「とんでもない投手を発見しました」と報告、金田獲得に乗り出す。

再度名古屋に出向いて、金田の父親・長吉を訪ねた。名古屋市大曽根の実家である。

「金田君に関しては将来のことも一切私が責任をもってお世話します。ですから金田君を私にお任せ願えませんか」

西垣は、長吉に訴えた。諭すような口調だった。金田もこのやりとりをその場にいて聞いている。

「カネのお父さんは大の野球好きで、竹を割ったような気性なんです。息子がそれほど大したものとは思っていなかったらしく『よろしいです。西垣さんにお任せしましょう』とトントン拍子で話は決まってしまった」と西垣は「金田獲得秘話」を明かしている。

金田にいわせると、「親父が西垣さんの人柄にほれ込んでしまって、国鉄以外の球団は眼中になかった」という。愛知の高校野球界では、すでに金田の快速球はかなり有名になっていて、アマチュアでは早稲田大学、プロでは地元中日をはじめ南海、松竹などからスカウトの手が伸び始めていた。

高校卒業まであと1年。この金の卵をどういう方法で繋ぎとめるか。西垣は、5月20日に再度名古屋へ出向き、名古屋駅前の鶴舞旅館で金田の父・長吉に会った。

当時セ・リーグ事務局長の徳永喜男によると、西垣は「契約金の一部を持参していますから受け取ってくれますか」といって20万円の小切手を差し出した。長吉はそれを受け取って、受領書にサインをした。長吉は「まさか正一の左腕に、それだけの価値があるとは思わなかった」と、金田に漏らしている。

「仮契約」の成立だった。

「小切手? あの当時、誰が信用します。現金ですよ」と、金田はあっけらかんという。そして8月1日、夏の高校野球愛知県大会で敗退、甲子園出場の夢が消えるとすぐ国鉄スワローズと入団契約をした。契約金50万円、月給2万5000円。享栄商高は中退した。17歳だった。

最初で最後の甲子園体験

プロ入りしてすぐ1軍登録、この年8勝をあげて、シーズン最後に広島カープを抜いて最下位を免れる原動力となるが、その前に金田の生い立ちを見ておこう。

金田は1933（昭和8）年8月1日、愛知県中島郡平和村（現稲沢市）で生まれた。父・長吉、母・君子の二男。戦時中は岐阜県大野郡久々野村（現高山市）に疎開していたが、戦後、焼け野原となった名古屋市に戻って、市内東大曽根にバラックを建て、両親と子ども6人（4男、2女）が生活していた。

名古屋市立大曽根中学時代に野球を始めた。機械いじりが好きだったことから名古屋電気学校に入学したが、1年の途中で野球の強豪校・享栄商業高校（現享栄高）に転校した。ここで出会ったのが、野球部長で監督の芝茂夫である。

芝は享栄商業高校では英語の先生だったが、兵庫県の強豪チーム甲陽中学（現甲陽学院高校）が1923（大正12）年に夏の甲子園大会で初優勝したときの3番・センターだった。その後立命館大学に進み、1931（昭和6）年に享栄商の専任コーチとして迎えられた。ノックの名手で、試合前のシートノックは「享栄サーカス」と呼ばれるほど見事なものだったという。

「ある日突然野球をやりたいといってきた生徒がいた。1年生にしては背がやけに高く、長い指をもった男だった。ともかくキャッチボールをやらせてみたが、さすがにいいタマを投げよったです。練習だけは人一倍熱心でした。みんなが帰ってからも一人で黙々とグラウンドを走っていた。さすがに私も、彼がその後、プロでもあれほどのピッチャーになるとは夢にも思わなかった」と、芝は金田との出会いを『享栄高校硬式野球部史』に残している。

金田も「投手として一人前にしてくれたのは芝茂夫監督」と、最初に出会った指導者に感謝し、「足を向けて寝られない存在」といっている。

金田のタマがどれほど速かったか。享栄野球部には伝統の「ケンカボール」という練習があった。新入部員に10メートルほどの至近距離から上級生が力いっぱいボールを投げつける。一種の「通過儀礼」なのだろうが、球を受け損なえばケガをすることは必至だ。

金田は、明らかに「シゴキ」と決めつけ、「そこで私はどうしたか。ボールを受け止めると、その倍の速さの球を投げ返したのだ。これには先輩たちも閉口した。この〝合法的な仕返し〟で、だんだんケンカボールは下火になっていった」と、『愛知の高校野球　全記録―愛知県高等学校野球連盟史』(2008年)に寄せた「400勝の原点――ボールと真剣に向き合う」で、記している。

享栄商業高校は、金田が入部した1948（昭和23）年に愛知県予選で優勝して、夏の甲子園大会に出場する。春の選抜大会は、前年の47年、48年と連続出場をしていたが、夏は1934（昭和9）年以来、14年ぶりの出場だった。「第30回全国高等学校野球選手権大会」。学制の改革で新制高等学校になって初めての大会で、前年の「第29回全国中等学校優勝野球大会」から名称が変わった。ちなみにこの大会は、福島一雄投手（早大―八幡製鉄）の小倉高校が2年連続優勝した。大会歌「栄冠は君に輝く」が生まれた大会でもあった。

1年生だった金田は、補欠選手として登録され、甲子園球場で入場行進をしている。結果的に、金田にとってこれが唯一の甲子園経験となった。

エースは水野義一投手（のちに早大）。享栄商は、1回戦で浅野学園（神奈川県）を2―1、2回戦で鹿島一（佐賀県）を11―0で破ったが、準々決勝で西京商（京都府）に0―5でシャットアウト負けを喫した。

1年生投手・金田の出番はなかった。芝は、将来金田投手で深紅の大優勝旗を持ち帰る夢を描いていたに違いない。甲子園の雰囲気に慣らすために、入部したばかりの金田を補欠選手として連れて行ったのだ。

準々決勝の負けた試合で、金田はブルペンで投球練習をして、リリーフの準備はできていたというが、監督から声がかからなかった。ここから先は筆者の想像だが、芝は豪速球投手の存在を明らかにしたくなかった、隠しておきたかったのではないだろうか。享栄商は甲子園の常連になっていた。金田投手が順調に育てば、いずれ春の選抜か、夏の大会で全国優勝できる、と期待に胸を膨らませていたと思う。

もっとも当時の金田は、いわゆるノーコン。「めっぽう速い球を投げる新人が入ってきた。恐ろしいまでの剛速球をみんな敬遠、バッティング投手もさせなかった」と、1947（昭和22）年の選抜に2番・レフトとして出場した川村春夫は、金田の思い出を話している。

ノーコンを克服するために、監督の芝が金田に課したのは「走れ」ということ。「まだ野球の〝野〟の字も知らない私は、なぜ走ることがコントロールと関係あるのか分からなかったが、監督のいうことを聞いて、とにかく走りまくった。そうすることで、足腰がしっかりして、コントロールがついただけでなく、キレのある球が投げられるようになった。私の『走れ、走れ』という野球の原点はここにある」（『400勝の原点』）

用具、食糧、戦中戦後の高校野球

この年の秋の新人戦から金田は主戦投手になるのだが、その前に戦中戦後の高校野球（中等学校野球）と甲子園事情を見てみよう。

戦時中、野球は「敵性スポーツ」として、目の敵にされた。1941（昭和16）年から夏の大会は中止となり、翌年からは春の選抜大会も開けなくなった。阪神甲子園球場は、43年8月に名物の「鉄傘」を軍需用に供出し、球場内に高射砲が設置され、航空機工場に変わってしまった。

1945（昭和20）年8月15日敗戦。甲子園球場は占領軍に接収された。夏の大会は、翌46年8月に復活するが、西宮球場での開催だった。甲子園球場に球児が戻ってきたのは、47年の選抜大会からだった。

その復活第1回の選抜中等学校野球大会に出場した享栄商の川村春夫（1930年生まれ）が、当時の思い出を語っている。

野球部再開。「終戦から1年余り、名古屋市内は空襲の傷跡も痛々しく見渡す限りの焼け野が原。もちろん学校も跡形なしの状態。空襲を免れた軍需工場を借りて授業を再開、空き地で野球部再スタートの動きを始めた」

野球用具。「グラブは着古したズボンの布で手作りし、バットは折れたものに釘を打ち付け、さらに針金をぐるぐる巻きにして補強した。ボールは使い古し。毎晩選手たちが畳の糸で縫い合わせて長持ちさせた」

「近くに米軍のキャンプがあり、（米兵が）『われわれにもやらせてくれ』と、ボール、グラブ、バットを持って参加してきた。米兵は野球も相当うまかった。そして、ノドから手が出るほど欲しかったグラブやバットも気前よく、くれた。こんな幸運も幸いして、享栄商は東海地方のトップを走る存在になった」

食糧事情。「当時、食糧は配給制。甲子園に出かけるには食べ物の確保が最優先。米、味噌、醤油と調達する品物が割り当てられ、親類、知人、友人を頼って、少しずつ分けてもらうために走り回った」

「これらの食糧をリュックサックに詰め込み、満員列車で、半日がかりで甲子園に乗り込んだ。ヤミ屋に間違われないようにと、主催の毎日新聞の腕章をして行った」

宿舎。「旅館、ホテルはまだ再開されていなかった。宿舎は甲子園球場近くに住んでいた先輩宅でお世話になった。食事は自炊。持ち込んだ米、うどん粉などを材料に煮炊きした粗末な食事を腹に詰め込んで空腹を満たした」

同行した応援団員の思い出が『享栄高校硬式野球部史』にある。復活第1回の1947（昭和22）年選抜大会。「京都のお寺へ米持参で泊まり、水道の水を飲みながら甲子園で我ら享栄応援旗を振った」

48年選抜・夏の甲子園。「ボロボロの学生服、下駄ばき、肩には米の入ったカバン。夜行列車に乗って、アルプススタンドに享栄健児ここにありと頑張った。勝ち抜いてくると又大変。当時、交通は非常に不便で列車の数も少なく、六甲山付近、大阪梅田駅等で野宿をしたこともあった」甲子園球場は連日満員の観客で埋まった。娯楽が何もない時代。野球の復活は、誰もが歓迎した。

一方で野球人気を揶揄するこんな川柳がつくられた時代でもあった。

「六三制、野球ばかりがうまくなり」

高校野球人気が、今ではオリンピック種目になっているケイリンを生んだ、というとこじつけ過ぎになるのだろうか。競輪は1948（昭和23）年11月に福岡県小倉市で始まった。それに先立って10月に福岡県で第3回国民体育大会が開かれたが、自転車競技は施設（バンク）づくりにお金がかかるという理由で引き受ける自治体がなかった。「高校野球をやらせてもらえるなら」と当時小倉市長・浜田良祐が手をあげた。福島一雄投手の小倉高校が2年連続夏の甲子園で優勝していたからだ。国体の高校野球は小倉で、連日「立錐の余地なき盛況裡に挙行」された。国体終了の半月後、傾斜（カント）のついた国際規格の自転車競技場で第1回小倉競輪が始まった。功労者・浜田の胸像が小倉競輪場に立っている。

ノーコンエースの高校野球

1948(昭和23)年秋の新人戦から金田は主戦投手として、享栄商のマウンドを任された。新チームで臨んだ愛知県大会名古屋地区予選。1回戦名古屋市商高戦は延長13回7―6で勝利したが、2回戦で旭丘高に1―5で敗れた。この試合、金田が完投しているが、四球10個を記録するほどのノーコンだった。

金田が2年生になった翌49年夏の甲子園大会の愛知県予選。1回戦5―0安城農林高、2回戦5―0豊橋東高、3回戦2―0市立岡崎高、準々決勝2―0県立岡崎高と、享栄商業高校は順調に勝ち進んだ。金田は、3番・右翼手の高木公男と2人でマウンドを守り、無失点だった。ところが準決勝の瑞陵高戦では「金田は立ち上がりから制球に苦しみ、速球、カーブとも威力を欠いて相手に乗ぜられ5回早くも高木に救援を求めた」。結果は0―4で敗戦。野球部長兼監督の芝茂夫は、なんとか金田をエースに仕立てあげたかった。ノーコンに目をつぶって、先発投手として使い続けた。

「主戦投手はコントロールのよい高木に」という意見が、他の野球部員や後援会の人たちの間で強かったと金田は明かしている。その高木公男は、金田が1973(昭和48)年にロッテ・オリオンズの監督に就任したとき、2軍監督に呼ばれた。75年に1軍監督の金田が心臓発作で休養したときは、1軍の代行監督を務めている。

ちなみにこの49年夏の甲子園大会で優勝したのは、神奈川県立湘南高校で、2年生の三塁手が前日本高等学校野球連盟会長の脇村春夫、1年生の左翼手が佐々木信也だった。

金田が3年生となった最後の1950（昭和25）年夏の甲子園大会の愛知県予選。

▽1回戦（7月17日鳴海球場）

享栄商	100	020	000	3
新　城	000	000	000	0

金田は5番・投手で先発。被安打3、奪三振11で完封勝利。

▽2回戦（7月24日鳴海球場）

享栄商	000	207	0	9
東　邦	000	000	0	0

（7回コールド）

金田は5番・投手で先発。被安打1、奪三振8で完封勝利。

▽3回戦（7月26日鳴海球場）

小　牧	001	000	0	1	
享栄商	010	053	X	9	（7回コールド）

金田は5番・投手で先発。ノーヒット、奪三振16の好投だったが、四球で出塁を許したあと、味方野手の失策があって、スクイズで1点を失った。

▽準々決勝（7月31日鳴海球場）

享栄商	233	000	0	8	
岡　崎	000	000	0	0	（7回コールド）

金田は5番・投手で先発。被安打2、奪三振6で完封勝利。享栄野球部史に「金田は極めて好調で2安打、2死球の好記録を残した」とある。三振をいくつとるかより、四死球をいくつに抑えたかが問題だったようだ。

▽準決勝（8月1日鳴海球場）

一　宮	000	200	000	2
享栄商	000	000	001	1

金田は、いつも通り5番・投手で先発出場。被安打3、奪三振12を記録している。「一宮は金田

投手の速球に抑えられていたが、四回一死後、小松四球、水野二ゴロ野手失に走者二、三塁の好機をつかみ、スクイズプレーは金田投手のウエストボールに失敗したが、捕手がこの球をはじいたため幸運にも小松の本盗成り、川合絶妙のスクイズプレーでさらに水野を返し貴重な2点を先取した」「最終回無死四球で出塁した寺島を金田の右越え二塁打で迎え危うくシャットアウトを免れた」と享栄商業の野球部史にある。

金田にしてみれば腹の虫が治まらない敗戦だった。せっかくスクイズを外したのに捕手が球を逸らした。次のスクイズにより無安打で2点を献上した。最終回は自らのバットで1点差に詰め寄り、なお無死二塁。しかし、後続がなかった。

金田自身の体調もよくなかった。準決勝の前日に、盆柿（お盆の頃に出回る早生の柿。別名筆柿とも言う愛知県幸田町の特産）をバカ食いした。「一つや二つでやめときゃいいものを、口が卑しいもんだから5個、10個、結局15個も食って、大腸カタルやっちゃって、それで負け。いやあ、芝先生には申し訳なかったと、今でも思うとる」と告白している（「週刊朝日」２００８年12月26日号）。

金田の夏は終わった。甲子園への道が閉ざされると、即国鉄スワローズに入団、プロ野球デビューとなるのだ。

後楽園球場で数々の名場面を演じた金田正一投手。

400勝投手への第一歩

金田正一、背番号34、身長6尺（181・8センチ）、体重18貫（67・5キロ）。身長はのちに185センチまで伸びる。セ・リーグに選手登録されたのは、1950（昭和25）年8月7日である。それからデビューまでが金田の自伝（スポーツニッポン紙に1959（昭和34）年12月13日から翌60年1月22日まで34回連載の「我がピッチング十年」。A級10年選手の権利を得たが、国鉄スワローズ残留を決めて、連載を始めた）と、監督・西垣徳雄の証言が食い違っている。

自伝によると、享栄商業を中退して、名古屋駅から上京したのは8月10日。「東京都品川区五反田六ノ一九一」と西垣監督の住所を書いた紙きれをポケットにしまい込み、ボストンバッグ1個の軽装で汽車に乗った。ちょうど17回目の誕生日だった、とある。

一方、西垣証言。西垣は金田獲得がよほどうれしかったのか、横浜平和球場の巨人戦で「カネ、投球練習をしてみろ」といって、ブルペンで投球練習をさせた。「ウチの先発・中尾（碩志《ひろし》）より速いぞ」。巨人軍ベンチから驚きの声があがった。川上哲治、青田昇、千葉茂ら強打者たちの目がスワローズのブルペンに釘付けになったというのだ。17歳の少年快速球投手のデモンストレーション効果は十分だったようだ。

記録を調べると、国鉄対巨人が横浜平和球場で試合をしたのは、8月8日である。金田の自伝では、金田はまだ名古屋の実家にいる。高校を中退して国鉄スワローズ入団を決意したことを父・長吉に話した日である。

西垣の記憶違いなのだろうが、金田の快速球に打撃の神様・川上哲治ら巨人ナインがびっくりしたのは事実であろう。

国鉄スワローズの球団事務所は、有楽町の日本交通協会の4階建てビルの最上階にあった。1916（大正5）年1月に完成した重厚な建物で、金田はよく2階にあった交通新聞の編集局に顔を見せた。交通新聞は、国鉄スワローズの経営母体の財団法人交通協力会が発行していた。まだ丸刈りの17歳の少年。入団のときに登録用の顔写真を撮ってもらったカメラマンを慕って、暗室にも出入りしていたという。

「分厚い包みを抱えて来たことがあります。『契約金50万円だ。確かめる』といって、私の隣の机に座って札束を数え始めたんですよ。百円札ばかりで5000枚ですね。うらやましかったですね」と、そのカメラマンはいう。大卒公務員の初任給が6000円、国電の初乗りが5円、はがき1枚2円の時代だった（前金20万円を渡した話と矛盾するが、これは誰かの記憶違いだろうか）。

金田のプロ初登板は、8月23日愛媛県松山球場で行われた対広島カープ第11回戦だった。しかし松山では地元松山東高校が夏の甲子園大会で優勝し、翌24日に大優勝旗とともに郷土へ凱旋することになっていた。松山東高校は、この年4月の新制高校発足で、愛媛県で最初に野球を始めた松山中学と強豪松山商業が統合してできた学校だ。松山中学に野球を伝えたのは一高生だった俳人・正岡子規（2002年野球殿堂入り）。明治20年代のはじめのことである。松山商からは6人が野球殿堂入りしている。景浦将（大阪タイガース）、藤本定義（大阪鉄道局、東京鉄道局各監督―巨人軍初代監督）、森茂雄（松山商、早大監督、大洋球団社長）、千葉茂（巨人―近鉄監督）、筒井修（巨人―審判員）、坪内道則（中日）だ。

地元は、凱旋を迎える準備が忙しくて、プロ野球どころではなかったようだ。観衆は3000人と記録されている。

金田は4―5と1点差に追い上げた5回裏から救援でマウンドにあがった。最初に対戦した打者が樋笠一夫。樋笠は1956（昭和31）年3月25日、中日・杉下茂から後楽園球場で代打満塁逆転サヨナラ本塁打を放ったことで知られる。中学2年生だった私（筆者）はラジオの実況中継で聞いて、興奮したことを覚えている。

樋笠はこの日も左翼場外に2ラン本塁打を放っているが、金田は樋笠を速球で空振りの三振に仕留めている。これが金田の三振奪取記録のスタートとなった。

試合は国鉄が一時同点に追いついたが、8回に金田がコントロールを乱して2四球を与え、6番・坂田清春捕手にライト前安打を浴びて、敗戦投手となった。坂田は滝川中学で別所毅彦《たけひこ》投手の捕手を務め、2007年米大リーグオールスター戦でイチローがランニング本塁打でMVPに輝いた時、日本プロ野球史上2人目のランニング満塁本塁打を1950（昭和25）年4月11日阪神甲子園球場での阪神戦で記録していたことがスポーツ紙で報じられた。

初被本塁打、つまりホームランを初めて打たれたのは8月30日松江で行われた対西日本パイレーツ第11回戦。金田はリリーフとして負け試合に登板して、関口清治《せいじ》（のちに西鉄）に第15号本塁打を浴びた。

初先発は9月6日、後楽園球場の巨人戦だった。4回表、打撃もよい金田自らの1打点付きの右前打などで3点を先行したが、その裏、2四球と内野エラーで無死満塁。4番・川上に犠牲フライ、5番・青田の二塁打で同点に追いつかれた。7回表に国鉄が1点リードしたところで、マウンドを同じ新人の高橋輝に譲った。投球回数6、被安打2、四球4、三振5の記録が残っている。

試合は6―5で国鉄が勝った。勝利投手金田と発表されたが、公式記録が翌日になって訂正となり、救援の高橋に勝ち星がついた。金田が「本当は401勝している」というのはこの「1勝」のことだが、記録記者・宇佐美徹也は「勝利投手は高橋が正しい」と判定している（『プロ野球記録大鑑』）。

金田の初勝利は、10月1日阪神甲子園球場で行われた対大洋ホエールズ第18回戦だった。

ルーキー金田の投球冴ゆ

打線も振い国鉄快勝

これは翌10月2日付のスポーツニッポンの見出しだが、その戦評に「6尺の上背を利しての猛速球と大きなインドロでベテランぞろいの大洋に立ち向かい」「捕手宇佐美の弱肩から5個の盗塁を大洋に許して、しばしばスコアリングポジションに走者を送りながら落着き払ったプレート度胸で2点しか許さなかった金田の健投は、その前途を大いに楽しむことができそうだ」と、ベタ褒めだ。

10月6日、後楽園球場の対西日本パイレーツ第14回戦で、金田は相手のエース緒方俊明から右翼席に初本塁打を放った。17歳2カ月。これがプロ野球の最年少本塁打記録になっている。

金田は投手としての本塁打記録も持っている。生涯38本打っているが、うち2本は代打で、投手として出場して放ったのが36本。2位が米田哲也の33本、3位が別所毅彦の31本。別所は打者としても4本打っていて、生涯記録は35本だ。

金田はサヨナラ本塁打を2本（1955年5月26日対中日戦○1—0、1959年5月30日対大洋戦○5—3）も記録している。金田は、打者としても優れていた。

初完封勝利は、10月8日後楽園球場での西日本パイレーツ第15回戦。金田は中1日置いただけの登板だったが、奪三振10、被安打1でシャットアウト勝ち。投手成績を4勝4敗の五分にした。

報知新聞の戦評。「1回の永利《ながとし》（勇吉）の三塁打が西日本が記録した唯一の安打だが、それも土屋（五郎・中堅手）のスタートがよかったら捕れたボールで、これがもし凡打になっていればノーヒット・ノーランゲームになっていたわけだ」（佐野康）

巨人戦初勝利は、10月17日千葉県の小見川球場で行われた第16回戦。「2回乱調に陥った高橋（輝投手）をリリーフした金田はインドロップを多投して巨人打線を完封」と報知新聞にある。3—2、9回裏巨人の攻撃で1死満塁のピンチがあった。ここで金田は、7番・捕手藤原鉄之輔を三振、最後に代打として登場した監督の水原茂を右飛に打ち取った。水原41歳。抑留されていたシベリアから前年の7月に帰国、後楽園球場で「水原、ただいま帰りました」と丸坊主姿であいさつして、ファンの喝采を浴びた。水原はこの年、選手として打数5、得点、安打、打点、四球、三振各1が記録されている。水原と金田の対決は、これが最初で最後だった。

入団1年目の金田は、8勝をあげた（12敗）。初登板からシーズン終了まで58試合。その半数を超える30試合でマウンドにのぼった。その8勝目は11月11日大阪・日生森の宮球場で行われた対広島カープダブルヘッダーの第2試合。金田は広島打線から14三振を奪い、5安打1失点で抑えた。これでやっと7位広島をとらえ、同率で並んだ。そして翌12日も7―6で広島を3タテ、金田が抑えに登板して逃げ込み、ついに開幕以来指定席だった最下位を脱出した。

国鉄最下位を返上
みごと広島に3連勝

最終成績は、138試合42勝94敗2分。勝率3割9厘。優勝した松竹ロビンスとのゲーム差は57・5ゲームも離れていた。

入団時17歳、金田少年の速球の威力はどれほどだったか。「野球界」1951（昭和26）年1月号の座談会で総監督・楠見幸信、監督・西垣徳雄が語っている。

楠見　アレが入った時珍談がありますよ。うちのキャッチャーのミットを6つもこわして了《しま》った。みんな和製のミットをもっていたのですが、金田の球を受け取っていると、中のパンヤ（あんこ）が飛び出して了う。

西垣　ミットのね、縫い目が素っ飛ぶのですよ。宇佐美なんかウエッブ（親指と人差し指の間の網）捕りをすると、そのままスポッと抜けて了うのです。（笑声）ホントに投げたら、うちのキャッチャーでは止めきれない。

スピードガンはまだ開発されていなかった。残念ながら時速何キロのデータは残っていない。球界関係者は「少なくとも150キロ後半、160キロは出ていた、といっても決して大げさではない」といっている。

スワローズの活躍と国鉄総裁

1951（昭和26）年、2年目のシーズンを迎えた金田は、もはや国鉄スワローズのエースだった。

開幕前のセ・リーグのプレイベントとして3月24日から3日間、後楽園球場で開かれた第13回読売旗争奪大会で国鉄スワローズが優勝、金田はMVP（最高殊勲選手賞）に輝いた。1回戦で中日に1―0でシャットアウト勝ち。4安打散発、三塁を踏ませなかった。準決勝の松竹戦（3―1）は登板せず、決勝の阪神戦は先発して7回途中で交代したが4―1で勝利投手となった。

「盛大に祝勝会」の記事が、「交通新聞」と「国鉄スポーツ」に載っている。有楽町駅前の球団事務所のある日本交通協会のビルでは五色のテープと紙吹雪でナインを出迎えた。優勝旗を前に国

国鉄スポーツ
THE KOKUTETSU SPORTS

4月1日号
NO4　定価8円
発行所　交通協力会

スキー、ラグビーを強化
国鉄　本年度の各種大会構想決る

重点は親近感に
スター・システムを回避

谷佐平

優勝　スワローズ！
栗山読売企劃局長より栄光の優勝旗を受ける宇佐美選手

創刊六週年記念号
ベースボールマガジン
米国野球見学記
大リーグ生活66年
恒文社

百万人の野球雑誌！
野球界
五月号
西沢道夫論
新人総まくり
六大学リーグ戦展望
全球団選手人名簿
博友社

春のセ・リーグ大会で優勝。読売新聞旗を受ける宇佐美一夫選手。（国鉄スポーツ1951年4月1日号）

鉄総裁・加賀山ら関係者が乾杯して、喜びを分かち合った。加賀山は「嬉しくて何もいうことがない」と球場の興奮そのままに感激の面持ち。「鉄の団結力と美しい友愛の気持ちが大切」「若い金田、古谷（法夫・投手）、田原（基稔・投手）、初岡（栄治・外野手）だけでなく、まだゲームに一度も出場しない選手の隠れた力がスワローズ成長に大きな貢献をしているか強調したい」とチームワークの勝利を喜んだ。

球団会長の上林市太郎、代表の今泉秀夫は「後援会の絶大なるご支援の賜物」と、バックの国鉄一家に感謝の言葉を述べ、国労委員長の斎藤鉄郎は「全国50万の国鉄職員もこれから声援のし甲斐があるし、職務に励み甲斐ができる。選手諸君にこちらからお礼とお祝いをいいたい」と祝福した。

最後に監督の西垣徳雄は「友愛と団結の力はどこよりも優越している。やってやってやり抜く覚悟である」と決意を披露した。

「日刊スポーツ」は3月28日付「社説」で国鉄スワローズの優勝を称えた。

「プロ野球の既成スタープレーヤーが一人もなく、熱心にして真面目なる練習を重ねて今日の栄冠を得たことは、野球が個人技ばかりでは勝てない、チームワークのゲームであることを証した一例として国鉄の優勝を高く評価するものである。既成名選手の争奪戦で数々の反則を犯し球界を混乱させたチームにとって、これはまことによき教訓であった」

「選手は買うより育てよ、というモットーで国鉄は益々強くなり、有力チームとなって球界の範となってもらいたい」

この優勝大会に出場したのは、前年より1チーム減って7チームだった。西日本パイレーツが経営難からセ・リーグを脱退、西鉄ライオンズと合併したのである。西日本の選手の争奪戦となり、これを見かねたGHQのマーカット少将が「コミッショナーとプロ野球機構の設置」を勧告、それに従う形で4月5日、前検事総長・福井盛太が初代コミッショナーに就任した。

国鉄スワローズは、金田の新しい女房役として佐竹一雄を松竹からトレードで獲得した。佐竹はプロ6年目。京阪商業を卒業、戦後新聞でプロ野球選手を募集していることを知って1946（昭和21）年にパシフィック球団（田村駒治郎がオーナーで、球団名は太陽―大陽―松竹ロビンスと変わった）に入団。5番・捕手として打率2割9分7厘、守備率はセ・リーグ最高の9割9分を記録している。ちなみにこの後の金田の女房役で最高守備率を残したのは、1957（昭和32）年の谷田《たにだ》比呂美（9割9分3厘）と1963（昭和38）年の根来《ねごろ》広光（9割9分9厘）がいる。

1951（昭和26）年シーズンが開幕。国鉄スワローズは猛然と開幕ダッシュ、首位を走っていた4月24日、桜木町駅で電車が炎上、乗客106人が死亡、92人が負傷する大惨事が起きた。

世論は国鉄に厳しかった。「野球だの物見遊山列車などばかりに憂き身をやつさないで、実用で安全な大衆車を先ず整備すること」と、朝日新聞1面のコラム「天声人語」にある。

国鉄スワローズ生みの親・加賀山は、この事故の責任をとって51年8月24日に国鉄総裁を辞任、後任の第3代総裁に長崎惣之助が就任した。長崎は加賀山の一高―東大の先輩で、鉄道省入省が1920（大正9）年だから加賀山より7年も早い。戦後公職追放され、その解除を待って総裁に就任した形だ。

その長崎も1954（昭和29）年の洞爺丸事故（死者・行方不明1430人）、翌55年の紫雲丸事故（死者168人）の責任を取って辞任。同年5月20日、長崎より12歳上で一高―東大―国鉄の先輩、十河信二が第4代総裁に就任する。

国鉄総裁のポストを引き受ける人がいなかった。71歳になっていた十河は「線路を枕に討死にする覚悟で引き受けた」と記者会見で語り、国鉄本社内で幹部職員を集めての訓示では「赤紙で召集されて国難に挺身する気持ちで国鉄総裁をお受けした」と話した。

「線路を枕に」も、「赤紙」もいかにも古い。しかし、十河のジイさん（国鉄本社内ではこう呼ばれていた）は東海道新幹線の建設に執念を燃やした。桜木町事故で加賀山とともに辞任した元工作局長の島秀雄を技師長に呼び戻し、時速200キロの高速鉄道づくりに当たらせた。すでに航空機と自動車（高速道路）の時代になっていた。東海道新幹線の建設は、万里の長城、戦艦大和とともに「世界の三馬鹿」と酷評された。

今、ヨーロッパ各国をはじめ韓国、台湾、中国で時速300〜350キロの高速鉄道が運行され、アメリカをはじめロシア、アルゼンチン、ブラジル、トルコ、ベトナム、インド、サウジアラビア、モロッコなど全世界で高速鉄道の建設が計画されている。

「東海道新幹線の成功がなければ、高速鉄道時代の到来は絶対あり得なかった」と、十河信二の功績を称えるのは、ノンフィクション作家の高橋団吉（『新幹線をつくった男　島秀雄物語』の著者）だ。

その国鉄総裁・十河信二は、シーズン開幕前の激励会や納会できまってこういった。「日本の国鉄は世界一だ。しかし、君達の国鉄スワローズは日本一にもなれない。一日も早く日本一になってほしい」と。

東海道新幹線は1964（昭和39）年10月1日に開業した。東京オリンピックが開幕する10日前である。しかし、テープカットしたのは、第5代国鉄総裁・石田禮助《れいすけ》である。十河は前年の5月、2期8年の任期満了で退任した。東海道新幹線の建設費が予算に計上した金額を2度補正して3800億円（工事費3426億円、利子374億円）に膨れ上がった責任を取らされた。「世界の三馬鹿」という世論の中での建設で、建設費はなるべく低く抑えてスタートする、というのが十河の考えだった。そのあとに建設された山陽新幹線、東北・上越新幹線などと比べ、東海道新幹線の建設費は比較にならないほど安い。「テープカットは十河さんに」の声も、政治の力に押し流された。技師長・島秀雄も退任した。

東海道メガロポリスを結ぶ東海道新幹線は国鉄一の黒字路線、稼ぎ頭になるのだが、公共企業体「国鉄」が初めて赤字を計上したのは皮肉にもこの年、1964(昭和39)年なのである。スワローズも国鉄の名前でリーグ戦を戦う最後の年となり、エース金田正一も契約更改を拒否して、B級10年選手の権利を行使して巨人に移籍した。翌65年にはシーズン途中で球団名が「サンケイスワローズ」と変わり、「国鉄スワローズ」球団は消えてなくなった。

「打撃の神様」が見たエース

先を急ぎ過ぎた。国鉄スワローズ2年目の春の椿事である。開幕16試合で12勝4敗、勝率7割5分で首位をひた走った。

独立採算

野球の方が増収見込みなので、
運賃の値上げはいたしません　——国　鉄

こんな読者の投稿が「読売新聞」社会面の「USO放送局」に掲載されたのもその頃だ。

その後、3連敗して2位に転落するが、1951（昭和26）年5月5、6日の武蔵野グリーンパーク球場のこけら落としで名古屋、巨人に連勝して首位に返り咲いた。

主催した読売新聞は2万5000人のちびっ子ファンを招待、打ち上げ花火をあげ、「ボクラの代表青山学院中学部一年岩沢浩一君（12）らが巨人水原、国鉄西垣、名古屋天知の三監督に花束を贈った」と記事にある。5万1000人収容の球場が満員の観客で埋まった写真が付いている。

金田は、球場開きの対名古屋戦に先発して6—3で完投勝利をものにしている。

武蔵野グリーンパーク球場は、公職追放中の松前重義が社長になって建設したことは、すでに触れた。この球場は、国鉄スワローズの本拠地になるはずだったが、地の利のよい後楽園球場にはかなわずに、スワローズはこの球場で7試合を戦っただけだった。

「かつて東京駅の中央線ホームから武蔵野競技場前行という電車が出たことがある。野球のボールをデザインした行先表示板（サボ）が当時としては異色だった」と、宮脇俊三編著『鉄道廃線跡を歩く』（1995年、JTB）に、こうある。

三鷹駅から、かつての中島飛行機の引込線を利用して野球場まで専用線を引いたのだ。当然のことながらこの専用線は時刻表にも載っていて、「三鷹・武蔵野競技場前間3・2粁《キロメートル》所要6分、競技開催日運転」とある。

球団専務となった今泉秀夫は、この専用線からあがった運賃収入の一部を球団に回してほしいと要望しているが、国鉄スワローズがこの球場を使わなくなるのだから、何をかいわんやだ。この専用線も8年後の1959（昭和34）年に廃線となった。廃線跡は武蔵野中央公園や団地群につながる遊歩道「グリーンパーク遊歩道」になっている。ちなみに『鉄道廃線跡を歩く』の編著者・宮脇俊三は鉄道紀行作家として知られるが、宮脇の姉が今泉に嫁いでいる。今泉とは義理の兄弟の関係である。

序盤の快進撃は5月半ばにストップ、ズルズルと6位まで後退。最終的には5位に終わった。金田は8月2日の対阪神9回戦で毎回奪三振、9月5日大阪難波球場で行われた対阪神15回戦でノーヒットノーランを記録した。シーズン22勝。杉下茂（中日）28勝、松田清（巨人）23勝に次ぐセ・リーグ3位の勝利数を収めた。セ・リーグ投手部門のリーダーズに完投25（別所毅彦〈巨人〉と同じ）、完封勝利4（松田、別所、杉下も同じ）、敗戦21、投球回数350、与四死球198、奪三振233と名を出している。

打撃部門では国鉄スワローズの選手は、盗塁王に土屋五郎の52個があるだけだ。

金田にとってこの年最高の栄誉は、オールスター戦で最優秀投手賞を獲得したことだ。セ・パ両リーグのオールスター戦は、この年から始まった。だからプロ野球史上最初のオールスター戦の最優秀投手賞となる。

金田は、全3戦のうち2試合に登板した。投球回数4、打者13、被安打1、与四球1、奪三振3、失点0の記録が残っているが、抑えた打者の顔ぶれがすごい。阪神甲子園球場の第1戦では、先発別所毅彦投手（巨人）に続いて4回からマウンドにあがった。最初に迎えたバッターは、鶴岡（旧姓山本）一人（南海）。これは四球で歩かせたが次の別当薫《べっとう》（毎日）を遊ゴロで併殺、続く〝青バット〟大下弘（東急）を三振に退けた。3イニングを無失点、木塚忠助、飯田徳治（いずれも南海）からも三振を奪った。

後楽園球場での第2戦では、6回裏に長谷川良平投手（広島）が無死で連続2四球を与えたところで、リリーフ登板。最初の大下弘（東急）を歩かせて満塁策をとり、続く中谷順次（阪急）、伊藤庄七（毎日）を連続三振、土井垣武（毎日）を中飛に打ち取った。

この試合でセ・リーグの一塁手は川上哲治（巨人）だった。川上は「流石の金田君も緊張そのもので、私が投手板近くまで寄って返球する球を受け取るたびに、私の方を見つめていた。結果は中谷、伊藤の老練選手を三振に、土井垣中飛でセ軍逆転勝の端緒を開いた」と、この時の模様を活字に残している。

川上哲治は国鉄スポーツ（1952年2月1日付）の「私の見た金田投手」で、「日本の球界の将来を背負う大物であり逸物」と、金田を最大限に評価している。

その中で川上は「胸のすくような剛速球、大きく割れるドロップの威力は、他に類を見ない。非常に天分豊かなピッチャー」「オーソドックスな投法で、どの打者にも小細工をろうせず、ズバリズバリと剛球で真っ向から勝負を挑む」と褒め称えたあと、「彼にはコントロールがない。私がバッターボックスに入って球を見ていると、どの球もド真ん中に投げ込んでいるように思える。それがやや外れてインコースなり、アウトコースに入る」とコントロールに不安があることを指摘している。

そして「彼が今日の地位を得た最大の理由は、国鉄スワローズに入団したということである。創設間もない比較的若い選手の多いスワローズだけに、伸び伸びと天衣無縫な自己の天分を発揮出来たものと思う」と、結んでいる。

金田対川上、左投手対左打者の対決はどうだったのか。川上は「私は金田君の球を格別打ち難いとは思っていない」と、金田投手を苦手にしていないと語っている。確かに、この寄稿文が載ったのは1952（昭和27）年のシーズン前だから、その前2年間の対金田との対戦成績は、50年が13打数5安打で3割8分5厘、51年が26打数9安打で3割4分6厘と、川上が打ち込んでいる。しかし、1958（昭和33）年のシーズンを最後に川上が引退するまでの9年間を通算すると、234打数56安打で2割3分9厘。本塁打はゼロのうえ、三振も41個記録している。現役後半の川上は、体力の衰えからポテンヒットが多く、〝テキサスの哲〟と揶揄されていた。金田は〝打撃の神様〟を力でねじ伏せた、といえないだろうか。

西垣監督のその下で
雨、風、霧も何のその
重ね重ねる努力人
その名も高き新鋭金田

川上、小鶴、藤村と
怒涛と押し寄す強打者を
迎えて挑む一騎討ち

その速球にドロップに
さすがのスラッガーノーヒット

これは入団2年目の若きエース金田に届いたファンからの讃歌だが、この年、岩波書店発行の写真文庫『野球の科學』に、別所毅彦（巨人）、スタルヒン（大映）、若林忠志（毎日）らベテラン投手に交じって18歳の金田がモデルとして取り上げられた。日本のプロ野球界を代表する投手と認められたわけだ。

球団の納会は12月29日に交通協力会で行われ、最高殊勲選手賞に金田を選んだ。他部門では、打撃賞・佐竹一雄▽打点賞・主将藤田宗一▽盗塁賞・土屋五郎▽代打賞・井上親一郎▽最多出場兼守備賞・遊撃手中村栄、二塁手福田勇一▽救援投手賞・古谷法夫▽敢闘賞・宇佐美一夫、高橋輝、初岡栄治▽新人賞・投手井上佳明（天王寺高）、内野手川島孝（旭丘高）、同渡辺光央（作新学院―国鉄本社）▽功労賞・監督西垣徳雄がそれぞれ贈られた。

西垣監督が掲げた3年計画の3年目、1952（昭和27）年は、結局5位に終わった。トレードで獲得した辻井弘（広島）、杉浦清（中日）の3、4番もAクラス入りには力不足で、仙台鉄道管理局からのバンビこと佐藤孝夫（白石高）が新人王を獲得したのが目立った程度。

金田はリーグ最多の64試合に登板して24勝25敗。完封7は、別所と並んでリーグトップ。与四死球207、奪三振269も1位。金田のワンマンチームとなるのもやむを得なかった。

　この年から主催ゲームの収入は、球団に入るようになった。総当たり20回戦、1球団120試合の半分、60試合がホームゲームだ。国鉄スワローズの実績は、入場者30万6222人、売り上げは1680万2880円と記録されている。後楽園33試合、残り27試合は地方興行だったが、全国の鉄道管理局が観客動員から球場管理・運営まで手伝った。

第四章 金田と国鉄の〝黄金時代〟

国鉄スポーツ
THE KOKUTETSU SPORTS
全日本のエース金田正一投手
三振奪取世界記録を樹立
ステンゲル氏も舌をまく
コタニ
タチカラ
バーベルとダンベル用品

来日したニューヨーク・ヤンキースとの試合に先発した、セ・パ選抜チームの金田。（国鉄スポーツ1955年11月10日号）

伝説の対決、金田対長嶋

「金田、長嶋を連続4三振」（日刊スポーツ）
「金田快投・長嶋を全部三振」（スポーツニッポン）
「巨人、金田にキリキリ舞い／期待の長嶋4打席4三振」（報知新聞）

1958（昭和33）年4月6日付のスポーツ各紙の1面トップの大見出しである。

これほど騒がれ話題になったプロ野球の開幕戦はなかった。空前で、恐らく絶後であろう。

プロ9年目、前年に28勝をマークして2年連続で沢村賞に輝いた金田正一。自他ともに認める日本一の左腕投手である。

一方の長嶋茂雄。当時最高の契約金1800万円で巨人が獲得したゴールデンルーキー。立教大学時代に監督・砂押邦信《すなおしくにのぶ》（のちに国鉄スワローズ監督）のスパルタ練習で鍛えられ、東京六大学リーグ戦で首位打者2回。神宮球場で8本の本塁打をかっ飛ばし、当時のリーグ戦新記録をつくった。守備も魅せた。動きがダイナミックだ。ベース際を襲う打球に横っ跳び、三遊間のゴロをさばいて一塁へのランニングスロー。絵になった。レギュラー選手となった2年生の秋のシーズンから卒業まで5シーズン連続でベストナインに選ばれた。「こんな派手な三塁手は初めて」と、神宮球場のネット裏から朝日新聞に戦評を書き続けた飛田穂洲《とびたすいしゅう》は驚嘆した。飛田は戦前、早稲田大学野球部の黄金時代に監督をつとめ、「一球入魂」の精神野球で指導、学生野球の父と呼ばれる。長嶋vs金田。4万5000人の観衆で埋まった後楽園球場。大げさにいえば全国のプロ野球ファンがこの対決に注目した。

金田は「冗談じゃないよ、大学出の新人じゃないか。打たれるわけがない」と豪語していた。その金田の闘争心に火をつける事件が起きた。

その朝、報知新聞の1面トップに「ここへ一本叩き込む」の大見出しが躍っていた。背広姿の長嶋が外野スタンドから、スワローズのユニホームを着たグラウンドの金田にボールを手渡している写真。外野のフェンスに「390」とある。

写真説明にこうある。

後楽園球場の一番深いところ、390フィートのマークをはさんで握手する長嶋と金田。

長嶋「あすはここへたたきこませてもらいます」

金田「いや、なかなかそうはさせません」

巨人軍の機関紙といわれる「報知新聞」の企画記事だが、「あの新聞を見て、絶対に打たせたらアカンと思った」と金田はいう。

金田は燃えていた。1回裏、3番・長嶋の第1打席。与那嶺《よなみね》要、広岡達朗の1、2番を三振に取って2死走者なし。第1球は直球を空振り。2球目カーブを見逃しでツーストライク。3球目ボール、4球目直球を空振りの三振。

第2打席。4回2死走者なし。ボールが2球続いて、3球目はファウル、4球目ボールの1―3から直球とドロップで連続の空振りで三振。

第3打席。7回無死一、二塁。第1球直球を空振り、2球目のカーブをバントしたが失敗、3球目の直球を空振りして3球三振。

第4打席。金田と藤田元司の投手戦、0―0で迎えた9回裏。2死走者なしだが、もしここで一発出れば、サヨナラの場面である。カーブと直球が外れてツーボールからカーブを見逃し、次の直球がボールとなって1―3。ここで5球目のショートバウンドのドロップを空振り、6球目の直球をスイングアウトした。

長嶋に対する金田の投球は全部で19球。バットに当ったのは、1球だけだった。第2打席の3球目で、それもよけたバットにボールがかすったファウルチップだ。

「さすが！　記録男・金田」と評論家・小西得郎は千両役者・金田を称え、作家の尾崎一雄は

「それにしてもきょうの長嶋の三振ぶりは、当人には気の毒だが、大変面白かった。当分語り草になるだろう」と書いている。

この試合を実際に球場で見た人に聞くと、「長嶋はツーストライクに追い込まれても、決して当てに行かなかった。バットを目一杯振っていた。これは大物になると思いましたよ」と、金田VS長嶋対決の印象を話している。

長嶋の談話。「ごらんのとおりのありさまですよ。きょうは全然ダメでした」

金田の談話。「長嶋君は少し打ち気に出過ぎるというか気負い過ぎていたようだ。でもあの振りは素晴らしい。気付いたのはボディーアップすること。振りが鋭いから横に変化するボールには強いと思うが、上下の変化には弱いと思う」

「オレはシゲ（長嶋）を5連続三振させているのよ」と金田はいう。金田は、翌日の対巨人2回戦にリリーフで登板して、8回に長嶋を5球で空振りの三振に仕留めている。

試合は延長11回、国鉄スワローズの4番町田幸彦が左翼スタンドに3ラン本塁打して決着した。

この試合で金田の快速球が生んだハプニングもあった。1回裏巨人の先頭打者・与那嶺要が2―2から速球をファウルチップ。その打球が捕手・谷田比呂美のマスクにすっぽりはまってしまった。谷田も主審の谷口三右衛門も一瞬球の行方を見失った。「あやうくKOだったぜ」とは捕手・谷田の談話だ。

この日の新聞に「王が逆転2ラン」の記事が載っている。阪神甲子園球場で行われていた選抜高校野球大会の2回戦で、早稲田実業高校3年生の王貞治が外角球を左翼席に本塁打している。王は、前年夏の甲子園大会の優勝投手。翌1959(昭和34)年に巨人に入団して投手から打者に転向、「ON砲」が生まれる。米大リーグNYヤンキースの「MM砲」(ミッキー・マントルとロジャー・マリス)にならったものだが、「ON砲」が新語として新聞紙上に登場するのは1963(昭和38)年のことである。

金田対長嶋のその後の対決はどうだったのか。1年目は28打数、5安打、1本塁打、三振11、打率1割7分9厘と、金田は長嶋を完全に抑え込んだ。しかし、翌年から打ち込まれるようになった。通算記録は211打数、66安打、本塁打18、三振31、打率3割1分3厘。長嶋は「デビュー戦で金田さんからプロは甘くないことを教えてもらった。金田さんには感謝しかない」と自伝に記している。

金田と長嶋の2人は、1988(昭和63)年にそろって野球殿堂入りしている。

完全試合と奪三振記録

記録男・金田正一。未来永劫破られないアンタッチャブル・レコード（不滅の記録）をいくつも持っている。14年連続20勝、通算400勝などがあげられるが、長嶋を4連続三振に取った1958（昭和33）年のシーズンは、凄まじい勢いで白星を重ね、開幕から70日目の6月13日に20勝に到達した。国鉄スワローズ51試合目である。このままシーズン終了まで突っ走ると50勝をあげるのでは、という声も出たが、夏場に持病のヒジ痛が出て、31勝（14敗）に終わった。防御率1・30は金田の20年にわたるプロ生活で、一番よい数字である。

この最速20勝の途中、64イニングス3分の1無失点の新記録をつくっている。これもアンタッチャブル・レコードだ。

内容を見ると――（対は本拠地後楽園での持ちゲーム、於はビジター）。

4月30日　対広島救援4回1／3（勝利投手）
5月3日　於中日9回完封（勝利投手）
　4日　於中日救援・完了2回
7日　於広島9回完封（勝利投手）

13日　対中日9回完封（勝利投手）
17日　対巨人9回完封（勝利投手）
21日　対大洋9回完封（勝利投手）
22日　対大洋救援・完了3回
24日　於阪神救援・完了5回（勝利投手）
27日　於広島5回無失点、6回藤井弘に本塁打を浴びて、記録がストップした。

新記録を樹立した対広島5回戦は、3回に藤本英雄（巨人）の62イニングス無失点の日本記録を更新した。試合は2―2で延長戦に入り、金田は13回をひとりで投げ抜き、三振を18も奪ったが、引き分けに終わった。

金田は「新記録達成まで苦しかった。本塁打を打たれて気が楽になった。負けなくてよかったが、このゲームは勝ちたかった」とサバサバした表情だった。監督・宇野光雄は「予定通り記録は達成できたが、記念すべき試合に勝利できなくて残念だ」と話した。

その前年の1957（昭和32）年に、金田は完全試合を達成している。8月21日中日球場で行われた対中日17回戦。プロ野球史上4人目、国鉄スワローズとしては56年9月16日に入団5年目の右腕・宮地惟友《よしとも》が対広島24回戦で達成して以来2人目の快挙だった。

国鉄スポーツ
THE KOKUTETSU SPORTS
発行所 国鉄球団

金田投手輝く完全試合

快投、上位球団から偉業達成

偉業樹立の瞬間！

布地を傷めない洗濯機
ゼネラル電気洗濯機
水洗が3段に切換えられます
セルフターン式です
一度実物を当店にて御覧下さい
EW-650型 ¥24.500
新宿 コタニ
TEL (35) 4151-9

タチカラの野球用品
スポーツ用品専門店
タチカラ

完全試合達成の瞬間。金田投手は27人目の打者、代打太田文高を三球三振。（国鉄スポーツ1957年9月1日号）

中日のエース杉下茂との投げ合いになったこの試合、1―0で国鉄リードの9回裏に、審判の判定を巡ってスタンドの観客がグラウンドになだれ込み、球審が殴られる騒ぎとなった。試合は43分も中断、あわや放棄試合という事態も心配された。

発端は9回裏。中日は代打攻勢をかけ、7番打者に代えて代打・酒井敏明（早大）。2―1からの内角高めのつり球をハーフスイング。稲田茂球審はストライクと判定、三振を宣告した。これに対し監督・天知俊一、主将の服部受弘、西沢道夫らが激しく抗議、外野席からファンがグラウンドに飛び降りた。その数約300人。警官隊も出動して、一時騒ぎが収まりかけたが、球審・稲田がマイクで「酒井選手が振ったのでストライク」と説明したところ騒ぎが再燃、さらにファンがグラウンドに降りて稲田球審を殴りつけるなど収拾がつかなくなった。天知監督が「放棄試合という不名誉を避け、試合を続行したい」と観客に協力を呼び掛け、午後9時31分に試合が再開された。

金田は、代打2番手の牧野茂（のちに巨人V9時代のコーチ）、3番手・太田文高（上野丘高）を連続三振に取って、完全試合を記録した。中日ファンの「地元名古屋出身の金田に歴史に残る記録をつくらせたくない」という気持ちが騒ぎにつながったとみられる。

国鉄の決勝点は、9回表にあげた1点。1死から4番・箱田淳、5番・佐々木重徳が連続安打で一、二塁となり、6番・鵜飼勝美が杉下のグラブをかすめて中前に達する安打を放った。鵜飼は享栄商業高校出身。金田の後輩にあたる。先輩に歴史的な1勝をプレゼントしたことになる。

金田の談話。「きょうはフォークボールがよかった。完全試合は6回ごろから意識していた。杉下さんに投げ勝ったのはうれしいが、あんな騒ぎになったので何となく後味が悪い。名古屋入りしたとき下痢をしていたが、母のつくってくれた漢方薬でピタリと止まったのが有難かった」

投球数88、内野ゴロ8、内野フライ3、外野フライ6、三振10だった。

前述の国鉄スワローズで最初に完全試合を達成した宮地は、金沢高校―金沢専売公社から1952（昭和27）年に入団した。完全試合達成は郷里の金沢兼六園球場で。投球数79、内野ゴロ11、内野フライ2、外野フライ11、三振3だった。

国鉄スワローズでは、もうひとり森滝義巳が1961（昭和36）年6月20日、後楽園球場での対中日10回戦で完全試合を成し遂げている。投球数113、内野ゴロ15、内野フライ2、外野フライ6、三振4だった。

森滝は立教大学が1958（昭和33）年春の東京六大学リーグ戦で10戦10勝の完全優勝したときの投手で、先輩の杉浦忠（南海）同様下手投げ。プロ入り2年目の快挙だった。

金田、三振奪取の新記録
スタルヒンしのぐ1967個

1957（昭和32）年6月19日、後楽園球場での対巨人16回戦。4回表、与那嶺要からこの試合6個目の三振を奪って、スタルヒンが持っていた奪三振のプロ野球記録1960個を破った。スタルヒンが19年かかったものを、金田は8年目で追い抜いた。金田は「スピードは1953（昭和28）年ごろが一番あったと思う。54年にヒジを痛めてからどうしてもそれをかばうようなピッチングになったが、そのためかえって制球力が増したのは皮肉なものだ」と述べている。

金田投手、奪三振世界タイ
13年目で3508

1962（昭和37）年9月2日、後楽園球場での対巨人25回戦で8個の三振を奪って、米大リーグウォルター・ジョンソン投手が1927（昭和2）年に樹立した奪三振3508と並んだ。金田はこう話している。「昔は三振をとろうと思ったら1球で仕留めたが、今は2、3本粘られる。苦労するわけだ。今でも三振は直球とカーブが多いでぇ」

金田の生涯奪三振数は4490個。国鉄スワローズ15年間で4065個、移籍した巨人5年間で425個だ。これもアンタッチャブル記録である。もっとも米大リーグではノーラン・ライアン5714個、ランディ・ジョンソン4875個、ロジャー・クレメンス4672個がベスト3だ。

奪三振王は、国鉄スワローズ15年で10回も獲得している。1951（昭和26）年233個、52年269個、53年229個、1年飛んで55年350個、56年316個、また1年置いて58年311個、59年313個、60年284個、さらに2年空いて63年287個、64年231個である。

1961個目の三振を与那嶺要選手から奪う。（1957年6月19日後楽園球場で）

1955（昭和30）年の350個は、当時の日本記録だったが、1961（昭和36）年、稲尾和久（西鉄）に353個で破られ、江夏豊（阪神）が1968（昭和43）年に401個で更新した。

1試合2ケタ奪三振の試合が通算103試合。国鉄スワローズ時代が98試合、巨人で5試合である。1試合最多（9回まで）は巨人移籍後の1967（昭和42）年6月7日対大洋戦の16個。15個は国鉄スワローズ時代に3度記録している。延長戦を含めてでは18個がある。

毎回奪三振を5回記録しているのは、金田と江夏の2人だけだ。1951（昭和26）年8月2日対阪神戦、52年6月28日対松竹戦、55年9月3日対大洋戦、64年5月2日対広島戦と、巨人に移籍後の前記67年6月7日の対大洋戦である。

「金田さんのカーブが凄かった」と証言するのは野球評論家の佐々木信也だ。佐々木は神奈川県立湘南高校の1年生のとき、夏の甲子園大会で優勝、慶應義塾大学に進んで二塁手・主将として活躍、1956（昭和31）年に高橋ユニオンズに入団した。「プロ野球は賤業《せんぎょう》」という意識が残っていた時代。慶應の野球部からノンプロを経ずに、直接プロ野球入りしたのは、佐々木が初めてだった。

佐々木は身長が170センチに満たない小柄ながらよく打った。ルーキーの年にオールスター戦に選ばれて出場、金田と相対した。「後楽園の第2戦で、1打席だけ、カネやんと対戦したの。私はね、左投手大好きで、速球投手大好きだから、もうワクワクするような気持ちで打席に入ってね」

2—1からの第4球。頭の上から球が出た。「すっぽ抜けのカーブだと思って見逃そうとした。

そしたらね、頭の上から腰のところまで落ちてきた。こ～んなすごいカーブは見たことがない。あっという間の見逃しの三振です」

佐々木の話は続きがある。宮崎の巨人キャンプで、長嶋茂雄が特打ちをしていた。球団の職員にボールを頭の上に放らして、それを打っている。

「おーい、シゲ、何やっているんだ」

「カネさんのカーブ打ちたいんです、今年は」

長嶋が金田を打ち込んだのは、この練習の成果に違いない。「カーブが落ちてきてストライクゾーンへ来たところで打つのでは間に合わない。それを長嶋は自分の考えで工夫してやっていた」と、佐々木は長嶋の努力を高く評価している。

非難の中の記録達成

14年連続20勝の記録は、金田が国鉄スワローズに入団して2年目の１９５１（昭和26）年から巨人に移籍する前年の１９６４（昭和39）年までの14年間だが、一番ひやひやした20勝の達成は、その10年目の１９６０（昭和35）年だった。残り5試合、全１３０試合の１２６試合目でやっとあげた。

金田、10年連続20勝

5回無死三塁に島谷救援

これがスポーツニッポンの見出しだが、金田の記録にかけた執念はともかく、そのワンマンぶりが非難された。

その試合は60年9月30日後楽園球場での対中日25回戦。先発投手は入団4年目、今季初めての島谷勇雄（盈進《えいしん》商業高校）だった。国鉄は2回裏に2点をあげた。金田はブルペンで投球練習をしてリリーフの機会をうかがっていたが、島谷もいつにない好投ぶりで、4回を終わって2安打、1四球を許しただけ。

この試合を入れてあと5試合しか残っていない金田は気が気でない。4回裏の国鉄の攻撃が終わると、「さあ、オレの出番」とばかり、ブルペンからマウンドへ向かった。しかし、監督・宇野光雄は動かなかった。投手交代をせずに「島谷続投」だった。マウンドに投手が2人。憮然とした面持ちで引き揚げる金田。ダッグアウト前で持っていたボールをグラウンドに叩きつけた。

宇野光雄は、試合後「島谷がよかったのでそのまま続投させるハラだった。金田はあと4試合ある。チャンスは十分あると考えたからだ」と、その時のことを話している。

ところが島谷が5回先頭の横山（昌弘）に左中間三塁打されると、宇野監督が出てきて投手交

国鉄スポーツ
THE KOKUTETSU SPORTS

毎月1・10・20日発行
発行所　国鉄球団株式会社

10月10日号

日本プロ球界の誇り
10年連続二十勝の
金田投手

公認球
日本社会人野球協会
日本学生野球協会
東都大学野球連盟
sports station
タチカラ
Tachikara Official League

あなたのお部屋をコンサートホールに
音楽と家庭電化製品のデパート
●2階売場に多数陳列してあります
コロンビア ステレオ No 531 ¥39,800
コタニ
新宿3丁目バス停前　TEL (351) 4151～5

このシーズン、チームが2度目の最下位に終わる中、10年連続20勝投手の表彰を受けた。（国鉄スポーツ1960年10月10日号）

代を告げた。金田の登板だった。「今季は連投を拒否してきた金田だけに割り切れない場面だった」と読売新聞の戦評は書いている。

金田は、前年のシーズンオフにゴルフ場に行く途中でトラックと正面衝突して全身打撲のけがをした。シーズン中は胃腸障害に悩まされ、前日の対中日24回戦でやっと19勝をあげたばかりだった。

金田にしてみれば10年連続20勝の記録のかかった大事な試合。5回から登板すれば、勝利投手の権利がある。監督が選手交代を告げないのに、金田はマウンドで「わし、投げるから」と球審にいったというのだ。

結果的に島谷は金田の救援を仰ぐことになって、勝利投手の権利を金田に譲った。金田は5回のピンチを無失点で防ぎ、8回に1点を失ったものの、2─1で勝利した。自らもぎとった20勝目だった。

「消長の激しい投手生活を通じ、コンスタントに実力を保ったのは、闘志と摂生のたまものであり、連続10年20勝の記録こそは金田の偉大さを現わす大記録である」と読売新聞は称え、同じ記事で、金田が勝手にマウンドにあがったり、ベンチ前でボールをグラウンドに叩きつけた行為を「大記録を汚す態度」と厳しく批判した。

金田の談話。「20勝は宿願だったからこれ以上うれしいことはない。しかし、来年からはもうこんな苦しみをしてまで20勝は狙わない。自分の力相応のピッチングを続けたい」

観客の前でボールをグラウンドに叩きつけたことについては「あのときは思わずカッとなった。憤りというのではなく、プロ野球の冷たさを感じたからだ」と述べている。

しかし、先発の島谷は1勝をあげることもなく8年間のプロ野球生活を終えている。金田の記録達成に、呑み込まれたというか、踏み台にされた男のひとりなのである。

奪三振へのこだわり

金田正一は、記録ばかりか記憶にも残る大投手である。とりわけ対巨人戦の勝利数はダントツの1位。65勝72敗だ。以下、平松政次（大洋）51勝47敗、村山実（阪神）39勝55敗、杉下茂（中日）38勝45敗、星野仙一（中日）35勝31敗、江夏豊（阪神）35勝40敗と続く。

熱烈なジャイアンツファンだった作家の五味康祐でさえ、「金田がジャイアンツに勝つ場面を見に行く。国鉄が1点でもリードすると、金田がリリーフで出てくる。金田はきょう出て、明日も」と、巨人・国鉄戦の魅力を語っている。伝統の巨人・阪神戦を上回る人気で、後楽園球場を埋めた観客は、巨人ファンもアンチ巨人も、金田投手とジャイアンツ打線の対決をハラハラドキドキしながら楽しんだ。

「ホンマに弱いチームだったな、国鉄スワローズは」と金田はいう。

セ・リーグで3位になったのが1961(昭和36)年に1回あるだけで、シーズン当初は首位を突っ走っていても、終わってみるとBクラスというパターンがほとんど。最下位は3回だけだったが、あとは4位か5位だった。

「もう少しまともなチームだったら、500勝していますよ」

金田の国鉄スワローズ時代の勝敗は353勝267敗、勝率5割6分9厘だ。そのうち何と78試合が完封勝ちである。金田が初登板したときから1964(昭和39)年を最後に移籍するまでのチーム勝敗は815勝1009敗(勝率4割4分7厘)。金田の分を差し引いた他投手の勝敗は462勝742敗で、その勝率は3割8分4厘である。

記録男・金田正一のことは、報知新聞の記録記者・宇佐美徹也が徹底分析している。本文1090ページに及ぶ宇佐美の労作『プロ野球記録大鑑』(1993年、講談社)から拾うと——。

「1—0勝利」と「1—0敗戦」。そのどちらも金田がトップで、「1—0勝利」が23試合、「1—0敗戦」が21試合(巨人時代に1試合あるから、国鉄スワローズで20試合)。

「1—0勝利」には、1957(昭和32)年8月21日の完全試合、1951(昭和26)年9月5

日のノーヒットノーランが含まれている。延長14回、13回、12回、10回と延長戦も4試合ある。1953（昭和28）年6月24日の対阪神戦では、8回に自らライトスタンドに本塁打を放ち、決着をつけている。

「1―0敗戦」では、杉下茂にノーヒットノーランに抑えられた1955（昭和30）年5月10日の対中日戦。延長サヨナラ負けが3試合あり、1952（昭和27）年7月15日の対名古屋戦は、15三振も奪いながら延長11回裏に投手の宮下信明（早大）にサヨナラ安打を喫した。

このほか1960（昭和35）年9月21日の広島戦は延長13回をひとりで投げ抜いたが、0―0の引き分けに終わっている。

宇佐美は、国鉄スワローズ時代の金田の267敗を自責点別にも集計している。自責点0が13試合、1が59試合、2が51試合、3が55試合、4が47試合、5が23試合、6が11試合、7、8が各4試合だ。

自責点2点以下の敗戦が123試合、46・1％を占める。「そのほとんどがバックの貧打と失策に足を引っ張られたもの」と宇佐美はスコアブックを丹念に調べ、土壇場でのめぼしい失策負けを拾う。

1952（昭和27）年4月23日対松竹4回戦（3―3の9回裏2死一、二塁で中飛を土屋五郎がサヨナラ落球）▽1952（昭和27）年8月14日対巨人17回戦（2―1の10回裏、二塁手・中村栄が併殺球を悪送球し逆転負け）▽1953（昭和28）年4月10日対巨人1回戦（12回裏1死一、二塁で、二ゴロ一塁アウトの間に二塁走者にホームインされサヨナラ負け）▽1954（昭和29）年7月18日対大洋松竹14回戦（二塁手・箱田弘志の悪送球でサヨナラ負け）▽1957（昭和32）年3月31日対巨人2回戦（10回裏2死満塁で与那嶺要の邪飛を捕手が落球したあとサヨナラ安打）▽1957（昭和32）年5月14日対大洋4回戦（10回表2死満塁に遊飛落球で決勝点をとられる）▽1958（昭和33）年5月31日対大洋7回戦（4―3の9回裏、遊撃手の失策で逆転サヨナラ負け）……。「ざっと眺めただけでもこれだけあり、もっと細かく見ていったら、これに類似したケースはまだまだ出てくる」と宇佐美は記している。

金田が三振を取るのにこだわったのは、打たせたら守備にエラーが出る心配があるので、ピンチを切り抜けるには「奪三振」しかなかった。

「天皇」と呼ばれた金田は味方の野手がエラーすると、マウンド上でグラブを叩きつけて悔しがることがよくあったという。

スワローズOB会の副会長をつとめる佐々木重徳は、明治大学から1955（昭和30）年に入団した内野手だ。翌56年から二塁手のレギュラーポジションを確保したが、ある日の巨人戦。何でもない二塁ゴロを佐々木がエラーした。金田はグラブをマウンド上で叩きつけた。明大・島岡吉郎監督の「喧嘩野球」で鍛えられた佐々木。とっさにマウンドまで駆け寄って、金田の足元にグラブを投げつけた。「お前ひとりで野球をやっているのではないんだぞ」

巨人戦だからテレビ中継をしていたと思うが、観客もお茶の間の視聴者もびっくりしたに違いない。

「エライことをしちゃったと思いました。でもあの試合、確か私の本塁打で勝ったんですよ。試合が終わって、金田さんからどんな報復を受けるか覚悟していました。そうしたらチャーリー来いっていわれて、目黒の自宅に連れて行かれ、奥さまの榎本美佐江さんの手料理をご馳走になりました。私は金田さんのことをエースと呼んでいるのですが、エースと仲がよくなったのは、あれ以来です」と佐々木は、取材にこんな思い出話をしてくれた。

チャーリーは佐々木の愛称で、日米野球で来日したニューヨーク・ヤンキースのビリー・マーチン（二塁手、のちに監督）とプレーぶりが似ているからつけられたという。「喧嘩屋マーチン」の別名ともマッチしている。

佐々木は1953（昭和28）年秋と翌54年春に明治大学が秋山登―土井淳のバッテリーで東京六大学野球リーグ戦を2連覇したときの3番で三塁手。妻の歌人・酒井佑子（元防衛庁長官・増原恵吉参議院議員の三女）は、女高生のとき神宮球場で佐々木の闘志あふれるプレーを見てファンになったのだという。

エースを支えた女房たち

佐々木は、東京ヤクルトスワローズジュニアチームの代表として少年野球の面倒を見ているが、〝エース〟とは今でも親交がある。エースの女房役・捕手の根来広光が亡くなって2009年11月29日藤沢市の葬儀場で行われた告別式で、金田の弔辞を代読した。

根来と過ごした国鉄スワローズ時代、共にバッテリーを組み長い間戦ってきた日々は、この金田にとって生涯忘れることが出来ない思い出だ。

根来が逝ってしまったという知らせを聞いた時、最初にフッと頭をよぎった記憶は鹿児島県湯之元で根来を背負って山坂の上り下りを繰り返している日々だった。

あの時のズシリとする根来の重みが今も背中に残っている。

あぁ根来よ、それにしても国鉄は弱いチームだったよなぁ。本当に弱かったぁ。でもそんな中でも相手にサインを盗まれないように工夫していたよな？

今でこそ金田はノーサインで投げていたなんて言われているが、実はノーサインじゃぁなかったよな。

本当はワシと根来だけしか分からないサインがあったんだよな。いつも一生懸命だったよな。それに私が打たれて負けた時なんか「お前のせいだー」と自分勝手に責めまくったこともあった。そんな時、悔し涙を流していた根来の姿も鮮明に覚えているよ。（中略）

根来よ、本当にありがとう。また一緒にバッテリーを組もうではないか。それまではどうか安らかに眠ってください。

また会おう。

平成21年11月29日

金田正一

根来は1957（昭和32）年、東京鉄道管理局から投手として入団した。広島県立府中高校出身。先輩に明治大学から国鉄スワローズに入団した内野手・渡辺礼次郎がいて、当時球団の役員をしていた国鉄スワローズ初代総監督・楠見幸信から「とりあえずノンプロの東鉄で力を磨いたら」といわれて上京した。

本塁タッチアウト。金田の女房役の代表・根来広光捕手。（国鉄スポーツ1961年7月20日号）

2年目のシーズン、東鉄は都市対抗野球大会の東京予選で敗退するが、投手・根来は熊谷組の補強選手として本大会に出場した。準々決勝は先発、準決勝はリリーフで好投して、決勝は優勝してMVPになった日本石油・藤田元司（巨人）と投げ合っている。

その夏、8月下旬に盛岡で行われた第31回全国鉄硬式野球大会で、東鉄のエースとして決勝で門司鉄道管理局を4―2で破り、優勝投手になっている。東鉄は10年ぶりの優勝だった。

入団1年目、投手・根来の記録――。登板3試合、0勝0敗、投球回数10、奪三振1、自責点5、防御率4・50。

その年の途中から捕手に転向し、20試合ほど出ている。といっても正捕手を休めるための、いわば敗戦処理捕手。「金田さんが投げる時は出られませんでした」

金田の投球をノーサインで捕れるようになったのは1961（昭和36）年だ。根来によると、金田の球種は、縦に大きく割れるカーブと、スライダーに近いカーブ、それに150キロ以上出る速球の3種類。「それが同じフォームで投げてくる。だからバッターは打てない。僕はカーブを投げる時とストレートを投げる時の微妙なフォームの違いを見つけたんです」

だから金田が巨人に移籍後、根来は金田を結構打ち込んだ。西鉄から国鉄スワローズに移籍してきた豊田《とよだ》泰光《やすみつ》が「金田さんの速球とカーブの見分け方を教えてくれよ」といわれたが、女房役の仁義を守ってその申し出を断ったというエピソードが残っている。

キャッチャーミットも工夫した。まともに金田の投球を捕ると、速くて重いタマに左手の甲が腕についてしまうくらい折れ曲がる。ミットのあんこを抜いて、ミットの懐を深くして、タマを横から掴みとるようにして左手首が折れ曲がるのを最小限にした、というのだ。

国鉄スワローズの正捕手は、初代キャプテン井上親一郎（慶大―大阪鉄道局）のあと、補強のため引っ張ってきた宇佐美一夫―佐竹一雄―谷田比呂美と続き、初の生え抜き捕手・根来広光の登場はそのあとだ。金田が巨人に移籍するまでの7年間女房役をつとめた。

もうひとつ。世界最多868本のホームランを放った王貞治のプロ第1号は、1959（昭和34）年4月26日、後楽園球場での国鉄対巨人7回戦の7回表に飛び出した。王は早実から入団して1年目。開幕から26打席ノーヒットと不振にあえいでいた。初安打が本塁打だった。打たれたのは村田元一。明治高校出身の入団3年目。捕手の根来が王に同情して「同じ東京の野球仲間なんだから打たせてやれよ」と村田にささやいたとか。「打たれたタマはスライダーだった」と根来。

その村田元一は、現在、スワローズOB会副会長の佐々木重徳と一緒にジュニアチームのコーチをしている。筆者が東京・渋谷のフルーツパーラーで佐々木から取材しているところに、その村田が現れた。佐々木は「王に第1号ホームランを打たれた男」「あと一人で完全試合を逃した男」

と紹介した。

王の初本塁打は前述のとおりだが、「あと一人で完全試合を逃した」、27人目の打者に安打を打たれのは、1962（昭和37）年7月12日後楽園球場での対阪神14回戦。村田は9回2死まで一人も走者を出さなかった。最後の西山和良（関大）はバットの先に当った一塁ゴロ。その打球は一塁手星山晋徳のミットをはじいて、星山の頭上を越えた。公式記録員の判定は強襲安打。「エラーにすればノーヒットノーランの記録は残ったのに」と佐々木は残念がった。村田は脇で何もコメントしなかった。

村田はプロ13年で、118勝140敗、防御率3・05の記録を残している。

金田の移籍と球団消滅

「国鉄スワローズの金田」か「金田の国鉄スワローズ」か。

金田はいう。「国鉄一家のひとりとして、国鉄を愛し、国鉄とともに生きてきた。その国鉄スワローズが消滅した。だから巨人に移籍したのだ」

当時、同一チームで10年間プレーした選手には、「A級10年選手」として、自由移籍、またはボーナスを受給できる権利が与えられた。また、複数チームで10年間の場合は、「B級10年選手」と

十河総裁に奪三振日本新記録達成を報告。（1957年6月21日国鉄総裁公館で）

して、ボーナスの受給のみが与えられた。A級、B級ともに3年後に再び権利を得るが、A級は一度のみ与えられる権利だった。

金田は、1959（昭和34）年12月にA級10年選手の権利を得た。どのチームとも契約できる自由移籍の権利がついていたが、国鉄スワローズに残留した。ゴタゴタの末である。というのは、前年、A級10年選手となった阪神・田宮謙次郎が契約金3000万円で大毎オリオンズに移籍した。コミッショナー側はA級10年選手の契約金がさらにハネ上がるのを恐れて規制にかかった。ボーナスは年俸の2倍、プラスアルファの参稼報酬は年俸の20パーセントまで。当時金田の年俸は900万円だから、10年選手のボーナスは1800円プラス1080万円の計2880万円が上限となる。年俸3000万円にも達し

残留を表明。右から宇野監督、森オーナー、金田、西垣、北原、今泉。（交通新聞1959年11月28日付）

ない田宮が３０００万円も懐にしたのだから、金田が「オレを狙い撃ちにした規制」と怒るのも無理はない。

当時コーチになっていた元監督・西垣徳雄と国鉄ＯＢの球団取締役・北原広男が金田と三者会談。「金田あっての国鉄スワローズ。貧乏球団だが、限度額いっぱいは払う」と約束して、金田を引きとめた。

金田の去就をめぐってスポーツ紙の報道が過熱。球団機関紙・国鉄スポーツは今泉秀夫球団代表取締役名で「金田選手は国鉄スワローズの至宝。如何なることがあっても手離さない」と、金田の再契約問題の途中経過を報告したほどだ。

11月26日には再契約を発表。金田は「長い間皆さんにご迷惑をおかけしましたが、スワローズに残るべき者が残ったままで」と語っている。交渉の途中で、球団側から「お金はこれ以上払えないから、有楽町のガード下の権利をもらってくれ」という話もあったというが、金田は「あれをもらっていたら400勝投手・金田はなかった。不動産ブローカーになり下がっていたと思う」と話している。

国鉄スワローズがフジサンケイグループの資本参加を発表したのは、1962（昭和37）年8月3日。球団の資本金4170万円を増資して、その増資分を水野成夫がトップのフジサンケイグループが負担、球団援助費として年間6000万円を支払うなどの内容だった。後楽園球場のプロ野球の放映権は日本テレビが独占していたため、国鉄スワローズの神宮球場フランチャイズ化となっていくきっかけである。

1961（昭和36）年4月から国鉄は運賃を14・62パーセント値上げした。それに伴う国会の公聴会で「国鉄スワローズは直接国鉄が経営していないとはいえ赤字を出している」という指摘を受け、国鉄も後援会に対して援助していた年間700万円を打ち切ると表明した。

1962年5月3日、常磐線三河島駅構内で列車が二重衝突する三河島事故が起きた。死者160人、負傷者296人を出す大惨事に、国鉄は世論の厳しい批判にさらされた。国鉄総裁・十河信二は、全遺族宅を弔問、頭を下げ、涙を流した。

国鉄スワローズは、「国鉄」の冠が次第に重くなってきた。フジサンケイグループ色が徐々に強まり、１９６３（昭和38）年のシーズンは監督に浜崎真二、翌64年は監督が林義一に代わった。水野成夫の意向を反映した監督人事だった。球団代表も、金田の味方だった北原広男が追われ、シブチン球団経営で知られた国鉄スワローズ球団創設者の今泉秀夫にバトンタッチされた。

金田は前年、すでにB級10年選手の権利を保有していた（この頃、規約が一部改正されており、A級10年権利でボーナスを得た場合、３年後のB級再取得時に移籍権利が残るとされた）。そして１９６４（昭和39）年11月28日、自宅で記者会見して「北原代表を辞任に追いやった人事は納得できないし、林監督の下ではプレーをしたくない」と公然と監督批判。12月12日に退団を表明する。「国鉄の苦しい内情を知っているからこそ、ボクから身を引いた」と語った。

新聞各紙は「金田、国鉄を退団／契約更改を拒否」と報道した。

２００９年秋、金田の事務所でインタビューをした時、筆者は45年前の新聞コピーを持っていた。それを見た途端、カネやんは怒りの声をあげた。

「退団⁉　冗談じゃない。国鉄スワローズという球団が消滅してしまったんや」

「そうやろ、球団がなくなってしまったのだから、退団とか、契約更改を拒否とか、何をぬかしておるといいたいね」

そしてこう続けた。

「ホンマにいい球団だったのよ。弱かったけどな。国鉄総裁をはじめ本社の幹部も、現場の職員も、労働組合も、国鉄一家あげて応援してくれた。温かい球団だった。同じ貧乏球団だった広島カープは、今でも存続しておる。スワローズだって身売りしなくてもよかったんや」

金田の背番号「34」は、移籍した巨人で永久欠番になっている。本来ならスワローズの永久欠番だと思うが、金田の論理でいえば、国鉄スワローズは消滅してしまったのだから、最後の現役生活を送った巨人での永久欠番でやむを得ないし、名誉でもあったであろう。

金田はこう語っている。「長嶋茂雄を露払いに、王貞治を太刀持ちにしてマウンドに立てた私は、幸せな野球人生だった」（「週刊朝日」２００８年12月26日号「昭和からの遺言」第2部）と。

第五章 国鉄応援団とスター選手たち

北川芳男、巽一、赤木健一ら新入団選手を激励する十河総裁。（国鉄スポーツ、1959年1月1日号）

全国各地から届いた声援

国鉄スワローズは、シーズン終了時Aクラスに残ったのが1度だけの割には、人気のあるチームだった。バックに50万国鉄職員とその家族。国鉄の外郭団体や関係会社・下請け企業を含めると、国鉄の持つ影響力は小さくない。1953（昭和28）年の参議院選挙の全国区で、国鉄スワローズ生みの親である元国鉄総裁・加賀山之雄と交通協力会会長の三浦義男ら国鉄当局の候補者4人が当選した。4人の得票数を合計すると150万4506票にのぼった。労組も4人立てたが、選挙戦の失敗で国労委員長一人しか当選しなかった。

筆者の身近にいたスワローズファンは、たいてい、父親が国鉄職員だった。SLの機関士、列車の車掌、駅員とかで、エリート国鉄官僚の息子はいなかった。子供の頃、非番のオヤジさんに野球見物に連れて行かれ、野球の魅力にとりつかれた、いわば「刷り込みファン」が多かった。

毎日新聞の社会部で一緒に仕事をした北海道出身の飯部紀昭（のちに道都大学教授）もそのひとり。ヤクルトスワローズがセ・リーグ初優勝を決めた時（1978年）、社会面の取材に行ったが、興奮して原稿どころではなかったという思い出を毎日新聞の北海道紙面のコラムに書いた。その反響がかなりあった。北海道大学の助教授（当時）高橋宣勝は「小学生のとき親父に連れられて夕張市営球場で国鉄対阪神戦を見たのが始まり。金田正一が第1球を投げた途端に阪神の1番バッター金田（正泰）が倒れた。ほおにデッドボールを受けて、担架で運び出された」と、ショッキングな初体験を綴ってきた（1953年8月6日の対阪神18回戦）。日銀出身の北洋銀行副頭取（当時）・土屋晴義からも電話があって、その仲間が集まって「熱狂的、かつ知的にスワローズを応援する会」をつくった。会長が土屋、副会長が高橋、事務局長が飯部。「会員に名を連ねた人はそうそうたる面々」で、北海道出身の若松勉監督のときは、試合前日のパーティーで「知的の会」が若松監督や広沢克己、池山隆寛ら主力選手と同じメイン席に着いたという。

かつて、こんなグループが全国に数えきれないほどあったのだろう。応援も地方の方が活発で、職員らが大きな応援旗を掲げて声援を送っている写真が「国鉄スポーツ」に、しょっちゅう掲載されていた。

本拠地東京で応援団が結成されたのは、1961（昭和36）年4月だから、だいぶ遅い。応援団長は国鉄本社職員局養成課長・渋沢誠次、団長代理に審議室調査役・中牟田研市（1964年に結成された国鉄硬式野球連盟初代会長）、国労財政部長・中川新一。ここでも「労使一体」が図られている。現場から集められた団員32人を前に応援団旗が授与され、団長の渋沢は「一般ファンの声援を得るまでには相当苦難があろうが、スワローズ躍進のために尽くしたい」とあいさつをした。

「団員は定められたユニホーム及び帽子を着用、呼子、メガホン、太鼓その他を常備して士気高揚に努める」とあり、応援団の連絡先は東鉄厚生課レクリエーション係だった。

団長の渋沢は、旧制長野中学を卒業して国鉄に入り、最初の仕事が車掌区の「列車手」。車内を掃除する係だった。最後は企業の重役にあたる常務理事までになった。国鉄はじまって以来の叩き上げ役員と話題になった。

後述するが、長野鉄道管理局総務部長時代には、地元長野北高校（旧制長野中学）を卒業した外野手の町田行彦を獲得したことでも知られる。応援団結成の甲斐あって、国鉄スワローズはこの年、最初で最後のAクラス入りを果たした。1シーズンに85試合も球場で応援したというから思い入れは相当だ。

渋沢は、プロ野球の応援団を学生野球の応援のようにスマートでなく、垢ぬけないことから「スタンドのチンドン屋」と呼んでいるが、各球団の応援団と応援方法の協定をしたのも渋沢の音頭取りによる。

1962（昭和37）年のシーズン前に次のような協定を当時の在京5球団の応援団で取り決めている。今でもこれが守られていれば騒々しい応援ではなく、大リーグ並みに拍手と歓声になったと思う。参考までに内容を列挙しておく。

①応援団旗の大きさは縦横各1メートル以内。竿の長さは2メートル以内とし、本数は各団2本以内。団旗の使用にあたっては一般観衆の視野を遮ることのないよう注意する。

②カネ、太鼓は持ち込まない。笛は拍手をリードする場合に限って使用する。

③場内スタンドの移動は試合開始前とラッキーセブン（7回）に限る。

④その他試合の進行を妨げ、または一般観衆に迷惑を及ぼす恐れのある行為を厳に慎むはもとより、進んでゲームの円滑な進行と紛糾の防止に協力し、プロ野球における士気と興趣の盛り上げに努める。

「鳴りものを使わない応援はやりにくいのは確かだが、スマートで格調の高い応援方法を生み出したい」と渋沢は、応援団長の弁に綴っている。

応援団規制につながる事件が前年9月7日の対巨人22回戦で起きていた。ダブルヘッダーの第2試合は2―2のまま延長に入り、11回表国鉄の攻撃。2死一、二塁で緩い三塁ゴロが長嶋茂雄の前に飛んだ。打球をつかんだ長嶋は一塁へ送球しないで、三塁ベースに戻った。走者の土屋正孝は三塁ベースをオーバーラン、長嶋のタッチをかわすため本塁へ向かって走り出した。土屋を追った長嶋は捕手に送球、ところが土屋はそこでストップ、勢いあまった長嶋は土屋を追い越したうえライン上に倒れ、土屋が長嶋の上に折り重なるようにして倒れた。捕手の藤尾茂が土屋にタッチして、審判はアウトを宣言した。しかし、土屋の抗議で、審判は走路妨害を認め、セーフと判定を覆し、国鉄の得点を認めた。

これが決勝点となって、金田が勝利投手になるのだが、巨人の執拗な抗議にスタンドが騒然となった。空き缶などが投げ込まれ、観衆がグラウンドになだれ込んで、警官隊が出動した。午前0時を過ぎてやっと試合が再開されたが、ファンの小競り合いは午前1時過ぎまで続いた。渋沢によると、そのとばっちりが応援団に及んで、応援団の自粛、規制につながった。

監督泣かせの「お金に渋い球団」

プロ野球の人気のバロメーターは、観客動員数である。国鉄スワローズの主催試合の入場者数の推移を見てみよう。

公表されているデータは、フランチャイズ制が確立された1952（昭和27）年からで、戦後の高度経済成長に合わせて、プロ野球人気も上昇、国鉄スワローズの観客動員数も増えている。後楽園球場の対巨人戦はいつも満員だったが、他チームとの対戦となると、閑古鳥が鳴くのが常態で、1試合の平均入場者が1万人を突破するのは1957（昭和32）年だった。

スワローズ主催試合観客動員数（1試合平均）

1952（昭和27）年	378千人	（6.3千人）
1953（昭和28）年	424千人	（6.6千人）
1954（昭和29）年	433千人	（6.6千人）
1955（昭和30）年	438千人	（6.7千人）
1956（昭和31）年	482千人	（7.4千人）
1957（昭和32）年	908千人	（13.9千人）
1958（昭和33）年	625千人	（14.2千人）
1959（昭和34）年	782千人	（12.0千人）
1960（昭和35）年	803千人	（12.3千人）
1961（昭和36）年	909千人	（14.0千人）
1962（昭和37）年	835千人	（12.5千人）
1963（昭和38）年	964千人	（13.8千人）
1964（昭和39）年	812千人	（11.6千人）

長嶋茂雄が巨人に入団した1958（昭和33）年がひとつのピークで、翌59年は対巨人戦が8勝18敗と振るわなかったこともあって観客は前年比15パーセント減。翌60年は最下位に沈んだ。

国鉄本社に応援団ができたのは、選手にカツを入れようとしたのではないだろうか。球団もチーム力強化のため、東京六大学野球の花形選手・早大の徳武定之、立大の杉本公孝らの新人を獲得、応援団の後押しもあって、1961（昭和36）年にはチームは初のAクラス3位に食い込んだ。観客動員は対前年13パーセント増で、90万人を復活させた。

しかし、翌62年は再び80万人台に減少する。球団経営が国鉄の外郭団体だけでは難しくなり、フジサンケイグループが資本参加したことも遠因になっていると思われる。

63年は、観客動員も最高を記録しているが、これは年間の試合数が6試合増えて140試合になったことによるもので、1試合平均は1万3000人台で、58年、61年の1万4000人に及ばない。

では、興行収入はどうだったのか。セ・リーグ事務局長から国鉄球団の役員になった徳永喜男が『スワローズ激動の歩み』に記録している。フランチャイズ制が始まった1952（昭和27）年の収入は1680万円。53年2451万円となり、年々増えて58年には1億円を突破した。

さらに1961（昭和36）年の年末に発表した球団の損益計算書が載っているが、それによると収入2億441万1858円に対し、支出2億988万5991円で546万8733円の赤字だった。1950（昭和25）年に球団を創設した時からの累積赤字は2324万6302円だったとある。

「12年間の累積赤字が僅かに2000万円程度にとどまったのは初代球団代表・今泉氏（秀夫）の健全運営に負うところ大であるが、その反面、激しい選手獲得争奪にはついていけず、チーム強化も思うにまかせられなかった」と徳永は記している。

今泉は年々高騰する選手の年俸をどう抑えるか、適正な参稼報酬の査定方法はないかと模索した。米誌「LIFE」1954年8月21日号に掲載されていたブランチ・リッキー（1967年米野球殿堂入り、元カージナルスGM、ドジャース会長）の論文を参考にして、「メリットと参稼報酬要綱」をまとめた。

1954（昭和29）年から58（昭和33）年の5シーズンのセ・パ両リーグの打者605人、投手

330人の計935人の働きぶりを数値化したものだ。それまでドンブリ勘定だったプロ野球選手の給料を「合理的に算定する今泉方程式」と呼ばれ、その考え方は今も生かされているという。

今泉は、プロ野球の新人選手を獲得するドラフト制度の生みの親でもある。ドラフト制度は新人選手の契約金抑制のために、1965（昭和40）年に導入された。第1回ドラフト会議が開かれたのは、その年の11月17日だが、アメリカの制度を翻訳して、日本の実情に合わせて原案をつくったのは、今泉なのである。つまり今泉が、日本プロ野球のドラフト制度生みの親といえる。

お金に渋い球団。第3代監督・宇野光雄が嘆いている。国鉄・巨人戦はセ・リーグの看板試合になっていたことから東京六大学のスター選手でも、勧誘すれば入団する可能性は大いにあった。ところが球団に金がない。1953（昭和28）年に西鉄入りした豊田泰光は、家族と話し合いで国鉄入りが内定したあとに、西鉄のスカウトにさらわれたという。1956（昭和31）年に大洋ホエールズに入団した明大五人男（秋山登投手、土井淳捕手、黒木弘重一塁手、岩岡保宏遊撃手、沖山光利外野手）も、入団の内諾をとっていながら契約金の問題で逃した。「とにかく金を出さないで強いチームづくりを頼むといわれるのだから辛かった。欲しい選手に対する契約金は、他球団の提示額の半分程度ですからね」と証言している。

金田正一の高額年俸をどう生み出したか。その苦肉の策を、徳永が明かしている。金田の弟2

人が、1958（昭和33）年と60年に投手として入団しているが、前者の契約金は「金田の給料の一部として支給された」、後者については「A級10年選手契約金の処理方法のひとつとみられた」と。

本塁打王とレーザービーム

そんな貧乏球団でも、スター選手は生まれた。野球の華はホームランである。創設から各年のチーム本塁打王を見てみよう。

1950（昭和25）年 森谷良平21本▽1951年 宇佐美一夫、藤田宗一各7本▽1952年 杉浦清25本▽1953年 佐藤孝夫22本▽1954年 町田行彦20本▽1955（昭和30）年 町田行彦31本（セ・リーグ本塁打王）▽1956年 箱田淳10本▽1957年 佐藤孝夫22本（セ・リーグ本塁打王を青田昇（大洋）とともに）▽1958年 佐藤孝夫13本▽1959年 箱田淳11本▽1960（昭和35）年 箱田淳16本▽1961年 佐藤孝夫11本▽1962年 徳武定之14本▽1963年 豊田泰光20本▽1964年 豊田泰光24本。

球団結成から3年間は、森谷良平、宇佐美一夫、藤田宗一、杉浦清とベテランの名前が並ぶ。いずれも1914（大正3）年生まれである。森谷、宇佐美、藤田の3人は、国鉄スワローズ1

年目のシーズン途中に入団、クリーンアップトリオを構成したことはすでに紹介した。あまりにも点のとれない打線に、監督の西垣人脈で法政大学の後輩らを獲得したのだ。

杉浦はチーム結成3年目の1952（昭和27）年に入団した。中京商業が1931（昭和6）年から33年まで夏の甲子園大会で3連覇したときの遊撃手。明治大学に進んで東京六大学野球リーグで1937（昭和12）年春から翌38年秋まで4季連続優勝を飾り、さらに39年夏には海草中学（現和歌山県立向陽高校）の監督として嶋清一投手を擁して優勝している。その後応召、戦後復員してプロ入り。中日―大洋から国鉄に入団、2年間在籍した。1963（昭和38）年には中日の監督になっている。

チーム本塁打王は、その後、佐藤孝夫、町田行彦、箱田淳と続く。この3選手は生え抜きで、以後9年間、交互にチーム本塁打王のタイトルを獲得する。

箱田弘志（のちに淳と改名）は、球団結成2年目の1951（昭和26）年に投手として入団した。佐藤、町田の1年先輩だ。広島県福山市の盈進商業高校出身。1954（昭和29）年、名前を淳と変えて打者に転向、レギュラーポジションを獲得した。3番・二塁手として、3割2分3厘の高打率でセ・リーグの打撃4位に入った。国鉄スワローズ初の3割打者。というよりこれがチーム史上最高打率である。この年に巨人から移籍の三塁手・宇野光雄とともにベストナインに選ばれた。
1956（昭和31）年から3年連続でオールスター戦に出場。宇野が監督に就任、宇野のあとの三塁手となった56年にはリーグ最多の三塁打13本を放っている。「目鼻立ちの整ったイケメン。やや小柄だったが、均整のとれた体形（173センチ、67キロ）で、オシャレのセンスは50年代の球界随一」と、元ベースボール・マガジン編集長の田村大五は「職人列伝」特集でこう紹介している。

佐藤孝夫は宮城県白石高校から仙台鉄道管理局に入り、1951（昭和26）年全国鉄野球大会で優勝。その打力を買われて翌52年に入団した。同期入団は町田行彦ほか、完全試合男の宮地惟友、移籍組に中日からのベテラン杉浦清、広島からの辻井弘らがいた。

佐藤は、レギュラーの遊撃手・中村栄が負傷した代わりに5月17日の対大洋8回戦から先発出場、20歳のトップバッターとして大活躍する。5月25日の対松竹6回戦で左翼スタンドに本塁打、7月27日の対名古屋16回戦では9回にサヨナラ本塁打。10月2日の対巨人19回戦でも大友工投手から3ラン本塁打を放つなど、勝負強いバッティングが評価され、セ・リーグ新人王に選ばれた。打率2割6分5厘、本塁打14、盗塁45。新人王を争った相手は、名古屋ドラゴンズの内野手・牧野茂だった。

愛称バンビ。巨人軍の名二塁手・千葉茂が「足も速いし、肩もよい。全身これバネ。打力もある」と次代を背負う若手内野手としてベタ褒めしたが、佐藤は翌53年のシーズンから外野へコンバートされた。１９５７年（昭和32）年には本塁打22本で青田昇（大洋）とセ・リーグの本塁打王を分けている。

国鉄スポーツ
THE KOKUTETSU SPORTS
3月1日号
國鉄の牽引車！
三割打者への決意も固く
期待される佐藤外野手

桜島を背に打撃練習。（国鉄スポーツ1954年3月1日号）

１９６３（昭和38）年に現役を引退、ヤクルトコーチ時代の１９７９（昭和54）年8月、広岡達朗監督がコーチの更迭に怒って突然退団、そのあとを受けてシーズン終了まで監督代行を務めたことがある。

本塁打王・町田行彦は、肩の強い右翼手でもあった。今でいうレーザービームで、走者を本塁や三塁でよく刺した。「町田の鉄砲肩」は国鉄スワローズの売り物でもあった。

セ・リーグで外野手の補殺王に輝いたのが、1953（昭和28）年、54年（各14）と1961（昭和36）年（13）の3回。55年（12）と58年（10）は同2位となっている。

町田は入団したときは三塁手だったが、監督の西垣徳雄が外野にコンバートした。その肩を見込んだのである。「町田の強肩に満場唸る」という見出しで「国鉄スポーツ」が報じている。1954（昭和29）年10月14日、鉄道記念日に後楽園球場で行われた対阪神ダブルヘッダー。第1試合、町田は2回裏に左中間スタンドに本塁打を打ち込み、守っては7回、三塁走者に金田正泰の場面、2番・吉田義男が右飛をあげた。誰もが犠牲フライと思ったが、右翼手・町田の返球は捕手へノーバウンド。タッチアップした金田も三本間の途中から引き返してしまった。

第2試合の6回1死二塁、走者は吉田義男。4番・藤村富美男の右前安打で、吉田は三塁ベースを回って本塁へ突入する。右翼手・町田から糸を引いたようなタマが捕手のミットに収まって、吉田はタッチアウト。「満場の拍手はしばし鳴りやまず」だったとある。

町田は立教大学進学が決まっていた。それを長野北高校の先輩で、野球部の後援会長でもあった、当時長野鉄道管理局総務部長の渋沢誠次が口説き落とした。本人をはじめ、両親、監督、野球部長、校長を説得したのだ。全国組織の国鉄は、スカウト網を日本国中に張り巡らせているの

荷扱いでトレーニング
長野駅で 町田選手小荷物掛に無料奉仕

長野駅で小荷物の積み下ろしをする町田行彦。（国鉄スポーツ1954年1月10日号）

と同じだ。金田の父親が西垣監督の人柄にほれ込んだように、町田の両親らも渋沢の誠意に息子の将来を託すことにしたのだろう。長野北高では芥川賞作家の池田満寿夫と同級生だった。

国鉄スポーツに、町田が俵を肩に担いでいる写真を載せて「町田選手、小荷物掛に無料奉仕／長野駅で」という記事が載っている。「荷扱手の仕事は思ったより重労働ですが、腕や腰の力をつけるのには好適です。トレーニングのつもりで一生懸命やっています」というコメントがついている。町田の人柄がにじみ出ている。

巨人戦でよく本塁打を放ったことから、金田とともに〝巨人キラー〟と呼ばれたことがある。長嶋が４打席連続三振を喫した１９５８（昭和33）年の開幕試合対巨人戦では、決勝の本塁打を放って金田に白星をプレゼントしたことはすでに書いた。

国鉄野球生え抜き、飯田が加入

生え抜きの若手三羽烏のクリーンアップトリオに、トップバッターとして加わったのが、当時としては珍しく、酒は飲まない、マージャンもしない、謹厳実直な野球人生を貫いた仏《ほとけ》の徳さん・飯田徳治である。球団創設のとき、国鉄スワローズの看板を背負って立つ選手として一番望まれた選手だ。当時は南海の主力選手となっていて、獲得ができなかった。A級10年選手の権利を行使して1957（昭和32）年に入団したが、飯田は「古巣へ戻ったような感じ」と語り、監督からコーチになっていた西垣徳雄は「7年目の恋が成就したようなもの」と喜んだ。

飯田は、浅野財閥の創設者・浅野総一郎が設立した旧制浅野綜合中学から1942（昭和17）年に西垣監督当時の東京鉄道局に入った、いわば国鉄野球の生え抜き選手である。浅野綜合中学では投手で4番。1939（昭和14）年の選抜中学野球大会に出場した。東鉄では1942（昭和17）年の第16回と戦後復活の46（昭和21）年の第17回都市対抗野球大会の2回出場。いずれも2回戦で敗退したが、16回大会では2試合で9打数5安打と打ちまくった。その活躍から翌47年に同僚の松葉昇（旧姓・朝井）と南海に入団した。

1950（昭和25）年に2リーグとなって南海はパ・リーグに所属となるが、一塁・飯田、二

キャンプインに備え、自宅庭で素振りをする飯田徳治。（1958年1月8日）

塁・山本（鶴岡）一人、三塁・蔭山和夫、遊撃・木塚忠助（門鉄出身）は〝百万ドルの内野陣〟と呼ばれた。51年から3年連続でパ・リーグを制し、55年に再び優勝したときは最高殊勲選手賞（MVP）を受賞している。しかし、日本一は巨人に阻まれ、実現しなかった。

国鉄スワローズに入団したとき、1リーグ時代の1949（昭和24）年から1956（昭和31）年まで8年連続全試合出場と1078試合連続出場（入団2年目の48年9月12日から）の記録を更新中だった。この連続出場記録は、国鉄スワローズ2年目の1958年5月24日対阪神7回戦で右アキレス腱を断裂、1246試合で途切れた。当時34歳。6回表、一塁から次打者の安打で三塁へ向かおうと、二塁ベースを回ったところでアクシデントが起きた。この連続出場試合記録を破ったのは鉄人・衣笠祥男《きぬがささちお》（広島）で、ルー・ゲーリッグ（ヤンキース）の2130試合の大リーグ記録も超えて2215試合まで伸ばした。

国鉄スワローズ入団1年目の1957（昭和32）年は打率2割9分3厘でセ・リーグ第4位。盗塁40個を記録して盗塁王になっている。シーズン盗塁40以上は6年連続だった。

1961（昭和36）年からコーチ兼任となり、63年のシーズンを最後に現役引退。65年はサンケイスワローズのコーチ、66年に球団名がサンケイアトムズに変わった最初の監督となった。翌67年まで2年間監督を務めたが成績低迷（いずれも5位）で退任。南海に戻ってヘッドコーチから69年に監督に就任したが、最下位転落の責任をとって1年で辞任した。1981（昭和56）年、野球殿堂入り。

飯田で特筆されるのは、引退試合で右翼フェンスにダイレクトで当たる勝ち越しの三塁打を放っていること。引退試合で自らが安打を記録しているのは、国鉄では飯田ひとりである。

当時、10年選手は引退試合をして、その収益金を取得できる権利があった。今は野球協約からこの条文が削除されているが、飯田の引退試合は65年3月27日、出身地の横浜平和球場（現横浜スタジアム）で古巣の南海を相手に行われた。飯田は途中から一塁手として出場したが、有料入場者は6000人を超え、フジテレビの試合中継もあった。当時のオープン戦の観客は2000

人程度だったから、さすが〃仏の徳さん〃である。南海も、試合のギャランティーを飯田に贈ったという佳話が残っている。

球界引退後の飯田は、横浜駅ビルでコーヒー店「23」（twenty three）を開業、駅ビル商店会のよき世話役だった。

国鉄スポーツ
THE KOKUTETSU SPORTS
スワローズの誇る三つの顔
最優秀投手に金田
飯田プロ入り初の盗塁王
佐藤宿願のホームラン・キングに
左から飯田一塁手、金田投手、佐藤外野手

盗塁王・飯田（左）、本塁打王・佐藤（右）、最優秀投手・金田（中央）。（国鉄スポーツ1957年11月1日号）

飯田の加入で、1957（昭和32）年のバッティングオーダーはこんな具合だった。

（一）	飯田徳治	33歳
（中）	松田　清	27歳
（右）	佐藤孝夫	26歳
（三）	箱田　淳	25歳
（左）	町田行彦	23歳
（二）	佐々木重徳	23歳
（捕）	谷田比呂美	33歳
（遊）	大久保英男	25歳
（投）	金田正一	24歳

監督は、選手時代からとぼけ

顔で油断させた相手と駆け引き勝負してきた策士、〝おとぼけのウーやん〟宇野光雄である。宇野は旧制和歌山中学から慶應義塾大学に進み、1942（昭和17）年、キャプテンを務めている。戦時中で、新設された日吉の合宿所で午前6時起床、宮城遥拝《きゅうじょうようはい》、戦没者に黙祷、消灯9時という厳格な規律に反発、自治を求めて宇野ら上級生全員が合宿所を出る騒ぎとなったが、小泉信三塾長のとりなしで合宿所に戻った、という話が『慶應義塾野球部史』に残されている。

卒業後、藤倉電線に入社、終戦直後の1946（昭和21）年秋のシーズンだけ慶大の監督として指揮を執っている。翌47年、巨人に入団、三塁手として活躍していたスター選手である。国鉄スワローズに助監督兼内野手として入団したのは1954（昭和29）年。「将来監督にする」という条件で、当時の巨人軍オーナーで読売新聞副社長の安田庄司があっせんした。安田はセ・リーグの人気を高めるために、在京球団である国鉄スワローズが戦力アップして、巨人とスリリングな試合をするのが一番と考えていた。

その思惑はズバリ的中した。54年のシーズン開幕戦、国鉄スワローズは巨人に2連敗したものの、その後8連勝して、「巨人戦に強い国鉄」をファンに印象づけた。巨人・阪神戦に匹敵する人気カードになったのである。後楽園球場の国鉄の主催ゲームでは大入り袋が配られ、評論家の中沢不二雄は「国鉄旋風がペナントレースの人気をあおった」とシーズンを回顧している。この年、巨人はV4を杉下茂投手の中日に阻止された。

4番サード・宇野も大活躍した。開幕25試合で92打数34安打、3割7厘の高打率でセ・リーグのトップに立っていた。途中捻挫欠場で最終打率は2割9分1厘に終わったが、金田正一とともにオールスター戦に出場、国鉄スワローズとしては初の2選手の選出だった。

スワローズ歴代の監督たち

宇野は、二塁手・箱田弘志とともにセ・リーグのベストナインに選ばれている。

2代目監督・藤田宗一から監督を引き継いだのは1956（昭和31）年のシーズンから。この年の7月に発表された経済白書は「もはや戦後ではない」とうたった。日本経済は急成長、GNP（国民総生産）が戦前の水準を超えた。宇野はキャンプを訪れた新聞記者に「ゆけゆけドンドンがことしの合言葉。目標は打倒巨人。後楽園でよいゲームをやって、お客さんを集めなくてはね」と話している。

監督・宇野の5年間は、最初の4年間がすべて4位、最後の60年安保の年は最下位に転落、前年コーチとして入団した砂押邦信に監督の座を明け渡している。エース・金田正一と確執があったことは、すでに触れた。同時に箱田もA級10年選手の権利を行使して大洋に移籍した。

宇野光雄監督（左）と西垣徳雄ヘッドコーチ
（1958年7月広島市民球場で）

4代目監督となった砂押邦信は水戸商から1942（昭和17）年に立教大学に入学した投手。学徒出陣で野球も中断、戦後、主将となり、卒業後、小口工作所でノンプロの選手をしていた。1950（昭和25）年、母校立大の監督に迎えられ、スパルタ練習で長嶋茂雄らを育て立大黄金時代を築くが、野球部員から監督排斥運動が起きて退任した。そのあと日鉱日立の監督となって、翌1956（昭和31）年に都市対抗野球に出場、準々決勝で敗れたが、その健闘を称えられてチームに小野賞が贈られた。

砂押監督就任の1961（昭和36）年に入団したのが徳武定之（のちに定祐と改名）だ。前年の秋、早慶6連戦に勝利して、早稲田大学の主将として天皇杯を受けた。その早慶3回戦の9回、遊ゴロで強引にホームをつき、足をあげてスライディングして捕手・大橋勲の落球を誘った。このプレーに、慶應義塾大学の応援席から物が投げ入れられるなど騒然とする場面もあった。闘将である。

入団は、長嶋のあとの立教大学の三塁手・杉本公孝と一緒で、「鉄桶《てっとう》の三遊間誕生」と国鉄スポーツは1面トップで扱っている。

徳武は入団3年目の1963（昭和38）年に3割打者となり、ベスト10の6位に食い込んだが、なぜか金田正一が20勝をあげる時に「記念打」を放つ男として知られる。「新人として入った61年には2―0の決勝打となる2ラン、62年は2―1の先取点を印す安打、63年は7―5の先制打と逆転打、64年は一、二塁のチャンスに先制打と、金田の20勝時に決まって殊勲打を放ったものだった」と宇佐美徹也は『プロ野球記録大鑑』に記している。

もうひとり、砂押監督時代に活躍したのが豊田泰光。最強の2番打者といわれた。1953（昭和28）年に西鉄に入団して、新人王。56年に同僚・中西太を抑えて首位打者となった。中西は本塁打王と打点王となったが、打率2位で、惜しくも三冠王を逸した。

その56年から国鉄スワローズに移籍する1962（昭和37）年まで、58年を除いてパ・リーグのベストナインに6回選ばれている。

豊田が加入した1963年のオーダー

(中)	丸山完二	23歳
(右)	高林恒夫	25歳
(三)	徳武定之	25歳
(遊)	豊田泰光	28歳
(左)	宮本敏雄	30歳
(二)	土屋正孝	28歳
(一)	星山晋徳	25歳
(捕)	根来広光	27歳
(投)	金田正一	30歳

豊田が加入した63年のオーダーを見ると、だいぶ様変わりしている。巨人からの移籍組が高林、ハワイ生まれのエンディ宮本敏雄、土屋の3人。高林と宮本は、ニッポンビールから1959（昭和34）年に入団した投手・北川芳男と2対1の交換トレードだった。北川の4年間の成績は46勝52敗。最後のシーズンは9勝しかあげていないが、ON（王、長嶋）には一本の本塁打も許していなかった。それで巨人側が「ぜひ北川を譲ってほしい」といってきたという。

国鉄スワローズ最後の3年の監督は、浜崎真二が1年、林義一が2年。人事権はフジサンケイグループの水野成夫が握っていた。

浜崎はすでに還暦を過ぎていた。戦前の慶應義塾大学の名投手で、1960（昭和35）年に慶大の後輩である水原茂監督に頼まれて巨人の投手コーチをつとめているが、いわば球界のご意見番。林は明治大学の先輩である評論家・中沢不二雄の推薦により、投手コーチで入るはずが監督になってしまったという。シーズン後半に「林退団必死、飯田コーチ監督昇格」の記事がスポーツ紙で報道され、サンケイスポーツを発行するグループ代表の水野としては、記事の追認を避けて、特ダネを誤報にしてしまおうと「林留任」を打ち出したといわれる。そして前章でも見たように、国鉄側と確執があって、球団代表の北原広男が辞任、今泉秀夫がそのあとを継いだ。

国鉄スワローズの15年は、最初と最後を今泉が面倒を見ることになった。

最後にユニークな記録を持つ投手2人を紹介したい。ひとりは長野県の小諸実業から1952（昭和27）年入団の小山恒三。外野手だったが、西垣監督に見込まれて投手に転向。同年10月10日、西京極球場で行われた対松竹ロビンス19回戦に初登板、初先発。2安打を許しただけで、5―0と完封勝ち。ルーキーの初登板・初先発・初勝利は国鉄スワローズが球団結成して初勝利をあげた1950（昭和25）年の第2戦で高橋輝投手が記録しているが、シャットアウト勝ちは球団始まって以来。しかし、小山は肩を壊して、プロ野球人生は2シーズンで終わった。通算成績は5試合に登板して1勝1敗。1954（昭和29）年に国鉄本社の会計課勤務となり、経理畑一筋に国鉄がJRに変わる1987（昭和62）年3月31日まで勤め、その後、外郭団体の日本交通協会の経理課長・事務局次長となった。

小山のようにスワローズを退団後、国鉄職員に採用された選手は少なくない。国鉄の一家主義・温情主義を感じる。

もうひとりは巽一《たつみはじめ》。慶應義塾大学のサウスポーのエースとして1959（昭和34）年に入団したが、2年目の60年のオールスター第3戦で、パ・リーグの米田哲也投手（阪急）から右翼スタンドに本塁打を放ってしまったのだ。セ・リーグの水原茂監督は当然代打を立てようとしたが、「タツは打撃がいいんですよ」と金田正一にいわれ、そのまま打席に送ったとスポーツニッポンにある。

巽は在籍11年で351試合に登板、40勝66敗、防御率3・69の投手成績が残っているが、打撃の方は280打数31安打、打率1割1分1厘。公式戦での本塁打はゼロだ。

第六章

国鉄野球の130年

米「シカゴ・トリビューン」紙に紹介された新橋アスレチック倶楽部の記事。（朝日新聞1998年4月4日付夕刊）

日本の野球史と鉄道

1921(大正10)年10月14日、東京駅前の特設会場で鉄道50周年祝典が行われた。式場の面積が600坪、別に同面積の立食所を設け、東京駅は貴賓の休憩所に充てたというからスケールが大きい。出席者は2043人にのぼった。

健康のすぐれない大正天皇の名代として皇太子(後の昭和天皇)をはじめ各宮さま方、内閣総理大臣・原敬や陸海軍の元帥、国務大臣、宮内大臣、参謀総長……日本のトップがすべて出席したといってよい。それほど「鉄道」の地位は高かった。原敬はその20日後に東京駅頭で刺殺される。まさかそんな事態が起こるとは誰も考えてもみなかった。

1872(明治5)年、新橋~横浜間に初めて鉄道が開通して、1906(明治39)年に鉄道国有法により、元来の国鉄に加え、すべての鉄道が国有化された。この時点で国鉄の路線は延長6600マイル、私鉄、台湾・朝鮮の鉄道を合わせると1万2000マイルに及ぶと、鉄道大臣・元田肇は式辞で述べた。1マイルは約1・6キロ。国鉄だけで1万キロを超えていた。

新聞は社会面で大々的に報じた。見出しを拾うと、「玻璃《はり》宮殿の様な式場で/鉄道50年の祝ひ」、「東京駅前稀有の壮観を呈す」「鉄道萬歳の声/よろこび溢る、立食場」。

玻璃とは水晶のことだ。

功労者３０５７人が表彰された。創業殊勲者として故・伊藤博文、故・井上馨、大隈重信、故・岩倉具視《いわくらともみ》の４人、鉄道国有殊勲者として西園寺公望《さいおんじきんもち》、そのほか48年勤続として初代の東京駅長・高橋善一らが含まれているが、特別関係者表彰の中に、渋沢栄一らとともに、野球殿堂入り第１号の平岡凞《ひろし》が名を連ねている。

鉄道50年で平岡が特別表彰されたのは、車両製造の功績だ。平岡は明治の初め、15歳の時にアメリカへ留学し、車両製造工場に勤めながら鉄道技術を学んだ。１８７６（明治９）年に帰国して、工部省鉄道局新橋工場に入る。そこでアメリカから持ち帰ったボールやバットを使って、働く人たちに野球を教えた。平岡はカーブを投げた。日本で初めてカーブを投げた男といわれる。そして日本で初めての野球チーム「新橋アスレチック倶楽部」をつくったのだ。

「新橋アスレチック倶楽部」チームのユニホーム姿の記念写真を、米国で知り合った大リーグ元シカゴ・ホワイトソックスの投手アルバート・スポルディングに送った。するとすでに運動用具会社の社長になっていたスポルディングから野球用具一式とルールブックが届いた。グラブ、捕手のマスクとミット、バット、ボール、ホームベースやバックネットも入っていた。「日本で野球が盛んになれば、注文が殺到する」と、いわば宣伝費として無償提供されたのだ。１８８０（明治13）年以降、何度にもわたって平岡に届いた。

平岡は、三田綱町の田安家で9代当主の若殿・徳川達孝に英語を教え、一緒に野球を楽しんだ。そこから2番目の野球チーム「ヘラクレス倶楽部」が生まれた。その生徒の中に慶應義塾の学生・村尾次郎がいた。平岡から「もっと慶應の仲間を連れて来い」といわれ、それがきっかけとなって慶應義塾野球部がつくられる。

野球場もつくった。品川八ツ山下で、1882（明治15）年にそのこけら落としとして、駒場農学校と試合を行った。これが日本で初めての対抗試合と野球史にある。

日本に野球、いやベースボールが伝えられたのは1872（明治5）年。東大の前身第一大学区第一番中学で米人教師ホーレス・ウィルソンが学生たちに教えた。東京・神田の学士会館脇に「野球発祥の地」の碑が立っている。ベースボールを「野球」と翻訳したのは旧制一高生・中馬《ちゅうま》庚《かのえ》で、1894（明治27）年である。

余談ながら、筆者の所属する毎日新聞記者たち（ほとんどがOBになってしまったが）の草野球チーム「大東京竹橋野球団」は、「野球発祥の地」の最も近くにある草野球チームであることを唯一・最大の誇りとする。その中心メンバーの鳥井守幸、諸岡達一、遠藤満雄らが宇佐美徹也、田村大五らの野球文化人を引き入れて「野球を『歓喜の学問』にする」と宣言して立ち上げたのが「野球文化學會」である。野球文化學會は、1999年に、論叢集『ベースボーロジー』第1号を発行した。その執筆者に池井優、脇村春夫なども加わるが、年に1度の総会には山内和弘（毎日―阪神―広島）や豊田泰光（西鉄―国鉄―サンケイ）などの名選手が顔を出していた。

さて、本題に戻って慶應義塾年表の1901（明治34）年5月に「平岡から野球器具（ボール、バット、野球規則書等アメリカの知人より見本としてはじめて日本に送られてきたもの）の寄付を受く」とある。

1885（明治18）年当時、今のアメリカ大使館前にあった工部大学校で野球がどのように行われていたか、のちの日本商工会議所会頭・門野重九郎が書き残している。

捕手の面も、胸当ても、脛当てもなかった。「素面素手」で球を捕る。「捕手も手袋を用いず」「指先に怪我をするもの絶えず、包帯に血の滲みし儘競技することを誇りとせり」とある。

慶應義塾野球部への用具の寄付がどれだけ貴重なものであったかがわかる。

ルールも4ストライク、9ボールで、ファウルはストライクと数えず、ファウルを捕られてもアウトにならない。

打者は投手に球の投げ方を注文した。ハイボール、フェアボール、ローボールからひとつ。試合のスコアは、50対20といった「今から見れば滑稽千万」のものだった。

平岡は工部大学の学生にもコーチをしていた。平岡が〝野球普及の開祖〟として、1959（昭和34）年に野球殿堂が創設されたときに、正力松太郎らとともに殿堂入り第1号となったのは、当然といえる。

ところが平岡は、1887（明治20）年「新橋アスレチック倶楽部」の会長をやめ、野球界から引退してしまうのだ。鉄道局汽車課長兼新橋工場長の職を辞し、その3年後に平岡製工所を創設、小石川の陸軍砲兵工廠を借りて、車両製造を始めるのだ。個人経営による車両製造工場は初めてだった。

1901（明治34）年に大阪の汽車製造会社に合併されるまでに、客車350両、貨車1250両をつくったと『ベースボールと陸蒸気―日本で初めてカーブを投げた男・平岡凞』（鈴木康允・酒井堅次著、小学館文庫）にある。平岡は汽車製造会社の副社長（社長は井上勝）となったが、1909（明治42）年には退社して、「鉄道車輌製造共同事務所」理事長に就任。その理事長職も3年後には辞任して、もっぱら道楽三昧の余生を送った。

平岡吟舟「お大尽《だいじん》」は、小唄、長唄、清元、常磐津、義太夫など三味線や踊りの振り付けも手がけ、花柳界で粋人としても有名だった。

野球草創期を支えた鉄道チーム

国鉄スワローズ結成につながる「国鉄野球」も、鉄道50年を節目に大きく飛躍した。50周年祝典の10日後に、第1回全国鉄野球大会が開かれたのである。都市対抗野球大会が始まったのが1927（昭和2）年だから、6年も早い。それだけ国鉄内部で野球が盛んだったといえる。

参加したのは、北から札幌、仙台、東京、名古屋、神戸、門司各鉄道局の6チーム。10月24日午前7時から芝浦野球場で開会式。東鉄を先頭に入場行進したあと、東鉄局長・大道良太が訓示を述べ、その大道の始球式で、第1試合門鉄対神鉄戦が始まった。

会場の芝浦野球場は、日本初のプロ野球球団「日本運動協会」が本拠地として建設、この年の春に落成した。朝日新聞10月26日付夕刊2面に「秋晴れの快技／けふの芝の鉄道野球」という見出しで一塁側スタンドから撮影した試合写真が載っているが、バックネット裏と一、三塁側に各2000人収容の木造スタンドも写っている。

試合結果は初日門鉄2―0神鉄、仙鉄4―0名鉄（6回降雨コールド）、2日目の25日は第1試合が札鉄12―3東鉄。そのあと1回戦を勝ち抜いた門鉄、仙鉄、札鉄の3チームで抽選を行い、札鉄が不戦勝で決勝に進出した。残り1チームを決める準決勝戦が午後2時過ぎから第2試合で

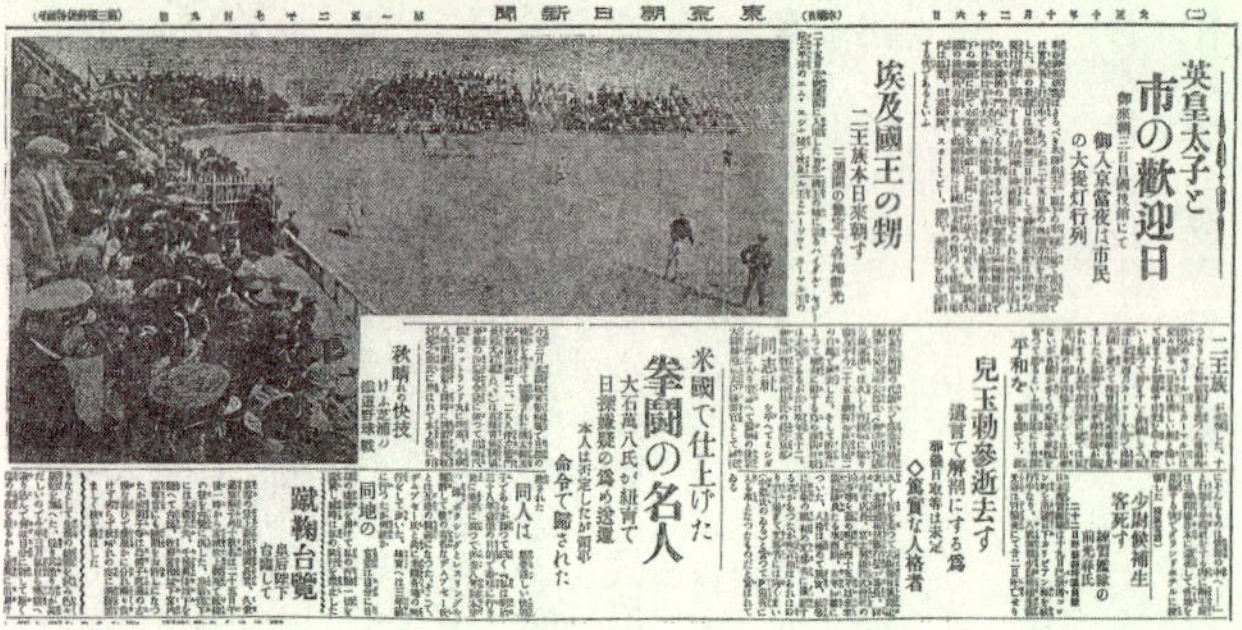
東京朝日新聞

英皇太子と市の歡迎日

埃及國王の甥

米國で仕上げた拳鬪の名人

兒玉勲參逝去す

秋晴れの快技

蹴鞠台覽

第１回全国鉄野球大会の写真。（東京朝日新聞1921年10月26日付夕刊）

行われ、門鉄が1―0で仙鉄を破った。

決勝戦は雨で2日順延され、28日午前10時試合開始。4―0で門鉄が札鉄を降して初優勝を飾り、「250円で新調した日本一立派な優勝旗」を受けた。「球審河野」と記録されているから、日本運動協会の創設者のひとりで、1903（明治36）年の第1回早慶戦で早稲田の投手だった河野安通志が主審を務めたと思われる。

この鉄道野球大会は東鉄が企画した。鉄道省に許可を求めたところ「そんな遊びごとをやる暇があったらもっと鉄道の仕事をしたらよかろう」と断られた。それならと東鉄独自で全国の野球チームに呼び掛けて開催した。鉄道省にも本省チームがあり、全国大会開催を知って参加を申し込んだが許されなかったというエピソードが残っている。本省チームの参加は第2回からとなり、門鉄が2連覇したあと、第3回は本省チームが優勝している。

戦前は1940（昭和15）年の第20回大会まで行われているが、優勝は門鉄が7回と最も多く、次いで名鉄4回、東鉄、大鉄、仙鉄、広島鉄道局（広鉄）各2回、本省1回となっている。

一般紙が大会前に予想記事を書くほど、国鉄野球は人気があった。東京日日新聞（東日）が都市対抗野球大会を1927（昭和2）年に始める時も、「鉄道チームが参加してくれないと大会が成り立たない」といって当時の東鉄局長・久保田敬一に陳情している。最高殊勲選手賞「橋戸賞」に名前を残す橋戸頑鉄《がんてつ》（元早稲田大学野球部主将、野球殿堂入り）が東日社会部の名物鉄道記者・青木槐三を通じてだ。米大リーグのように都市が争う野球大会というアイデアが斬新だった。東日副主幹の島崎新太郎と運動部員の橋戸、弓館小鰐《ゆだてしょうがく》らが推進したと、『毎日新聞百年史』にある。

第1回都市対抗野球大会は、現在のような地区予選はなく、主催の東京日日新聞が推薦した12チームが出場した。うち5つが鉄道チーム。仙鉄、名鉄、門鉄と現韓国ソウルの京城竜山鉄道局、それに私鉄の九州鉄道（現西鉄）。鉄道チームを無視して都市対抗野球大会はあり得なかった。

そして第1回大会の優勝チームは大連市・大連満州倶楽部。のちにパ・リーグ会長となる中沢不二雄が監督で、満鉄（南満州鉄道株式会社）の選手を中心とするクラブチームだった。

余談ながら久保田は一高野球が全盛時の三塁手。1900（明治33）年5月26日の「第6回国際仕合」の先発メンバー表に、5番打者として載っているが、6番捕手・太田圓三、9番左翼手・豊原雄太郎も、のちに鉄道人となっている。この時のチームの大黒柱は、4番で投手の守山恒太郎だった。守山は1902(明治35)年5月10日、横浜外人倶楽部を4―0でシャットアウト、「スコンク・ゲームに校友狂喜す」と、一高寄宿寮誌「向陵」にある。

野球少年だった筆者は、小学生の頃から当たり前のように「スコンク」を使っていたが、ルーツは明治時代にあったのだ。野球史に詳しい作家・佐山和夫の本に、スコンクはskunkと書き、「零敗」を意味する。「スカンク」と発音するのが正しいとある。

一高の野球部史をさかのぼると、1896(明治29)年5月23日、横浜外人倶楽部との初の国際試合で29―4の大差で勝利した試合のメンバーに7番二塁手・井上匡四郎とある。井上はのちに鉄道大臣。帝国鉄道協会(現・日本交通協会)の第14代会長を務めた。またエース青井鉞男《よきお》は「初めて外人チームに勝ち、よく後進を指導した。初めて野球規則を邦訳し野球近代化の途を開いた」という理由で、平岡らとともに野球殿堂入り第1号になっている。

青井の2年後輩には、のちに鉄道の工作局長になった遊撃手・秋山正八がいる。ほかにも一高野球部のOB名簿をめくると、1909(明治42)年卒にキャプテンで南満州鉄道(満鉄)理事、日本土木学会会長も務めた名三塁手・平山復二郎。ずっと下って1932(昭和7)年卒に元国鉄総裁・磯崎叡、1943（昭和18）年卒に元国鉄船舶局長の秋田豊、1947（昭和22）年卒に東大で4本の本塁打を放った元国鉄常務理事の加賀山朝雄らの名前が見える。この3人のことは後述するが、国鉄野球の背景には学生時代に野球部で活躍したエリート官僚が数多くいて、国鉄スワローズ結成が大きな抵抗もなく実現できたのも、これら野球好き鉄道マンのお蔭ともいえる。

北海道と東北の鉄道野球

国鉄野球に戻って、全国の国鉄で記録に残っているうち最初に野球チームをつくったのは、意外にも札鉄の前身・北海道鉄道管理局である。1909（明治42）年、北海道で初のクラブチーム函館太洋（オーシャン）に対抗して、その2年遅れで誕生した「鉄道団チーム」である。「現存する全国の社会人野球チームの中で最古のチームは函館太洋倶楽部であり、最古の企業チームはJR北海道野球部である」と、『日本野球連盟北海道地区連盟50年史』にある。北海道鉄道管理局は1919（大正8）年に札幌鉄道管理局、翌20年に札幌鉄道局と名前を変えるが、全国鉄の第1回大会準優勝は、当然のことだったのかも知れない。創設の功労者は若林靖太郎。『国鉄野球史』によると、職員のカンパで63円を集め、野球部を創設した。当時ボール1個50銭、バット1本40

銭だったとある。もうひとりの功労者が旧制北海中学が１９２０（大正９）年に夏の甲子園大会に出場したときのキャプテンで立教大学から札鉄入りして選手・監督として活躍した水谷喜久雄である。

札鉄対函館オーシャン戦は、満員札止めになるほどの人気カードだった。監督は札鉄・水谷、函館は早稲田大学で活躍した久慈次郎。久慈は都市対抗野球の敢闘賞「久慈賞」に名を残しているが、１９３９（昭和14）年札幌円山球場での試合中、打席で捕手が二塁へ投げようとした牽制球を頭に受けて倒れ、脳内出血で死亡した。水谷は１９５４（昭和29）年９月26日の洞爺丸事故で亡くなっている。当時釧路鉄道管理局長で、出張で国鉄本社へ行くため青函連絡船に乗って事故に遭った。

１９８７（昭和62）年の国鉄分割民営化でＪＲ北海道となり、２００９年に札鉄時代から数えてチーム結成１００周年を迎えた。それを記念して都市対抗野球大会１回戦で、ＪＲ北海道野球部ＯＢ会会長の中里守が「Sattetu」のユニホームを着て東京ドームのマウンドに立ち、始球式を行った。

ＪＲ北海道は、２００５年から６年連続で都市対抗野球大会の本大会に出場、07年は本大会初勝利の勢いでベスト４に進出、黄獅子旗を獲得している。監督は２００１年から元拓銀の高岡茂夫、2010年のシーズンから高岡の拓銀後輩で、女子野球日本代表のコーチだった狐塚賢浩《こづかたかひろ》が指揮を執っている。

北海道には札鉄のほか、戦前からの旭川、戦後にできた青函、釧路各鉄道管理局にチームがあった。旭川は巨人で活躍したスタルヒン投手の故郷で、野球が盛んなところ。旭川鉄道局は戦前の1937（昭和12）年に、函館オーシャンなどの強豪を破って都市対抗の本大会に出場した。1回戦で新潟鉄道局に敗れたが、3年後の40年には主力メンバーでクラブチームをつくって「全旭川」として再度本大会に出場した。全国鉄大会では、1967（昭和42）年に大分で開かれた第42回大会で優勝している。MVP（最優秀選手賞）にエース音尾正明、首位打者賞に外野手の中田武裕が輝いた。

青函は、1951（昭和26）年創部で、都市対抗野球の第1次予選には函館オーシャンと2戦先勝方式で代表を決めていたが、2次予選の北海道大会では敗れたチームから補強選手を採るので、いつも両チームの連合軍、オール函館で戦っていた。函館オーシャンが1954（昭和29）年に最後に都市対抗本大会に出場（15回目）したときは、3番センターの杉本栄ら青函の選手が後楽園で活躍した。

東北には、JR東日本東北野球部のルーツ・仙台鉄道管理局。1919（大正8）年に仙鉄が創設となり、野球部も正式発足した。初代の主将兼監督は旧制東北中学から早稲田大学に進学したが、中退して仙鉄入りした前田幸雄だ。前田は仙鉄を退職したあとも、地元のクラブチームに所属して、54歳で都市対抗野球宮城県予選に登板したと高野眞五人《まさと》著『野球事始仙台物語』（2006年、無明舎出版）にある。都市対抗野球大会には第1回から戦前12回も出場している。全国鉄では1931（昭和6）年の第11回大会と、1938（昭和13）年の第18回大会と戦前に2回優勝している。

戦後は、1951（昭和26）年の全国鉄野球大会で優勝、最優秀選手賞の投手・佐藤公夫が大洋に、打撃賞の内野手・佐藤孝夫が国鉄スワローズに入団した。

以後低迷して、復活するのはJR東日本東北になってからだ。1995年に53年ぶりに都市対抗野球の本大会に駒を進めると、ベスト8まで進出して、小野賞を受賞した。以来、毎年のように東京ドームに出場して、2009年の第80回大会でJRとして10回目、戦前を合わせ22回目の出場を果たした。

生え抜きの内野利彦が選手兼監督として長くチームを率いていたが、2007年に退任。その後、監督は阿部圭二から元川崎製鉄千葉監督の藤井省二が就いた。

JR発足に伴い、盛岡鉄道管理局と秋田鉄道管理局の野球部はJR東日本東北に統合されたが、盛鉄の1948（昭和23）年の第19回都市対抗野球での活躍ぶりは語り草になっている。開会式直後、GHQのマーカット少将が始球式をした開幕試合で3連覇を目指す岐阜市大日本土木を11―7で破ってしまったのだ。沢藤光郎が先発、4番遊撃手の白坂長栄が6回途中からリリーフした。2番・及川正一がホームランをかっ飛ばし、1番・川村荘四郎、3番・岩崎義夫、5番・久慈三郎らの打撃も振るったと、『都市対抗野球大会60年史』にある。

白坂は阪神の名二塁手となり、沢藤は近鉄に入団した。

「盛鉄旋風」はもう一度ある。1958（昭和33）年春の社会人野球サン大会（現在の東京スポニチ大会）で接戦を3試合制して、決勝では日本鋼管に1―3で敗れたが、準優勝に輝いたのだ。4試合投げ抜いた佐々木昭二は敢闘賞を手にした。監督は鈴木礼治だった。この時の盛鉄の総務部長は、のちに国鉄スワローズの応援団長となる渋沢誠次、局長は、これも野球好きで、「総裁チーム」第3代監督の山崎武だった。

「野球部の特徴といえば、地方高校出身の選手のみで、しかも各現業機関で半日または徹夜勤務をしながら、好きな野球のために球場に集合して練習に励む、社会人野球の基本を忠実に守り抜いている」と『国鉄野球史』に特筆されている。

そして1968（昭和43）年から1978（昭和53）年までの11年間に9回、後楽園球場で行われていた都市対抗野球大会に出場している。監督は斉藤奎行《ふみゆき》、渡辺学だった。

盛鉄は全国鉄大会では8回優勝した。「岩手野球の父」と呼ばれるのは、第1回早慶戦に出場した早稲田大学の獅子内謹一郎（旧制盛岡中）だが、満鉄から帰国して1923（大正12）年に仙鉄、その後盛鉄に移って、監督を務めた。都市対抗岩手県大会の最高殊勲選手賞は「獅子内賞」である。

都市対抗野球と2人の鉄道マン

東京を除く関東では、千葉、水戸、高崎の各鉄道管理局にチームがあったが、都市対抗の本大会に出場したのは高鉄だけだ。高鉄は1954（昭和29）年の第25回大会で、1回戦でこの大会に優勝した八幡製鉄と対戦、3―3のまま延長14回までもつれ込んだ。この試合で完投した高鉄の20歳のエース眞下定夫（高崎商業高）は翌年国鉄スワローズに入団。2年間在籍したが、1試合登板しただけで終わった。

水鉄は、水戸出身の飛田穂洲のコーチを受けたが、精神野球の権化・飛田は「給料をもらって好きな野球ができるのだからありがたいと思え」とまずお説教、そのあと練習になった。

千鉄のエース板倉義和（印旛高）は第40回都市対抗野球で長年の貢献から表彰を受けた。板倉は千葉駅長を最後に定年となったが、千葉駅で発車ベルを廃止した決断が、新聞・テレビでも話題になった。

北信越では、新潟鉄道局が戦前3回、都市対抗の本大会に出場している。1937（昭和12）年に初出場したときの野球部長は、国鉄スワローズを実質的につくった今泉秀夫である。1940（昭和15）年から3年連続で信越大会に優勝し代表になった。41年は戦争のため本大会が中止となったが、翌42年は戦意高揚を理由に大会が開かれている。そのときのエースが土佐内吉治で、国鉄スワローズに入団した。もうひとり新鉄出身のプロ野球選手に今井雄太郎（阪急）がいる。今井は1978（昭和53）年8月31日の対ロッテ戦で史上14人目の完全試合を達成している。

長野鉄道管理局にもチームがあったが、目ぼしい活躍はしていない。同じ長野県でいうと、1928（昭和3）年の第2回都市対抗野球大会に松本機関庫、第3、4回に長野保線が出ている。

松本機関庫のエース南安男は、都市対抗野球大会が始まった年に松本商業を卒業して同機関庫に就職、予選に出場した。1931（昭和6）年に東鉄に転勤、黄金時代の東鉄選手として活躍し、戦後は国鉄スワローズ球団結成後に主力選手の抜けた東鉄監督に就任して、再建に取り組んだ。南が本大会に出場したのは6回だが、48歳まで現役の投手を続け「鉄人」と呼ばれた。

1959（昭和34）年に都市対抗野球大会は第30回の記念大会を迎え、その前夜祭で第1回大

「国鉄改革」の鉢巻きを締め、名鉄の応援をする国鉄幹部。（1986年）

会から30年連続で登録している2人を特別表彰したが、そのひとりが東鉄総監督・南安男（当時49歳）で、もうひとりは名古屋鉄道管理局の監督・武田可《よし》一《かず》（当時51歳）だった。この2人の鉄道マンには高さ約1メートルの金色の大トロフィーが贈られた。

武田は名古屋商業から１９２７（昭和2）年に名鉄に就職、その年に第1回大会が開かれた都市対抗野球に第10回大会まで連続10年出場した。速球が武器の本格派で、１９３４（昭和9）年にベーブ・ルースが来日した日米野球でも登板した。「ベーブ・ルースには本塁打も打たれたが三振もとった」が自慢で、都市対抗野球については「予選参加は30回。本大会に15回（名鉄としては14回）も出場しながら、優勝できなかったのが残念」という。野球仲間は、名前の「可一」から「ベク（可）さん、ベクさん」

と親しみを込めて呼んでいた。

その名鉄で印象に残っているのは、分割民営化を翌年に控えた1986（昭和61）年の第57回大会に、国鉄チームとしては唯一「国鉄名古屋」として代表になったこと。選手兼監督の植田利幸、キャプテン高橋哲夫の下に一致団結。1回戦でNTT東京を11—3で破った。最後の「国鉄」チームとして、第1回から出場してきた名門の意地を見せた。4回には補強の2人に続いて捕手・坂野彰宏が3連続となる本塁打を放って、応援団を沸かせた。

JR東海野球部のルーツ、名鉄野球部は、1921（大正10）年に第1回の全国鉄野球大会開催に伴い管内の職員を集めて結成された。その後の黄金時代をつくり上げたのは伊藤十郎だ。三重県の旧制富田中学（現四日市高）から早稲田大学に進んで投手として活躍、1925（大正14）年10月に名鉄に入った。1948（昭和23）年に退職するまで監督を務めた。

伊藤が入部した時の局長が一高野球部の名選手・久保田敬一である。久保田も野球部の強化に力を入れた。伊藤によると、その年、選手9人が軍隊に入営して、選手が足りない状態だった。強豪チームと試合をして、若い選手に自信を持たせる指導方法をとって、来日したワシントン大学とか、神戸のスター倶楽部、早稲田大学の現役OB混成チームを招いている。この時の早稲田のメンバーは、野球殿堂入りしている者だけで、監督の市岡忠男はじめ河野安通志《こうのあつし》、井口新次郎、伊丹安廣、森茂雄がおり、市岡の後の早大監督・大下常吉、久保田禎《ただし》の2人もいた。

1927（昭和2）年に豪球投手・武田可一投手が入部して黄金時代が到来する。第1回都市対抗野球は1回戦で九州鉄道を3—2で破ったが、2回戦で優勝した満州倶楽部に敗れた。翌28年春、甲子園球場で開かれたノンプロの全国大会で優勝した。1回戦4—3八幡製鉄、2回戦4—2東鉄、準決勝3—0阪神電車、決勝3—1東京電気。全国大会の優勝は初めて。局内は喜びに沸いた。とりわけライバル東鉄に勝利したときはナインはうれし泣きしたという。

第2回の都市対抗野球大会では1回戦で南投手の松本機関庫を破ったが、2回戦で京城殖産銀行に敗れた。しかし、全国鉄大会では、東鉄、門鉄を破って初優勝している。1928（昭和3）年のチームの成績は38戦29勝9敗、勝率7割6分3厘の高率だった。

このチームで一塁を守っていたのが狩野勉である。のちに八事球場の管理人となって、400勝投手・金田正一の国鉄スワローズ入団に大きな寄与をする。

都市対抗野球の第3回、第4回大会では連続準優勝に輝いているが、第3回大会はエース武田可一が入営していて不在だった。その穴を新人清田重雄（旧制福井工業）が埋めた。第4回大会は武田と清田の2人のリレーで勝ち進んだが、東京六大学のスター選手を集めた東京倶楽部に決勝で敗れた。「昭和3年から11年までが名鉄野球部の花であった」と伊藤は書き残している。

戦後は低迷が続いたが、投手・武田可一は1950（昭和25）年の第21回大会に愛知産業の補強選手として参加した。42歳だった。監督・武田可一では1953（昭和28）年から3年連続、さらに1959（昭和34）年に都市対抗野球の本大会に出場した。その間、投手・大脇照夫（愛知県滝実業高）を52年に国鉄スワローズに入団させている。大脇は1956（昭和31）年5月3日対中日9回戦でノーヒットノーランを記録。7年間プレーして退団、名鉄に復帰して1977（昭和52）年監督に就任した。2年後の79年に都市対抗野球の出場を果たすと同時に全国鉄野球大会で54年ぶりに優勝を飾った。翌80年の全国鉄大会で2年連続優勝。81年にも都市対抗野球の名古屋代表になっている。その81年夏の甲子園大会でベスト4に入った名古屋電気高校（現愛工大名電高）の工藤公康投手は西武ライオンズに入団するが、「国鉄に就職してもよい、という話が決まりかけていたのだが」と関係者は残念がる。

ＪＲ東海野球部となってからは1988（昭和63）年、発足2年目で東京ドーム元年の都市対抗に出場した。監督は植田利幸。ＪＲ野球部としては東京ドーム一番乗りで、その後、1996年、2004年、06年と、出場回数を22回に伸ばしている。08年は岡山大会で優勝、秋の日本選手権大会では準々決勝でＪＲ九州、準決勝で新日本石油ＥＮＥＯＳを破って決勝へ進出、2―4でトヨタ自動車に敗れ準優勝に終わったが、全国優勝まであと一歩のところまで実力をあげている。

東鉄野球部からＪＲ東日本野球部へ

東京を飛ばしてしまったので戻ろう。東鉄の黄金時代は１９３３（昭和８）年秋に、のちに巨人、阪神で指揮を執る監督・藤本定義を迎えてからだ。翌34年4月に、のちの国鉄総裁で国鉄スワローズの生みの親・加賀山之雄が人事掛長となる。総務部長が初代国鉄球団社長の上林市太郎、保健掛長が野球好きの滝清彦。野球部を強化した。のちに国鉄スワローズの総監督になる慶大の楠見幸信、法大の成田理助、早大の投手・山田良三ら東京六大学で活躍した選手を獲得した。

都市対抗の東京予選は東京六大学のスター選手を集めた東京倶楽部が圧倒的な強さを誇っていた。それまで東鉄は一回も予選を突破できなかった。そこに主催者の東京日日新聞（毎日新聞の前身）から「関東地区の代表が弱いので、底上げを図ってもらえないか」と持ちかけられた。埼玉県大宮市（現さいたま市）には国鉄大宮工場があった。そこで都市対抗予選には、東京を避けて関東大会に「東鉄大宮」として出場、本大会は「全大宮」で出場することになった。

東鉄大宮として初出場の１９３４（昭和9）年の第8回大会は、１回戦で仙台鉄道局を21―6の大差で破った。準々決勝となった2回戦で満州倶楽部に0―1で敗れたが、「東鉄強し」の声があがった。

翌35年は国学院大学の投手・前川八郎、法大の西垣徳雄、早大の捕手・藤松清和、内野手・島津雅男らを補強した。のちに第12代東京駅長となる渡辺三男（旧制下妻中）も入部している。都市対抗では、1回戦で八幡製鉄、2回戦で名鉄を破ったが、準決勝で東京倶楽部に3―4で敗れた。9回裏にサヨナラ安打を浴びたもので、翌日の東京日日新聞は「マウンドに崩れて前川男泣き／長恨！　大宮軍／5万ファンの感激」と報じた。鉄道大臣・内田信也は「東鉄の活躍」を喜んで、選手を大臣公邸に招待して慰労、ご馳走を振る舞ったという。

巨人と試合をして2勝2敗だったのはこの時のチームで、翌年、藤本監督と、前川投手、6番・右翼手だった伊藤健太郎（旧制千葉中）の3人が巨人入りしている。

藤本のあとの監督は成田理助―西垣徳雄―南安男と続く。

翌36年の都市対抗野球大会は、第10回の記念大会。戦前の国鉄野球が一番盛んだったときで、出場20チーム中、国鉄チームが8チームも出場し、優勝したのが門鉄だった。それまで9回はクラブチームが優勝していて、企業チームが初めて優勝旗・黒獅子旗を獲得した「エポックメーキングな大会だった」（『都市対抗野球大会60年史』）。

本大会出場の国鉄チーム8つは、推薦で全大宮（東鉄）、名鉄の2チーム。あとは地区予選を勝ち上がった仙鉄、大鉄吹田倶楽部、神戸鷹取工場、米子鉄道倶楽部、徳島鉄道倶楽部、門鉄の6

チーム。

札鉄は一次予選で姿を消す番狂わせがあったが、2次予選で敗退、惜しくも本大会出場を逃したのが11チーム。旭川、福島、宇都宮、山梨、新津、千里山、福知山、広島、下関、大分、熊本が局のチーム、または鉄道倶楽部チームとして出場していた。

大会前に、2年連続5回目の優勝を狙う東京倶楽部と、全大宮（東鉄）の推薦出場同士の試合が神宮球場で行われたが、当日の新聞に「社会人チームの一大会戦」と両軍のメンバー表が新聞に掲載されるほどの人気だった。東鉄は、エース南を温存したが、13—4で大勝、西垣徳雄は6番・一塁手として2安打、1四球、3得点の活躍だった。

橋戸頑鉄がその年3月に58歳で亡くなり、その功績を称えて最高殊勲選手賞を「橋戸賞」としたが、初の「橋戸賞」を受けたのが、門鉄の監督兼捕手で4番打者の井野川利春だった。井野川は1932（昭和7）年に明治大学を卒業して門鉄に就職した。当時、同じ福岡県の八幡製鉄が強く、門鉄は7年ぶりの本大会出場だったが、「監督・井野川の軍隊式訓練法で一糸乱れぬ統制」「ぜひとも優勝せねばならぬ黄金時代」と、優勝候補だったことがチームの紹介記事で分かる。

準々決勝で前年優勝の東京倶楽部を破り、準決勝は全大宮との鉄道決戦。これを6—3で乗り切り、決勝では大連市・満州倶楽部を左腕投手・岡本敏男が好投して5—1で破った。井野川は

2本の三塁打を放って2打点をあげた。

「苦節7年の成果輝き／門司初めて覇権を握る」

「井野川攻守に偉勲」

その後、井野川は出征、帰還した1940（昭和15）年に門鉄をやめて、阪急に入団する。戦後阪急から東急へ移籍、パ・リーグ審判員としても活躍した。

第10回の記念大会に戻って、鉄道チームが注目を浴びた試合に、2回戦の仙鉄対東京倶楽部。延長12回10―10の引き分け、再試合となり、仙鉄は2―3で敗れるが、この2試合21イニングスを完投したのが、20歳のサウスポー投手・成田友三郎（旧制青森中）だった。この年に仙鉄入りした新人投手。打撃でも3試合10打数5安打、打率5割を記録して打撃賞の表彰を受けている。

準々決勝の全大宮対名鉄もともに推薦出場の鉄道決戦。名鉄は10年連続出場のうえ、この年の全国鉄大会で東鉄を破って2年連続優勝を果たしている。東鉄は南、名鉄はのちに阪急に入団して30勝8敗、防御率0・92を記録した森弘太郎（旧制一宮中）両エースが先発。武田投手も救援で5イニングス投げているが、6―6の同点から東鉄が9回に3点をあげて、名鉄を下した。東鉄の監督は成田理助だったが、麻布三連隊へ入営しており試合の指揮は執れなかった。

米子鉄道倶楽部は「地方中等球界に育った無名選手のみをもって組織された異色のチーム」、四国から初出場の徳島鉄道倶楽部も「総てが地元出身者で、大学出の華やかなプレーヤーはいない」、神戸鷹取工場は「『国鉄ニッポン』のエネルギーさながら溌剌《はつらつ》たる若手揃い」「菜っ葉服からユニフォームへ」といった紹介で、地元の若者たちが憧れの国鉄の職場に就職して、その余暇に野球で鍛錬している姿が見て取れる。

さて、再び東鉄に戻って、東鉄が東京都代表として都市対抗の本大会に初出場するのは、1942（昭和17）年の第16回大会だった。トップバッターは遊撃手・朝井（松葉）昇、中軸に飯田徳治が座り、投手は古谷法夫、南安男だった。

戦後、1946（昭和21）年の第17回大会にもほぼ同じメンバーで出場、9月に西宮で開かれた全国鉄野球大会では優勝している。

次に都市対抗の本大会に顔を出すのは、1966（昭和41）年の37回大会。20年ぶりの出場で1回戦敗退だった。野球部長・縄田國武、監督・大久保英男、主将は捕手の倉持優、主戦投手は飯田光男。選手は全員高卒だった。この年の全国鉄大会で戦後5回目の優勝を飾った。

東鉄最後の都市対抗本大会は1983（昭和58）年。開幕試合で前年優勝の住友金属を破り、37年ぶりの白星をあげた。2回戦でも川崎製鉄神戸に10—8と逆転勝ち。準々決勝で敗れたものの、国鉄の赤字が年間1兆円を超え、国鉄再建が叫ばれているときの「東鉄旋風」で、チームに小野賞が贈られた。

麻生裕之、増田美輝、小松利博（主将）、上地徳次郎と続く打線、エースは梅沢茂夫だった。監督の入沢浩は「（赤字国鉄が騒がれている）こういう状況で、野球を続けさせてもらい、少しは恩返しができた」と話した。

ＪＲ東日本野球部となって、都市対抗初出場は１９９０年の第61回。緑のＪＲのロゴを胸に、ベスト8まで勝ち進み、このときも小野賞を受けた。

２００8年までに8回出場。05年監督に堀井哲夫を迎え、06年にベスト4、07年は決勝戦へ進出し東芝と対戦したが、準優勝に終わった。しかし、4番打者・片岡昭吾は19打数9安打6打点の大活躍で、敢闘賞の久慈賞を獲得。大会優秀選手には片岡のほか、投手・斎藤貴志、捕手・澤文昭、外野手・中尾敏浩が選ばれた。決勝戦は東京ドームが満員に膨れ上がり、ＪＲ東日本の緑と東芝の赤が球場を二分した。ＪＲ東日本は06年に続いて2年連続で応援団コンクールの最優秀賞に輝いた。

ＪＲ東日本出身のプロ野球選手で一番有名なのは、赤星憲広だ。亜細亜大学から１９９９年にＪＲ東日本に入社。足が速いのを当時の阪神監督・野村克也に見込まれた。01年は新人王、盗塁王は5年連続だった。09年試合中のダイビングキャッチで脊髄を損傷、惜しまれながら引退した。

JR東日本は2010年4月、会長・大塚陸毅、社長・清野智ら500人が出席して「感謝する会」を開いた。赤星は「JR東日本の代表だと思って9年間やってきた」と話し、喝采を浴びた。

西日本と四国の鉄道野球

JR西日本野球部は、1935（昭和10）年創部の広島鉄道局チームが前身である。JR発足の際、大阪、岡山にも野球チームがあったが、一番強かった広島に一本化した。しかし、2005年4月に発生した福知山線の脱線事故で活動を休止した。

広鉄は1932（昭和7）年に全広島として都市対抗の本大会に出場している。当時のメンバー表を見ると、広島駅、広島機関区、広島車掌区、広島運輸事務所が勤務先だ。全国鉄野球大会にも初出場した。それら選手が中心となって広鉄野球部となり、初代監督はハワイ出身の日系二世で、早稲田大学出身の杉田屋《すぎたや》守。のちにイーグルスへ入団、「黒鷲軍」の監督も務めた。チーム強化で下関商業から平山菊二（巨人―大洋、塀際の魔術師といわれた）らを獲得、1937（昭和12）年には全国鉄大会で初優勝している。このあと40年に2度目の優勝を果たしている。金田正一が国鉄スワローズの投手として初三振をとった樋笠一夫も広鉄にいた。

西日本の国鉄チームで都市対抗の本大会出場を見ると、大阪鉄道局吹田が5回（1932～34、

36、54年）、米子倶楽部が3回（1934～36年）、神戸鷹取・鷹取工機部が3回（1936～37、40年）。多くは戦前で、戦後は、岡山鉄道管理局が3回（1952～53、55年）となっている。

大鉄吹田に本田竹蔵がいた。左投げの投手で、高松商業の時、水原茂、宮武三郎とともに1925（大正14）年の夏の甲子園大会で優勝、関西大学を卒業して1933（昭和8）年に大鉄に入った。36年は監督でもあった。

米子倶楽部は1929（昭和4）年に創部された。3年連続でマウンドにあがったのは中村晃（米子中）だった。中村は、当時大鉄の監督だった藤本定義に呼ばれて、30年の第4回大会は全大阪の投手として活躍したという。米子鉄道管理局では本田竹蔵が監督をしたこともあったが、本田はクラレの監督に招かれていった。

岡鉄は1950（昭和25）年創部だが、全国鉄大会に53年、54年と2連覇、53年の都市対抗では準決勝で全鐘紡に敗れている。

JR四国野球部の前身は、1930（昭和5）年に発足した「高鉄倶楽部」である。大阪鉄道管理局高松出張所に創設された。戦後1946（昭和21）年、四国鉄道局と改称、翌47年に全国鉄大会で初優勝した。都市対抗野球には1954（昭和29）年に初出場、1964（昭和39）年に全国鉄大会で2度目の優勝を飾る。四鉄の名を全国に轟かせたのは、その10年後に阪神甲子園球場で開かれた第1回社会人野球日本選手権。本田技研鈴鹿を2—1、準々決勝で三菱重工神戸を1—0、準決勝で日本鋼管福山に敗れたが、監督・勝木善之のもと全員高卒の「無名で固めたヤング集団」が台風の目となった。

JR四国になって、1995年の第66回都市対抗で東京ドームに初出場、1回戦で強豪東芝を破った。2010年も本大会に駒を進め、国鉄時代を合わせ計8回目の出場となった。

四国から都市対抗本大会に出たチームにもうひとつ、1936(昭和11)年の徳島鉄道がある。徳島鉄道は1899(明治32)年、徳島〜鴨島間18・6キロを敷設した私鉄でスタートしたが、1906(明治39)年の鉄道の国有化で国鉄となった。1935(昭和10)年には徳島〜高松間の高徳線が開通している。

九州の雄、門鉄野球部

九州では、門鉄が前身のJR九州野球部が力をつけている。2009年の社会人野球日本選手権大会で、夏の都市対抗野球で優勝したホンダを延長11回3—2で下して初優勝。主将の宇多村典明がダイヤモンド旗を受けた。都市対抗野球では門鉄が優勝しているが、日本選手権で国鉄・JRチームが日本一になったのは初めてだ。JR九州は2010年4月のJABA四国大会でも決勝で三菱重工長崎に快勝、秋の日本選手権出場を決めており、大会2連覇を狙う。

監督8年目の吉田博之は1982（昭和57）年に国士舘大学を卒業して門鉄に就職した。5年後の1987（昭和62）年に分割民営化でJR九州が発足するが、内野手として10年間プレーをした。職場復帰したあとコーチに就任して2000年に1978（昭和53）年以来22年ぶりに都市対抗の本大会出場を決めた。2003年に監督に就任して、翌04年からほぼ毎年のように、都市対抗に出場。04年に68年ぶりにベスト8、05年には69年ぶりにベスト4に入った。

とにかく厳しい練習で知られる。「ウチには甲子園や神宮のスター選手はいません。ただ練習はどこにも負けない」という吉田監督。前記の2つの大会で最高殊勲選手賞に輝いた投手の浜野雅慎も、05年の都市対抗で活躍しオリックスに入団した投手・小松聖《さとし》も国士舘大学出身。2人とも吉田監督がスカウトして鍛え上げたのである。

門鉄の創部は1918（大正7）年。全国鉄大会も、都市対抗も第1回から出場している。国鉄・JRを通じて都市対抗で優勝し黒獅子旗を獲得したのは門鉄が唯一であることは、すでに紹介した。

門鉄に追いつけ追い越せと、ライバル意識を燃やしたのが地元の八幡製鉄（現新日鉄八幡）だ。1925（大正14）年から定期戦が始まった。製鉄VS門鉄。「製門戦」である。北九州の早慶戦といわれるほど人気があった。

門鉄が優勝した翌年には八幡製鉄が黒獅子旗を持ち帰った。八幡は1954（昭和29）年の25回大会で2度目の優勝をしている。

「門鉄野球部解散」のニュースが流れたのは1961（昭和36）年10月の白紙ダイヤ改正を控えての時期だ。都市対抗に出場6回で優勝1回、全国鉄大会では優勝が最多の9回を誇る名門の解散。「要員事情から考えて野球部存続は不可能だった」と当時の局長は語っている。

選手たちは無念だったに違いない。復活したのは1970（昭和45）年になって。時の門鉄局長は高橋浩二（のちに技師長）。高橋は盛岡工事局時代にアイスホッケー選手として国体で優勝した経験のあるスポーツマン。監督に岩見慶和を据え、生き残り組を集めた。そして1975（昭和50）年、新幹線博多開業を記念した全国鉄大会で優勝したのである。

松田昌士（日本野球連盟前会長・現名誉会長）が野球部長になったのは1977（昭和52）年だった。「国鉄部内で勝っても意味がない。外へ出ろ！」と監督の滝口寛にゲキを飛ばした。狙いは全国優勝だった。足腰の強化のためマイカー禁止、野球に集中するため25歳までは結婚禁止。公休はバットの素振り1000回といった指令が選手たちに出された。

翌78年、門鉄は20年ぶりに都市対抗野球の檜舞台に立った。1回戦で新日鉄室蘭に敗れたが、とりあえず全国大会へ一歩を踏み出したことに、監督の滝口をはじめ、主将の伊藤健治らナインも安堵した。

17チームが7チームへ

九州では門鉄以外にも志免鉱業所、大分鉄道管理局（分鉄）、鹿児島鉄道管理局（鹿鉄）が全国鉄大会で優勝している。また熊本機関庫が発祥の熊鉄は日本で最初にできたプロ野球チーム巨人軍に初めて黒星をつけた、と『国鉄野球史』にある。１９３６（昭和11）年9月29日、熊本・水前寺球場で熊鉄の柏木実投手（済々黌《せいせいこう》）が１――０で巨人打線を完封してしまったのだ。水原茂、苅田久徳、中島治康、二出川延明ら野球殿堂入りしている選手がずらりと並んでいた。巨人の先発はスタルヒン、７回から沢村栄治が登板した。熊鉄は４回からマウンドにあがった巨人の畑福俊英投手から１点をあげて、そのまま逃げ切った。「熊鉄野球史上いや日本野球史上の最大の功績である」と結ばれている。

福岡空港の東隣に位置する志免町（福岡県糟屋郡）。町役場のほど近くに高さが50メートルほどの旧志免鉱業所竪坑櫓がある。２００７年に国の登録有形文化財として登録された。この炭鉱がかつての国鉄志免鉱業所で、野球部はそれ以前の海軍燃料廠時代の１９２３（大正12）年に誕生した。国鉄に移管されたのは戦後1945（昭和20）年12月で、48年の全国鉄大会で優勝した。エースは萩原昭（のちに毎日）、打者に簑原宏、島原輝夫（ともに南海）がいた。

全国鉄大会に出場したのは1955（昭和30）年が最後で、東京五輪が開かれ、東海道新幹線が開業した1964（昭和39）年に閉山となった。

分鉄は1923（大正12）年に創部したが、戦後休部に追い込まれたことがあった。1949（昭和24）年の都市対抗で優勝した別府・星野組などに選手が引き抜かれたためだ。

1953（昭和28）年に復活、55年に早くも都市対抗の代表となった。しかし初戦の壁は厚く、復活後、4回目までは1勝もできなかった。5回目出場の1965（昭和40）年。予選を勝ち抜いたのは18歳の新人投手・若山繁（鶴崎工業高）の快投だったが、本大会では電電九州から補強した投手・田端賢次郎（鎮西学院高）が1回戦でサッポロビールを1—0でシャットアウト。2回戦で北陸銀行、準々決勝で全鐘紡を破る健闘ぶり。準決勝では住友金属に敗れたが、小野賞を獲得した。監督・沖誠哉、キャプテンが捕手・田口隆生。全員が高卒の、東京六大学の有名選手を集めた全鐘紡、住友金属とは全く趣の異なったチームだった。

鹿鉄も都市対抗には5回出場している。しかし、「鹿鉄」の名が全国区になったのは、1956（昭和31）年春の選抜都市対抗野球サン大会で優勝したことによる。19歳の森山義親（鹿児島県立加治木高）が日本石油の藤田元司と投げ合って2―0で完封勝ちしたのだ。日本石油はその年の夏の都市対抗で優勝、藤田がMVPに選ばれている。

主催のスポニチは1面トップで「鹿鉄、初優勝」「19歳・森山の殊勲／自責点なし、4試合33回3分の2」と報じた。183センチの森山は「無心で投げました」と喜びを語った。

鹿鉄出身のプロ野球選手としては、2010年バレンタインのあとを継いでロッテの監督となった西村徳文や元中日の投手・鹿島忠らがいる。西村は宮崎県立福島高校から鹿鉄入りしたが、ロッテに入団するまでの3年間連続で全国鉄大会に出場。新人だった1978（昭和53）年に優勝した。翌79年はベスト4、80年は準々決勝で敗れたが、この大会に鹿児島実業高校からの新人投手・鹿島忠が出場している。

西村は鹿児島駅の職員として駅の清掃をはじめ雑用は何でもこなした、と話しているが、ロッテ入りしてからの変身ぶりが見事だ。ドラマ『フルスイング』（2008年、NHK）のモデルになった熱血コーチ・高畠導宏の指導でスイッチヒッターへ転向、1986（昭和61）年から89年まで4年連続でパ・リーグ盗塁王、1990年に首位打者を獲得した。

1997年に現役を引退したあとコーチとなったが、バレンタイン監督から最も信頼されるコーチだった。監督就任の記者会見では「目標は日本一しかありません」と公言している。

背番号はコーチ時代と同じ「78」。「七転び八起き」からで、鹿鉄の仲間がつくった後援会も「78会」である。

ＪＲ各チームが都市対抗の優勝戦に進出するなど、頂点へ「あと一歩」のところまで来ているときに、プロ野球で「日本一」を目指すロッテ西村監督が登場した。これも「国鉄野球」の歴史と層の厚さを示すものではないだろうか。

国鉄硬式野球連盟は、１９８７（昭和62）年4月の分割民営化した後もＪＲグループ硬式野球連盟として継承された。会長は山之内秀一郎（国鉄常務理事からＪＲ東日本副社長）、副会長は本田勇一郎（国鉄最後の文書課長からＪＲ西日本取締役鉄道事業本部営業本部長）。27鉄道管理局に17チームあったのを7チーム（ＪＲ北海道、ＪＲ東日本は東京と東北の2チーム、ＪＲ東海、ＪＲ西日本、ＪＲ四国、ＪＲ九州）に統合した。

「北海道、東北、九州など、それぞれ地域の事情があって、一本化に苦労しました。異動も伴うのですが、かなり強引にやった記憶があります。そして国鉄野球の灯を消すなでＪＲ2年目にこの7チームが西武球場に集まって、第1回大会を開いたのです」と、本田はいう。本田は１９６3（昭和38）年国鉄入社だが、１９７８（昭和53）年に名古屋鉄道管理局の総務部長に転勤して野球部長となり、以来野球の魅力にとりつかれた。

その第1回ＪＲグループ硬式野球大会は１９８８年、都市対抗野球大会を終了した後の8月9、10両日で行われた。優勝候補の筆頭は、都市対抗野球の本大会に唯一出場したＪＲ東海だったが、1回戦でＪＲ東日本東北に敗れてしまった。優勝したのは、その東日本東北を決勝で破ったＪＲ西日本だった。ＭＶＰには藤井弘明投手が選ばれた。

大会前日には池袋のサンシャインシティプリンスホテルで前夜祭が開かれたが、大会会長の山之内秀一郎はこうあいさつした。

「大正10年以来の歴史を持つＪＲの硬式野球は、国鉄時代から輝かしい伝統あるもので、かつては都市対抗野球など日本の野球界をリードする時代もあった。しかし、その後、企業の低下とともに下火となってしまったが、(国鉄) 改革前の一昨年夏（１９８６年)、後楽園を沸かせた、あの都市対抗野球での国鉄名古屋の健闘のシーンは、いまだに記憶に新しい。ＪＲ各社は激動の中でスタートを切り、経営も軌道に乗った。これからは企業の礎として各地域を代表するチームを育てるためにも、今回の第1回大会には大きな期待を寄せている。この硬式野球大会が、ＪＲ社員の愛着の原点として発展していってほしい。そして、いつの日か多くのチームが都市対抗野球に出場することを願っている」

ＪＲ東日本会長だった松田昌士が日本野球連盟の会長に就任したのは、２００５年2月だった。

前身の日本社会人野球協会（1949年結成）から数えて8代目の会長。その経緯を松田自身が日本経済新聞の「私の履歴書」（2008年11月）に記している。

〈二〇〇三年六月の株主総会も近くなったある日のこと。それまで一面識もなかった日本野球連盟の山本英一郎会長から「お目にかかりたい」という連絡が入った。早速、出かけるとあいさつもそこそこに山本氏は「自分の後を引き継いでほしい」と言う。国鉄・門司での私の野球部長当時の逸話まで引っ張り出して説得する山本氏は当時、すでに八十四歳。その熱い心に動かされて、日本野球連盟会長の職を引き受けた〉

山本英一郎は、アマチュア野球のドンと呼ばれた男である。それが一面識もない松田に、どうして後任を託したのか。山本は2006年5月、86歳で亡くなったが、筆者は当時竹橋のパレスサイドビルにあった連盟の会長室でその理由を質したことがある。

山本の答えは明快だった。「戦前の国鉄野球は強かった。これから見てみなさい。JRの時代が到来します」

まさにその通りになりつつある。松田の会長在任は5年。2010年2月で退任、名誉会長に就任したが、退任のあいさつで実績としてあげたのが都市対抗野球大会の入場者50万人突破。2009年は53万8千人にのぼり、17年ぶりに50万人を超えた。JRチームなどの健闘で、社会人野球人気がV字回復しつつある。

全日本アマチュア野球連盟会長、国際野球連盟副会長も務めていて、一番残念なこととして、野球が五輪種目から外されたことをあげた。「試合に4時間もかかってはいけない」とタイブレーク方式を提案したこともあった。

「応援団のエールの交換は、社会人野球の文化である」が持論だ。「フェアプレーの精神を重んじる文化は、地域や企業にも通じるものがあると確信している。社会人野球を通じてこの精神が広く発信され、多くの人々に届いてくれることを願っています」と、２０１０年日本野球連盟報にこう綴っている。国鉄スワローズが気品のある球団を目指したのと相通ずる。鉄道人の生真面目さだろうか。

総裁がつくったもうひとつの野球チーム

国鉄のエリート官僚たちも野球好きが少なくなかった。国鉄野球の層の厚さを示すものとして、最後に旧国鉄の軟式野球チームを取り上げたい。国鉄スワローズが誕生したときの総裁・加賀山之雄がつくった「総裁チーム」である。

結成は、１９４７（昭和22）年。加賀山が運輸省鉄道総局長時代で、当初「長官チーム」と呼ばれたが、公共企業体「国鉄」が発足、加賀山が下山定則のあとの2代目総裁となって「総裁チーム」と呼ばれた。

半ドンの土曜日、毎週のように山手線高田馬場と新大久保駅の中間にあったグラウンド（のちに越中島へ移る）に集まって試合をした。終戦直後の物資のない時代。ユニホームを着ていたのはエースの加賀山だけで、胸に「JGR」と公企体以前の「日本国有鉄道」の英語の略称を付けていた。GHQに対する意地だったのだろう。

最初の対外試合は長瀬ゴム工業だった。長瀬は「健康ボール」をつくっていた。「あそこならボールは向こう持ちでやれる」「お土産に1ダースくらい貰えるかも知れない」という魂胆で挑戦した。井上ひさし著『下駄の上の卵』の子供と同じ発想である。

発足2、3年のメンバー表がある。国鉄エリート官僚がどれほど草野球に熱中していたか。採用年次（西暦）と学歴、国鉄を退職するときの役職を付記する。

投　手　加賀山之雄（27年東大法、国鉄総裁）、笹村越郎（27年京大機械、工作局長）

捕　手　河村勝（38年東大法、常務理事）、古川誠一（40年京大機械、常務理事九州支社長）

一塁手　牛島辰彌（28年東大法、運輸次官）

二塁手　石井昭正（32年東大法、常務理事）

三塁手　中村豊（31年東大法、運輸省自動車局長）
遊撃手　林武次（37年東大機械、常務理事）、山崎武（38年中大法、中央鉄道学園学長）
外野手　佐竹達二（26年東大機械、運輸省自動車整備部長）、小西桂太郎（27年東北大機械、運輸総局長）、三木正（29年東大法、経理局長）、唐沢勲（31年東大法、理事営業局長）、久保亀夫（34年東大経、常務理事関西支社長）、磯崎叡（35年東大法、国鉄総裁）、岡本悟（37年東大法、運輸事務次官）、土井厚（43年東大法、常務理事北海道総局長）

戦前入省組ばかりだ。戦績が残っている。1948（昭和23）年23勝3敗、49年13勝4敗、50年27勝5敗という好成績だ。

東京六大学の超OBチームと対戦したときは事前に新聞報道されたこともあって、一般の観衆もあった。超OBチームは第1回早慶戦に出場した早大の泉谷祐勝、明大の岡田源三郎、後のプロ野球コミッショナー・内村祐之、朝日新聞・久保田高行、毎日新聞・小野三千麿、読売新聞・市岡忠男などなど。

監督は初代・加賀山から2代目・石井昭正、3代目・山崎武、4代目・深草克己（41年東大法、監査委員）、5代目・土井厚、6代目・秋田豊（47年東大法、船舶局長）、7代目・加賀山朝雄（50年東大経、常務理事）、8代目・岩崎雄一（55年京大法、常務理事）、9代目・室《むろ》賀《が》實《みのる》（56年東

大法、常務理事)、10代目・小玉俊一(58年東大法、旅客局長)と続き、小玉が分割民営化前の国鉄最後の監督だった。

6代目監督・秋田は一高野球部出身で名三塁手。7代目・加賀山は神宮球場で4本も本塁打を放った。8・9代目の岩崎と室賀は、「鉄壁の三遊間で、1、2番を打った」。

元副総裁・馬渡一眞(48年東大法)は、学生時代サッカーのGKだったが、「総裁チーム」では捕手。坂本剛(45年九大機械、幡生工場長)、大森鉄雄(51年東大機械、副技師長)、落合瑛(55年東大心理、長野管理局長)らの豪球(?)を黙々と受けた。

1953(昭和28)年に国鉄入りした東大山岳部出身の竹内哲夫は、選手としても出場したが、マネージャーを押し付けられた。「毎週土曜日に試合するため、相手を見つけて日程を組むのに結構忙しかった」という。細谷治通(62年東大法、元衆院議員)からマネージャーを引き継いだ江崎眞幸(63年東大法)は戦績を見せてくれたが、1967(昭和42)年0勝11敗1分け、68年5勝5敗。「総裁チーム」にも陰りが出ていた。

このチームは試合後の反省会という名目の一杯会で、凡プレーをした選手から容赦なく罰金をとった。三振、失策、バント失敗、サインの見落とし、全力疾走を怠ったなどなど、ほとんど全員が罰金の対象となる。その罰金を貯めて、年度末にスワローズ後援会に寄付してきた。そのお礼としてスワローズの選手ＯＢや球団フロントとの親善試合も恒例化していた。

「総裁チーム」の罰金積立金はともかく、後援会費は毎月給料から天引きで集め、年間２０００万円前後を寄付してきた。ところが国鉄スワローズが消滅して、後援会も解散した。余った後援会費を元に国鉄スポーツ振興基金（基本財産５００万円）が１９６５（昭和40）年に設立され、職員の国際競技出場者への補助やスポーツ功労者の表彰を行った。それが発展的に解消し、基金８３０万円で国鉄スポーツ人などに贈る「加賀山賞」が１９７１（昭和46）年に誕生した。

その「加賀山賞」は、国鉄の分割民営化で休眠していたが、２００２年に財団法人鉄道弘済会が継承して復活した。２００９年度は社会人野球日本選手権で優勝したＪＲ九州野球部などが受賞している。

おわりに

「野球は巨人、キャラメルは紅梅《こうばい》」

紅梅キャラメルの人気は半端ではなかった。美味しいからではない。おまけで入っている巨人軍の選手カードが欲しいのだ。水原茂監督以下1チーム分を集めると、野球道具の賞品に引き換えてくれるのだが、水原監督のカードがなかなか出なかった。どれだけ買っただろうか。早くから虫歯になったのは、間違いなく紅梅キャラメルのせいだ。

東京の子どもは圧倒的に巨人ファンが多かった。私は〝打撃の神様〟川上哲治選手が大好きで、銭湯の下駄箱も背番号「16」にこだわった。将来の夢は「プロ野球の選手」と書いた。都内では警察署別に小学生の野球大会が開かれていた。私たちの桜川町「グリーン・ボーイズ」は警視庁愛宕署管内の大会に出て、3位に入ってメダルをもらった。私は三塁手でトップバッターだった。

小学校は、虎ノ門の交差点ごく近くにあった。都心の過疎校で、私たちの学年は2クラスで60人ほど、全校で300人余の児童しかいなかった。すでに統廃合となり存在しないが、唯一の自慢（?）は文部省（現・文部科学省）に一番近いことだった。よく日比谷公園の公会堂前広場で練習した。ここは砂利が敷かれ、イレギュラーバウンドは当たり前だったが、都心では土のグラウンドを探すのが大変だった。野球の試合もよく見に行った。後楽園球場には都電の2番白山上・曙町行き、神宮球場へは虎ノ門から地下鉄だった。試合開始の1時間以上前から行って練習を見た。とくに巨人のトスバッティングでは、青田昇や千葉茂、スタルヒンなんかがトリックプレーで楽しませてくれた。突然球が消えてしまうのである。

サンフランシスコ・シールズが来日したのは1949（昭和24）年10月だった。都内の小5、6年生は後楽園球場に招待されたが、小2の私は連れて行ってもらえなかった。残念だった。国鉄スワローズは、その翌年に誕生しているが、全く記憶にない。ラビットボールでホームランが量産され、松竹ロビンスの小鶴誠が51本も放ったこと、その松竹ロビンスがセ・リーグで優勝し、巨人は大差をつけられたことを覚えている。

「プロ野球の選手」の夢は、中学校に進む頃には消えていたが、高校は早大の付属に入学、「勉強より野球」で神宮球場に足繁く通った。当時は立教大学の黄金時代。高3の春のシーズンだけ早大が優勝し、残り5シーズンはすべて立大だった。私が高1のとき、長嶋茂雄は大学4年生。1957（昭和32）年に春秋連覇して卒業、巨人に入団するが、あんなに派手な動きをする三塁手は初めてだった。長嶋が卒業した翌58年春、立大は10戦10勝の完全優勝を果たした。その時のべストナインのうち投手・巽一（慶大）、捕手・片岡宏雄（立大）、三塁手・杉本公孝（立大）、外野手・赤木健一（慶大）、高林恒夫（立大）と敢闘賞の森滝義巳投手（立大）の6選手がのちに国鉄スワローズに入団している。

早大が優勝したのは59年春だが、そのときのキャプテン木次文夫と、翌60年秋の早慶6連戦を制したキャプテン徳武定之も、国鉄スワローズに入団した。国鉄スワローズも東京六大学のスター選手を集めていたのだ。

余談になるが、東京六大学の選手のユニホームに背番号がついたのは59年春のシーズンから。キャプテンは「10」と決められ、早大の初代「10」が木次、2代目が徳武だった。アマチュアイズムにこだわる東京六大学は「番号を背中につけるのは選手を商品化する恐れがある」といって、背番号をつけるのに反対した。したがって立大時代の長嶋に背番号はない。背番号「3」は巨人に入団してからである。

学部に進んだのが60年安保の年。創設者・大隈重信公の銅像は「安保反対」のタテ看で囲まれ、構内はアジ演説とデモで騒然としていた。その脇で「早稲田スポーツ」創刊第4号が売られていた。1部10円。「入会すれば、六大学野球がタダで見られるかも知れない」。不純な動機だった。思惑通り早大の試合はほぼ全試合見たが、取材より広告取りに追われ、学問とはほとんど無縁の

4年間となった。

東海道新幹線は1964（昭和39）年10月1日に開業し、その10日後に東京オリンピックが開幕した。私はその年の4月、毎日新聞社に入社した。奇跡的に入社試験の難関を突破したのだが、東京オリンピック増員の水膨れ採用組とも揶揄された。初任地・長野支局では、警察・地検・地裁と同時に長野鉄道管理局を担当した。鉄道記者の役得で9月には、試運転中の東海道新幹線に乗せてもらった。名古屋駅から東京まで、ビュッフェの速度メーターが時速200キロを示すのに興奮して「速い！　速い！」とはしゃいでいた。「夢の超特急」と呼ばれた世界最速列車だった。

毎日新聞社の夏の最大のイベントは都市対抗野球である。その一次予選長野県大会を担当した。長野鉄道管理局も出場していて、県版にチーム紹介を書いている。選手はたった16人、全員が県内の高校出身者。「県内最古参チームだが、地方機関の予算・人員の削減で思うように活動ができずに、最近不振をかこっている」とある。

その64年は、国鉄にとっても、国鉄野球にとっても、エポックメーキングな年だった。東海道新幹線は開業したが、「独立採算」を目指した公共企業体「国鉄」が赤字に転落した年でもあったのだ。国鉄スワローズ球団が経営難に陥って、この年を最後に球団名から「国鉄」が消えた。同時に、数々の大記録をつくったエース金田正一投手がB級10年選手の権利を行使して退団、背番号34は翌65年から読売巨人軍に移った。400勝投手となった「34」は、巨人軍の永久欠番となっている。

またこの年に国鉄硬式野球連盟がつくられている。9月11日に、当時、全国の支社・管理局にあった23チームの代表が集まって結成された。都市対抗野球大会が始まる6年前の1921（大正10）年から全国鉄野球大会が毎年開かれていたが、ラグビー部や山岳部などと同様、国鉄本社の厚生事業の一環となり、大会経費などを国鉄本社の厚生予算で負担するようになった。

さて、国鉄スワローズのその後である。

1965（昭和40）年　サンケイスワローズ
1966（昭和41）年　サンケイアトムズ
1969（昭和44）年　アトムズ
1970（昭和45）年　ヤクルトアトムズ
1974（昭和49）年　ヤクルトスワローズ

2006（平成18）年　東京ヤクルトスワローズ監督は、林義一、砂押邦信、飯田徳治、中原宏、別所毅彦、小川善治（代行）、三原脩、荒川博、広岡達朗と代わった。

広岡監督は初の日本一となった翌1979（昭和54）年のシーズン途中で休養、そのあと佐藤孝夫（代行）、武上四郎、中西太（代行）、土橋正幸、関根潤三、野村克也と続く。

野村監督は1992年に14年ぶり2度目のセ・リーグ優勝をしたのをはじめ9年間の監督在籍中、セ・リーグ優勝4回、日本一に3度就いた。ヤクルトスワローズの黄金時代だった。

1999年に生え抜き選手の若松勉が監督となって、2001年に4年ぶりに6回目のセ・リーグ優勝し、近鉄バファローズを破って5回目の日本一に。

2006年には、チーム名を「東京ヤクルトスワローズ」に変更と同時に、古田敦也が選手兼監督に就いた。

2008年から高田繁が監督となったが、2010年のシーズン途中に成績不振から辞任、小川淳司ヘッドコーチが監督代行を務めている。

ヤクルトスワローズが初めて日本一になったのは、1978（昭和53）年だった。国鉄スワローズ発足29年目の快挙だった。セ・リーグで初優勝、勢いに乗って日本シリーズでは4連覇を目指した阪急ブレーブスを最終第7戦で破り、4勝3敗でチャンピオンフラッグを獲得した。MVP（最優秀選手賞）は、シリーズで4本の本塁打を放った大杉勝男一塁手に輝いたが、日本一を決めた最終戦でかっ飛ばした一打がホームランかファウルか、その判定をめぐって1時間19分も試合が中断するトラブルとなった。

大杉選手の打球は左翼ポール際をまいて外野席のジャンボスタンドに落下した。左翼線審の判定はホームラン。これに対し阪急の上田利治監督は「ポールから大きく左に逸れていた。ファウルだ」と執拗に抗議をした。

2010年から採用されたビデオ判定があれば、白黒はすぐ決着したはずだ。私は社会部の遊軍記者として「スワローズ日本一」の原稿を社会面に書くために、後楽園球場でこの場面を見ていた。翌日の毎日新聞社会面（1978年10月23日付）にこうある。

「問題の打球は、左翼ジャンボスタンドの前から4列目『D365』の席にいた栃木県今市市、大室小4年、福田岳行君（10）の左足首に当たり隣席の父秀夫さん（36）が拾った。秀夫さんは『絶対ファウル。30センチぐらいポールの外側を通ってきた』と証言する」

判定は覆らなかった。広岡達朗監督の体が何度も宙を舞った。スタンドのファンもそのたびに歓声をあげて、喜びを爆発させた。

ヤクルトは日本一の優勝パレードをしない代わりに毎日新聞やNHK、国立がんセンターに総額2600万円の寄付をしたが、セ・リーグ初優勝を決めた時は、優勝パレードを行った。それも球団発祥の国鉄本社をスタート地点に選び、先頭車には元国鉄総裁・磯崎叡の姿があった。磯崎は一高・東大野球部でマネージャーをつとめ、国鉄スワローズ球団結成時は、国鉄本社の筆頭課長・文書課長として総裁・加賀山之雄の意向を汲んで球団創設に尽力した。

国鉄の幹部たちは松園尚巳オーナーの配慮に感激した。旧国鉄本社内でヤクルト製品の販売が許可されたのは、その優勝パレードがきっかけといわれる。

この日本シリーズで、私にはもうひとつ思い出がある。後楽園球場に戻った第6戦はヤクルトが3—12で大敗、3勝3敗のタイに持ち込まれた。試合終了後、広岡監督をスポーツ記者たちが囲んだ。質問が途切れたときに、私は輪の後ろから「ズバリあすの勝算は?」と尋ねた。広岡監督はジロリと私を睨みつけた。勝負師の、それは怖い表情だった。

プロ野球球団の経営が思わしくなくなり、1リーグに戻そうという動きがあった2004年。「JRでプロ野球チームを持ちませんか」という話が舞い込んだ。日本野球連盟名誉会長のJR東日本相談役（元代表取締役社長・会長）松田昌士から直接聞いた話である。

「買収に数十億円かかるといわれました」

ＪＲ東日本は、当時でも年間の売り上げが2兆５０００億円もあった。しかし、話は不調に終わった。「スワローズの愛称だけでもなんとか取り戻したかったのですが、結局ダメでした」と松田は明かした。

旧国鉄マンのスワローズへの愛着は強い。50万職員とその家族、さらに関連企業などその周辺の関係者を含めると、スワローズに繋がる支持層は広くて厚かった。それが東海道新幹線の開業と同時に、消えた。「赤字国鉄」と世論から目の敵にされたのが、球団を手放す最大の要因となった。

「歴史に『もし』はない」といわれる。しかし、あのとき「ＪＲスワローズ」が誕生していたら、今の球界地図はどうなっていたのだろうか、と思わずにいられない。

なぜなら日本野球史上、国鉄ほど愚直に野球を愛した会社はない、からである。

本書は、野球文化學會論叢『ベースボーロジー7』（２００6年4月発行）に発表した『加賀山之雄～西垣徳雄～金田正一「国鉄スワローズ」誕生の人脈史話』をもとに、再度取材し直して全面的に書き改めたものである。

金田正一さんをはじめ、スワローズOB会副会長の佐々木重徳さん、「国鉄スポーツ」元編集長で『国鉄野球史』を編纂した藤咲栄三さん、「カネやんと生年月日が同じ」といって金田さんとの面会の労をとってくれた元国鉄役員の室賀實さん（交通道徳協会会長）、日本野球連盟前会長の松田昌士さん（JR東日本相談役）、「スポーツニッポン新聞」東京本社編集局長（現編集担当役員）宮内正英さんと同紙の豊田和夫さんら多くの人たちにお世話になりました。お礼を申しあげます。むろん本書を企画した編集部の五十嵐匡一さん、あとを引き継いだ山口紀和さんにも。

国鉄スワローズが消えた今、私が一番待ち望んでいるのはJRチームが都市対抗野球大会で優勝して黒獅子旗を獲得することである。1936（昭和11）年第10回大会の門司鉄道局以来、「国鉄野球」チームの優勝はない。JR東日本、JR九州、JR北海道など各JRチームは、ノンプロ球界でトップクラスの実力を備えている。黒獅子旗獲得まで、あと一歩に迫っている。

海外への人材流出、プロ野球人気の陰りなどが叫ばれて久しい今、日本の野球の伝統を継ぐものとして、JRの野球は強くあってほしい。そして日本野球復活の狼煙を上げてもらいたい。

頑張れJR野球部！

2010年7月

堤　哲

国鉄プロ野球団設置要綱案

昭和25年1月9日

第一　国鉄プロ野球団設置の効用。

(1) 国民大衆と国有鉄道との結び付きを緊密且つ和やかなものにする。
(2) 野球を通じて全国鉄道職員の一体化を増進し相互の密着感を強化する。
(3) 健全なる精神並びに身体を有する職員を育成する。
(4) 国鉄部内のノンプロ野球の発達を刺激し、前項の効用は一層促進される。

第二　チーム編成の基本方針

(1) 交通協力会所属の球団とし、セントラル野球連盟に加盟する。
(2) チーム名称は国鉄を背景とするチームであることを表示するに適当な名称を冠する。
(3) 少なくとも2、3年後にはリーグの覇権を掌握することを主目標として強力なチームを作り上げる。
(4) 国鉄チームたるにふさわしい、清新にして気品あるチームとする。
(5) 可及的精鋭主義を採る。(監督1、選手25名計26名を以てスタートする)。
(6) 差し当り現プロ球団在籍選手の中より一流プレーヤー数名を獲得する。
(7) 広く国鉄職員中より、有名、無名の逸材を発掘登用し、将来これを以てチームの中心勢力を構成する。

第三　収支関係(第1年度より第6年度まで。試算単位万円。税関係含まず)

(1) 収入関係

(1) ペナントレース前のエキジビジョンゲーム(毎年5回)

第1年度	第2年度	第3年度	第4年度	第5年度	第6年度
50万円	50万円	50万円	50万円	50万円	50万円

(2) ペナントレース(1チーム140試合、期間3月10日～10月1日)
主なる試合地、東京、大阪、下関、広島、博多、京都、名古屋

第1年度	第2年度	第3年度	第4年度	第5年度	第6年度
1428万円	1600万円	1606万円	1606万円	1606万円	1606万円

(3) シーズンオフのエキジビジョンゲーム(試合数20)
期間10月10日～11月10日

第1年度	第2年度	第3年度	第4年度	第5年度	第6年度
140万円	140万円	140万円	140万円	140万円	140万円

(4) 広告収入（三鷹グラウンドとタイアップ15%）

第1年度	第2年度	第3年度	第4年度	第5年度	第6年度
45万円	45万円	45万円	45万円	45万円	45万円

(5) 売店収入（三鷹グラウンドとタイアップ5%）

第1年度	第2年度	第3年度	第4年度	第5年度	第6年度
158万円	158万円	158万円	158万円	158万円	158万円

収入計

第1年度	第2年度	第3年度	第4年度	第5年度	第6年度
1821万円	1999万円	1999万円	1999万円	1999万円	1999万円

(2) 支出の部

A　選手人数

	第1年次	第2年次	第3年次	第4年次	第5年次	第6年次
監督	1	1	1	1	1	1
一級プレーヤー	5	5	6	6	6	6
二級プレーヤー	10	12	13	15	15	15
其の他プレーヤー	10	8	6	4	4	4
計	26	26	26	26	26	26

B　支出費目

(1) 合宿練習費（シーズン前１ケ月間。キャンプ、ボール、バット他用具）

(2) ユニフォーム類費（試合用並びに練習用ユニフォーム、帽子、ストッキング、ジャンパー）

(3) シーズン中用具類費（グローブ、ミット、ファーストミット、捕手用具、バット、スパイク、アンダーシャツ）

(4) 選手契約金（3年契約。予算1人当り）

監督	100万円
一級プレーヤー	100万円
二級プレーヤー	60万円
其の他プレーヤー	15万円

(5) 選手給料（１人１ケ月）

監督	8万円
一級プレーヤー	6万円
二級プレーヤー	4万円
其の他プレーヤー	2.4万円

(6) 事務費（1人当月給）

専務（1人）	4万円
支配人（1人）	2万円
事務員（5人）	1万円平均
其の他事務費	40万円～60万円

(7) 自動車運転（試合当日の選手運搬費）

C　支出金額

	第1年度	第2年度	第3年度	第4年度	第5年度	第6年度
(1)合宿練習費	51.1	51.1	51.1	51.1	51.1	51.1
(2)ユニフォーム類費	153.4	87.8	25.4	140.4	87.8	25.4
(3)シーズン中用具類費	37.9	32.7	13.6	37.9	32.7	13.6
(4)選手契約金	1350	240	310	1320	180	280
(5)選手給料	1224	1262.4	1324.8	1363.2	1363.2	1363.2
(6)事務費	192	172	172	172	172	172
(7)自動車費	49.5	49.5	49.5	49.5	49.5	49.5
計	3057.9	1895.5	1946.4	3134.1	1936.3	1954.8

（単位　万円）

(3)　初年度より第6年度までの収入対支出の予算原表

	第1年度	第2年度	第3年度	第4年度	第5年度	第6年度	計
原収入	1821	1999	1999	1999	1999	1999	11816
原支出	3057.9	1895.5	1946.4	3134.1	1936.3	1954.8	13925
原損益	△1236.9	103.5	52.6	△1135.1	62.7	44.2	△2109
各年度末損益累計		△1133.4	△1080.8	△2215.9	△2153.2	△2109	

（単位　万円）

(4)　前記欠損金を補う為の各方面よりの援助について。（私案）

(I)　国鉄よりの援助

(イ)　選手を国鉄職員の身分を保持せしめ、その給料の中（１人月4000円）を国鉄が支給。

(ロ)　選手に全線パスを支給。これにより球団の経費は減少する。

(ハ)　試合当日、三鷹グラウンド前行乗車券発売高及び当日の三鷹グラウンド前駅の収入（除く定期券其の他）の20%を球団の収入として扱う。

これを数字に表わすと次の通りになる。

	第1年	第2年	第3年	第4年	第5年	第6年
職員給	124.8	124.8	124.8	124.8	124.8	124.8
全線パス	49.8	49.8	49.8	49.8	49.8	49.8
グラウンド駅前収入還元	144	144	144	144	144	144
計	318.6	318.6	318.6	318.6	318.6	318.6

（単位　万円）

(II)　連盟（もしくはグラウンド）より国鉄職員割引券付加金＝例えば内野券100円を職員パス提示者には80円にして、その差額20円のうち10円を球団に還元する。これによって、第1年度から第6年度を通して、球団は各年次に66万8000円の収入を加えることができる。

(Ⅲ) 弘済会よりの援助（ユニフォーム並びに運動用具の割引。約20%）

	第1年	第2年	第3年	第4年	第5年	第6年
原価格	203.4	132.6	51.1	190.4	132.6	51.1
同上×20%	40.7	26.5	10.2	38.1	26.5	10.2

（単位　万円）

(Ⅳ) 援助料（万円）

第1年度	426.1	第2年度	411.9
第3年度	395.6	第4年度	423.5
第5年度	411.9	第6年度	395.6

(Ⅴ) 初年度から第6年度迄の損益改訂表

	第1年度	第2年度	第3年度	第4年度	第5年度	第6年度	計
原損益	△1236.9	103.5	52.6	△1135.1	62.7	44.2	△2109
援助料	426.1	411.5	395.6	423.5	411.9	395.6	
損益	△810.8	515.4	448.2	△711.6	474.6	439.8	355.6
各年度末累計		△295.4	152.8	△558.8	△84.2	355.6	

（単位　万円）

上表に示すように大体毎年400万円程度の援助を受けなくてはこの事業は成立しないものと思われるが、この程度の失費は国鉄球団編成による諸種の利益と比較するならば、国鉄として大きな負担とは思えぬので、適当な名目のもとに出資される事を切望する。但し場合によっては外部団体に呼びかけることも考えられる。

尚この事業も努力次第で、５、６年後には独立採算に到達しうる可能性なしとは断じえないであろう。

(5) 資金関係

毎年400万円程度の援助なくしては、本事業は到底成りたたぬものとすれば、目下のところを株式会社組織にすることは無理と考えられる。依て独立採算により利益を挙げ得る見込みのたつまでは、矢張り、交通協力会所属のチームとして、特別会計による運営以外には考えられない。

次に本事業を直ちに開始せねばならないため、差当りどの程度の金額を要するかというと、球団に対して連盟からの試合分配金が５月に始まると想定して、一応５月末迄の経費を（但し、選手及び事務職員の給料中１月分は1/2とする）見込まなければならない。

その額は、

合宿費（キャンプ）	51.1万円
ユニフォーム類	153.4
シーズン中用具	38.8
選手契約金	1350
選手給料	459
事務費	84.5
自動車賃	16.5

計　　　　　2149.3－40.7（弘済会割引分）20%
　　　　　　2108.6万円

約2110万円を要するが、この中より弘済会支払い分を延期すれば1949万円となる。従って2000万円はどうしても必要ということになる。これは国鉄よりの援助金、外部団体よりの寄付金或は借入金、国鉄共済組合よりの借入金によって賄いたい。

(6)

（イ）連盟に加入するには加盟金1000万円を支払うことになっているが、国鉄球団としては、この免除を要請したい。但しその代替条件として、セントラル・リーグ所属球団が試合のための長距離移動用の特別車（車中を畳敷きにする）を作り三等運賃（現在の普通運賃）にて使用し得るように国鉄の配慮を願いたし。

（ロ）選手退団の場合、本人が希望するなら直ちに国鉄職員として業務に従事せしめられたい。

参考事項

（A）　監督1、一級プレーヤー5、二級プレーヤー10、其の他プレーヤー14、計30名の場合の収支計算。

	第1年次	第2年次	第3年次	第4年次	第5年次	第6年次	計
原収入	1821	1999	1999	1999	1999	1999	11816
原支出	3277.2	1942.2	1879.8	3242.7	1974.2	1880.8	14228.9
原損益	△1456.2	124.8	119.2	△1243.7	24.8	118.2	△2412.9

各方面よりの援助。

項目	第1年度	第2年度	第3年度	第4年度	第5年度	第6年度	計
国鉄より	345.5	345.5	345.5	345.5	345.5	345.5	2073
連盟より	66.8	66.8	66.8	66.8	66.8	66.8	400.8
(国鉄職員入場者の割戻し)							
弘済会より	46.5	29.9	11.1	43.6	29.9	11.2	172.2
	(－)			(－)			
改訂損益	997.4	467	542.6	787.8	467	541.7	233.1
	(－)		(－)	(－)			
各年度累計	530.4	12.2	775.6	308.6	233.1		

注　本案も6年目には233万円の利益となるようであるが、選手構成比率が各年度不変で、比較的低級選手多きため、優秀選手を他より引抜かれるおそれ多く、強チームの実現困難である。さりとて優秀選手に契約替えせんとすれば契約金並びに給料の増加にて結局赤字となることとなる。

	監督	一級プレーヤー	二級	其の他	計
第1年度	1	5	10	10	26
第2年度	1	6	11	10	28
第3年度	1	7	12	10	30

この場合の収支計算

	第1年度	第2年度	第3年度	第4年度	第5年度	第6年度	計
原収入	1821	1999	1999	1999	1999	1999	11816
原支出	3081.9	2073.8	2123.8	3307.5	2199	2106	14892
原損益	△1260.9	△74.8	△124.8	△1308.5	△200	△107	△3076

（単位　万円）

（B）各方面よりの援助

	第1年度	第2年度	第3年度	第4年度	第5年度	第6年度	計
国鉄より	318.6	331.8	345.5	345.5	345.5	345.5	2032.4
連盟より	66.8	66.8	66.8	66.8	66.8	66.8	400.8
弘済会より	40.7	29.5	14.8	43.6	29.9	11.3	169.8
改訂損益	△834.8	353.3	302.6	242.2	316.6	316.6	473
原損益		△481.5	△179.2	△1031.8	△789.6	△473	

（注）選手の数及び構成では概ね可であるが何分にも欠損も多い。

※『スワローズ激動の歩み』（1980年、恒文社）より引用

国鉄スワローズ登録選手・監督・勝敗

※データは筆者の独自調査による／年齢は各年末時点

【1950（昭和25）年】

月日	球場	勝敗	スコア	相手	責任投手
3.10	下関	●	0-2	㊎	成田
3.11	平和台	○	3-2	広島	高橋
3.12	下関	●	3-11	松竹	田原
3.14	広島	●	1-16	広島	初岡
3.15	広島	●	0-4	中日	成田
3.16	倉敷	●	0-7	阪神	高橋
3.18	中日	●	4-6	松竹	成田
3.19	鳴海	○	11-6	広島	高橋
3.21	後楽園	●	1-11	西日	成田
3.22	後楽園	●	0-3	巨人	高橋
3.23	沼津	●	1-8	中日	田原
3.24	後楽園	△	5-5	巨人	—
3.25	後楽園	●	0-8	阪神	古谷
3.28	長野	●	0-14	松竹	高橋
3.29	飯田	●	2-5	松竹	成田
3.30	岡谷	●	3-6	松竹	初岡
4.2	衣笠	●	8-9	大洋	成田
4.4	後楽園	●	0-7	中日	古谷
4.8	後楽園	●	1-6	中日	高橋
4.9	後楽園	●	4-13	西日	田原
4.11	仙台	●	1-13	中日	成田
4.15	中日	●	3-6	西日	高橋
4.16	鳴海	●	2-4	松竹	成田
4.18	後楽園	○	5-3	巨人	古谷
4.19	後楽園	●	0-3	松竹	田原
4.22	後楽園	●	5-7	松竹	高橋
4.23	後楽園	○	16-5	大洋	古谷
4.25	山形	●	0-6	巨人	成田
4.26	福島	●	5-6	巨人	古谷
4.29	水戸	●	2-19	大洋	初岡
4.30	国府台	●	2-11	大洋	高橋
5.2	後楽園	●	1-3	松竹	田原
5.3	後楽園	●	2-4	大洋	成田
5.9	富山	●	3-4	松竹	田原
5.11	福井	●	2-3	松竹	成田
5.13	甲子園	●	0-8	松竹	田原
5.14	甲子園	●	5-9	大洋	古谷
5.16	平和台	○	11-5	松竹	古谷
5.18	厚狭	●	3-13	松竹	田原

位置	背番号	氏名	年齢	出身校
総監督	50	楠見　幸信	43	慶大
監督	30	西垣　徳雄	40	法大
投手	10	村松昭次郎	23	中大
	11	成田　敬二	31	慶大
	14	高橋　　輝	19	中大
	15	佐復　良一	23	桐生工
	16	長　　武男	25	栃木商
	17	仲川　　翠	26	東京高師
	18	古谷　法夫	29	法大
	19	田原　基稔	21	北海中
	34	金田　正一	17	享栄商高
	36	鈴木　茂雄	22	三島南高
	38	馬明泰三郎	26	専大
捕手	1	井上親一郎	32	慶大
	20	深沢　　督	27	法大
	21	勝田　　興	27	中大
	22	小川　利雄	35	浅野中
	35	宇佐美一夫	36	横浜高商
	37	木下　雅弘	19	神奈川大
内野手	2	石川　尚任	26	大宮工
	3	岩橋　利男	29	明善中
	5	土佐内吉治	27	鶴岡工
	6	岩瀬　　剛	26	熊本商
	7	中村　　栄	27	桐生中
	8	福田　勇一	30	専大
	32	千原　雅生	24	大分商
	33	森谷　良平	36	法大
外野手	9	土屋　五郎	26	法大
	12	初岡　栄治	20	専大
	23	山口　礼司	30	横浜専
	24	榎本　　茂	27	京王商
	25	相原　　守	31	高崎商
	26	久保　吾一	27	専大
	27	荻島　秀夫	26	中大
	28	小田切茂造	24	中大
	29	山根　　実	31	広島商
	31	藤田　宗一	36	法大

8.27	広島	○	12-11	広島	田原
8.30	松江	●	2-7	西日	古谷
8.31	松江	●	5-11	巨人	田原
9.2	甲子園	○	3-1	阪神	成田
9.5	後楽園	△	4-4	中日	—
9.6	後楽園	○	6-5	巨人	高橋
9.7	後楽園	●	2-7	西日	田原
9.9	中日	●	0-1	中日	古谷
9.13	富山	●	2-8	大洋	高橋
9.14	富山	●	1-3	阪神	金田
9.16	豊橋	○	4-2	中日	高橋
9.17	中日	●	3-6	西日	金田
9.19	後楽園	●	2-6	中日	古谷
9.22	後楽園	●	1-6	大洋	金田
9.24	後楽園	○	4-3	中日	田原
9.26	日生	●	6-11	大洋	古谷
9.28	日生	●	2-11	松竹	田原
9.30	甲子園	●	3-6	阪神	古谷
10.1	甲子園	○	4-2	大洋	金田
10.3	後楽園	●	1-6	広島	高橋
10.6	後楽園	○	6-5	西日	金田
10.7	後楽園	○	7-0	広島	田原
10.8	後楽園	○	4-0	西日	金田
10.12	大阪	●	2-6	巨人	金田
10.14	甲子園	●	1-7	巨人	高橋
10.15	甲子園	○	6-3	阪神	金田
10.17	小見川	○	3-2	巨人	金田
10.18	後楽園	●	2-5	阪神	古谷
10.19	後楽園	●	2-7	巨人	金田
10.21	中日	●	5-6	中日	金田
10.22	挙母	●	0-5	中日	初岡
10.22	挙母	●	7-8	中日	古谷
10.24	日生	○	9-8	阪神	高橋
10.25	大阪	●	5-7	松竹	村松
10.26	大阪	●	3-6	阪神	金田
10.28	熊谷	●	2-16	中日	長
10.29	宇都宮総合	○	11-4	西日	金田
11.1	後楽園	○	3-2	阪神	金田
11.2	後楽園	●	1-3	西日	金田
11.2	後楽園	●	1-3	西日	古谷
11.3	後楽園	○	2-1	西日	田原
11.4	後楽園	●	8-14	巨人	仲川
11.4	後楽園	●	1-5	巨人	金田
11.5	後楽園	○	5-3	西日	田原

5.21	後楽園	●	3-8	西日	古谷
5.23	甲府	●	5-7	巨人	田原
5.24	大宮	●	3-17	巨人	高橋
5.28	中日	○	8-0	大洋	田原
6.15	後楽園	●	1-3	阪神	田原
6.21	金沢	○	3-1	大洋	成田
6.24	甲子園	●	3-13	阪神	高橋
6.25	甲子園	●	5-6	大洋	成田
6.27	後楽園	●	1-3	阪神	長
6.30	後楽園	●	5-16	阪神	田原
7.1	後楽園	●	5-6	中日	長
7.2	後楽園	○	5-2	大洋	古谷
7.4	函館	●	1-4	大洋	田原
7.6	旭川	●	0-8	阪神	長
7.7	小樽	●	1-6	中日	仲川
7.8	札幌円山	○	8-5	阪神	田原
7.9	札幌円山	●	5-9	大洋	長
7.14	後楽園	●	0-2	広島	古谷
7.15	後楽園	○	6-5	西日	高橋
7.16	後楽園	●	0-2	広島	田原
7.18	後楽園	○	1-0	阪神	古谷
7.19	後楽園	●	1-5	松竹	田原
7.21	福井	○	6-1	広島	高橋
7.22	金沢	○	7-5	広島	古谷
7.23	富山	○	6-3	広島	田原
7.25	太田	○	2-1	広島	高橋
7.26	後楽園	●	2-6	巨人	古谷
7.30	後楽園	●	2-5	大洋	古谷
7.31	後楽園	●	0-5	中日	田原
8.3	甲子園	●	3-6	松竹	村松
8.4	甲子園	○	9-3	西日	田原
8.6	中日	○	2-1	西日	古谷
8.8	横浜	●	4-6	巨人	古谷
8.9	福生	●	0-5	巨人	田原
8.10	宇都宮総合	○	5-1	西日	古谷
8.12	長岡	●	1-2	巨人	高橋
8.13	新発田	●	3-6	西日	田原
8.15	富山	●	1-4	松竹	古谷
8.16	金沢	●	1-4	西日	高橋
8.19	中日	●	1-4	中日	田原
8.22	丸亀	●	2-3	広島	成田
8.23	松山	●	5-6	広島	金田
8.25	福山	○	6-0	広島	田原
8.27	広島	○	13-4	広島	高橋

	24	土屋 五郎	27	法大
	25	初岡 栄治	21	専大
	26	久保 吾一	28	専大
	28	久住 静男	19	静岡商

月日	球場	勝敗	スコア	相手	責任投手
3.29	後楽園	○	3-2	阪神	古谷
3.30	後楽園	○	8-5	巨人	高橋
3.31	後楽園	●	0-4	松竹	金田
4.1	後楽園	○	4-1	阪神	田原
4.7	大阪	●	0-4	松竹	田原
4.8	大阪	○	3-2	名倶	金田
4.12	甲子園	○	4-1	名倶	高橋
4.13	甲子園	○	10-4	阪神	古谷
4.13	甲子園	○	4-0	阪神	金田
4.14	甲子園	●	4-11	松竹	成田
4.15	甲子園	○	1-0	広島	金田
4.21	長岡	●	1-8	松竹	金田
4.22	新潟	○	3-2	松竹	古谷
4.22	新潟	○	6-1	松竹	古谷
4.24	後楽園	○	4-1	巨人	金田
4.25	後楽園	○	5-3	松竹	田原
4.26	後楽園	●	0-3	大洋	高橋
4.27	後楽園	●	2-11	巨人	金田
4.28	後楽園	●	1-2	阪神	古谷
5.5	武蔵野	○	6-3	名倶	金田
5.6	武蔵野	○	7-5	巨人	高橋
5.9	後楽園	●	4-5	阪神	金田
5.10	後楽園	●	0-3	大洋	田原
5.11	後楽園	●	2-21	巨人	高橋
5.12	後楽園	△	3-3	阪神	—
5.13	後楽園	●	1-7	大洋	金田
5.19	豊橋	●	0-1	名倶	高橋
5.20	中日	●	1-5	名倶	田原
5.20	中日	○	8-5	名倶	金田
5.23	金沢	●	3-4	阪神	古谷
5.24	富山	●	2-5	阪神	金田
5.26	米沢	○	2-1	大洋	田原
5.27	仙台	●	3-7	大洋	仲川
5.27	仙台	●	5-10	大洋	古谷
5.29	盛岡	●	6-9	松竹	田原
6.2	武蔵野	○	6-2	大洋	田原
6.3	大宮	●	3-4	巨人	金田
6.9	後楽園	●	6-9	松竹	古谷
11.7	後楽園	●	1-15	阪神	金田
11.7	後楽園	○	3-1	阪神	田原
11.8	後楽園	●	3-4	巨人	金田
11.9	後楽園	●	1-8	阪神	仲川
11.11	日生	○	8-2	広島	田原
11.11	日生	○	4-1	広島	金田
11.12	中日	○	7-6	広島	古谷
11.13	中日	●	0-8	中日	高橋
11.13	中日	●	5-6	中日	古谷
11.15	後楽園	○	6-0	大洋	田原
11.17	後楽園	○	7-6	大洋	高橋

【1951(昭和26)年】

位置	背番号	氏名	年齢	出身校
総監督	50	楠見 幸信	44	慶大
監督	30	西垣 徳雄	41	法大
コーチ	33	森谷 良平	37	法大
投手	10	村松昭次郎	24	中大
	11	成田 敬二	32	慶大
	12	馬明泰三郎	27	専大
	14	高橋 輝	20	中大
	15	箱田 弘志	19	盈進商
	16	井上 佳明	19	天王寺高
	17	仲川 翠	25	東京高師
	18	古谷 法夫	30	法大
	19	田原 基稔	22	北海中
	34	金田 正一	18	享栄商
	36	鈴木 茂雄	23	三島南高
	37	浅田 肇	21	北海高
捕手	1	井上親一郎	33	慶大
	20	深沢 督	28	法大
	21	佐竹 一雄	26	京阪商
	22	小川 利雄	36	浅野中
	31	藤田 宗一	37	法大
	35	宇佐美一夫	37	横浜高商
	37	木下 雅弘	20	神奈川大
内野手	2	石川 尚任	26	大宮工
	5	土佐内吉治	28	鶴岡工
	6	渡辺 光央	22	作新学院
	7	中村 栄	28	桐生中
	8	福田 勇一	31	専大
	9	川島 孝	19	旭丘商
	32	千原 雅生	25	大分商
外野手	3	岩橋 利男	30	明善中

9.2	後楽園	○	2-0	阪神	金田
9.4	大阪	○	4-0	広島	高橋
9.5	大阪	○	1-0	阪神	金田
9.7	下諏訪	○	6-5	松竹	金田
9.7	下諏訪	●	2-14	巨人	高橋
9.8	松本	●	7-9	松竹	金田
9.9	長野	●	1-3	巨人	田原
9.11	後楽園	●	2-10	阪神	金田
9.12	後楽園	●	2-12	巨人	金田
9.14	後楽園	●	0-6	巨人	古谷
9.16	後楽園	●	1-5	広島	田原
9.18	大阪	●	4-9	大洋	箱田
9.19	大阪	○	18-5	大洋	金田
9.20	大阪	●	2-3	大洋	金田
9.22	松阪	●	2-3	大洋	高橋
9.22	松阪	○	7-2	名倶	金田
9.23	鳴海	○	7-5	名倶	古谷
9.24	浜松	○	8-3	大洋	井上佳
9.29	保土谷	●	0-8	阪神	金田
9.30	沼津	●	4-6	阪神	井上佳
10.3	大阪	○	4-2	松竹	古谷
10.4	大阪	○	4-1	松竹	金田
10.6	倉敷	●	3-7	松竹	古谷
10.7	広島	○	4-3	広島	成田
10.9	日生	●	3-7	阪神	金田

【1952(昭和27)年】

位置	背番号	氏名		年齢	出身校
総監督	50	楠見	幸信	45	慶大
監督	30	西垣	徳雄	42	法大
コーチ	33	森谷	良平	38	法大
	40	宇佐美	一夫	38	横浜高商
投手	14	高橋	輝	21	中大
	15	箱田	弘志	20	盈進商
	16	井上	佳明	20	天王寺高
	17	宮地	惟友	20	金沢高
	18	古谷	法夫	31	法大
	19	田原	基稔	23	北海中
	29	小山	恒三	20	小諸実
	34	金田	正一	19	享栄商
	35	阿部	正行	19	帝京商
	36	大脇	照夫	22	滝実
	37	大辻	秀夫	19	八幡高
	38	北畑	利雄	19	明石南高

6.10	後楽園	○	3-2	大洋	金田
6.12	浜松	●	3-4	巨人	高橋
6.13	沼津	●	2-10	名倶	田原
6.13	沼津	○	6-5	巨人	金田
6.17	中日	●	1-3	名倶	金田
6.20	大阪	●	5-13	松竹	高橋
6.23	大阪	●	1-5	大洋	田原
6.23	大阪	●	6-11	松竹	金田
6.24	大阪	●	6-16	松竹	仲川
6.30	甲子園	●	1-2	巨人	金田
7.16	武蔵野	●	5-6	巨人	金田
7.18	後楽園	●	2-3	広島	田原
7.19	後楽園	○	9-5	名倶	金田
7.20	後楽園	●	0-14	巨人	高橋
7.21	後楽園	●	1-5	広島	金田
7.22	後楽園	●	0-7	大洋	田原
7.22	後楽園	○	4-1	広島	高橋
7.24	大阪	△	8-8	広島	—
7.26	大阪	●	2-6	広島	田原
7.28	呉	○	3-0	広島	高橋
7.29	広島	●	6-7	広島	古谷
7.29	広島	○	2-1	広島	金田
8.1	上田	○	14-9	松竹	高橋
8.2	長野	○	5-3	松竹	浅田
8.2	長野	○	6-3	阪神	金田
8.4	武蔵野	○	4-0	松竹	高橋
8.4	武蔵野	●	1-7	阪神	田原
8.5	武蔵野	○	2-1	阪神	金田
8.8	小樽	●	1-4	名倶	金田
8.9	札幌中島	●	5-13	巨人	浅田
8.10	札幌中島	○	5-1	広島	高橋
8.13	函館	●	1-2	巨人	金田
8.17	中日	○	3-2	名倶	金田
8.18	豊橋	○	4-1	広島	高橋
8.19	中日	●	2-5	広島	浅田
8.21	大阪	○	7-4	名倶	金田
8.22	大阪	●	1-5	大洋	高橋
8.23	大阪	●	5-10	広島	井上佳
8.24	大阪	○	4-3	名倶	金田
8.26	鳴海	●	3-7	名倶	高橋
8.28	静岡	○	2-1	阪神	金田
8.29	後楽園	●	5-10	大洋	高橋
8.31	後楽園	●	0-3	巨人	金田
9.1	後楽園	○	4-3	大洋	井上佳

4.16	後楽園	○	2-1	巨人	宮地
4.17	後楽園	●	0-9	巨人	金田
4.17	後楽園	●	2-8	巨人	古谷
4.19	中日	●	2-5	名古	宮地
4.20	中日	●	1-3	名古	金田
4.20	中日	○	5-3	名古	大脇
4.23	福井	●	3-4	松竹	金田
4.27	金沢	○	3-1	広島	金田
4.27	金沢	●	2-5	広島	宮地
5.3	後楽園	●	0-5	巨人	金田
5.4	後楽園	●	2-8	巨人	大脇
5.5	後楽園	●	4-7	巨人	金田
5.5	後楽園	●	1-7	巨人	大脇
5.7	下諏訪	●	3-5	大洋	井上
5.8	長野	○	3-0	大洋	金田
5.11	甲子園	●	2-3	阪神	金田
5.11	甲子園	●	1-3	阪神	大脇
5.13	富山	●	5-9	阪神	金田
5.14	金沢	●	5-9	阪神	金田
5.14	金沢	●	2-8	阪神	大脇
5.17	後楽園	●	2-3	大洋	高橋
5.18	後楽園	●	2-5	大洋	大脇
5.18	後楽園	●	1-6	大洋	金田
5.21	磐田	●	3-4	名古	大脇
5.22	刈谷	●	1-8	名古	大脇
5.24	大阪	○	4-2	松竹	金田
5.25	大阪	○	11-2	松竹	大脇
5.28	後楽園	●	9-12	阪神	高橋
5.28	後楽園	●	4-13	阪神	金田
5.29	後楽園	○	2-0	阪神	井上
6.3	甲子園	●	1-3	阪神	金田
6.4	甲子園	○	7-0	阪神	大脇
6.5	日生	●	7-8	阪神	井上
6.7	昭和	○	3-1	松竹	金田
6.8	川崎	●	6-7	松竹	大脇
6.10	福山	○	10-0	広島	金田
6.12	広島	○	3-2	広島	金田
6.14	後楽園	●	4-10	名古	井上
6.15	後楽園	○	7-3	名古	金田
6.15	後楽園	○	9-0	名古	田原
6.17	横浜	●	3-10	巨人	大脇
6.18	千葉	○	17-3	巨人	金田
6.25	後楽園	○	6-5	広島	金田
6.25	後楽園	●	2-5	広島	金田

捕手	1	井上親一郎	34	慶大
	20	深沢　督	29	法大
	21	佐竹　一雄	27	京阪商
	22	小川　利雄	37	浅野中
	23	木下　雅弘	21	神奈川大
	31	藤田　宗一	38	法大
内野手	2	石川　尚任	27	大宮工
	5	佐藤　孝夫	21	白石高
	6	渡辺　光央	23	作新学院
	7	中村　栄	29	桐生中
	8	福田　勇一	32	専大
	9	川島　孝	20	旭丘高
	10	辻井　弘	35	早大
	32	千原　雅生	26	大分商
	39	鵜飼　勝助	20	享栄商
	41	大久保英男	20	鳴門高
	55	杉浦　清	38	明大
外野手	3	岩橋　利男	31	明善中
	12	浅田　肇	22	立大
	24	土屋　五郎	28	法大
	25	初岡　栄治	22	専大
	26	久保　吾一	29	専大
	27	町田　行彦	18	長野北高
	28	久住　静男	20	静岡商

月日	球場	勝敗	スコア	相手	責任投手
3.21	後楽園	○	5-4	巨人	宮地
3.22	後楽園	●	5-6	巨人	宮地
3.23	後楽園	○	2-0	巨人	金田
3.23	後楽園	●	0-13	巨人	宮地
3.25	千葉	●	0-4	名古	田原
3.26	大宮	●	1-10	名古	金田
3.27	静岡	●	5-6	名古	古谷
3.29	広	○	4-1	広島	高橋
3.30	広島	○	3-1	広島	金田
3.30	広島	○	5-4	広島	箱田
4.2	岡山	○	1-0	大洋	金田
4.2	岡山	●	0-3	大洋	高橋
4.5	後楽園	●	0-3	松竹	高橋
4.6	後楽園	○	3-0	松竹	金田
4.6	後楽園	●	1-2	松竹	古谷
4.12	平和台	●	0-2	大洋	金田
4.13	下関	●	6-7	大洋	金田
4.13	下関	○	2-1	大洋	古谷

9.18	福井	○	6-4	名古	井上
9.23	長野	●	3-7	阪神	井上
9.23	長野	○	7-2	阪神	金田
9.28	川崎	○	3-2	松竹	井上
9.28	川崎	○	1-0	松竹	金田
10.1	後楽園	●	6-8	巨人	古谷
10.2	後楽園	○	5-1	巨人	高橋
10.3	後楽園	●	2-15	巨人	金田
10.6	中日	○	2-1	松竹	井上
10.9	西京極	○	2-1	松竹	古谷
10.9	西京極	○	5-3	松竹	金田
10.10	西京極	○	5-0	松竹	小山
10.10	西京極	●	0-6	松竹	箱田
10.13	広島	●	0-6	広島	小山

【1953(昭和28)年】

位置	背番号	氏名	年齢	出身校
総監督	50	楠見　幸信	46	慶大
監督	30	西垣　徳雄	43	法大
コーチ	31	藤田　栄一	39	法大
	33	森谷　良平	39	法大
	40	宇佐美一夫	39	横浜高商
	55	杉浦　清	39	明大
投手	14	高橋　輝	22	中大
	15	箱田　弘志	21	盈進商
	16	井上　佳明	21	天王寺高
	17	宮地　惟友	21	金沢高
	18	古谷　法夫	32	法大
	19	田原　基稔	24	北海中
	29	小山　恒三	21	小諸実
	34	金田　正一	20	享栄商
	36	大脇　照雄	23	滝実
	37	大辻　秀夫	20	八幡商
	38	北畑　利雄	20	明石南高
	41	松田　康彦	22	鳥取西高
	42	田代　照勝	19	南海高
	43	深沢　建彦	19	甲府一高
	44	間瀬　雅夫	19	東邦商
	46	田所善治郎	19	静岡商
捕手	1	井上親一郎	35	慶大
	20	深沢　督	30	法大
	21	佐竹　一雄	28	京阪商
	22	木下　雅弘	22	神奈川大
	45	松橋　義喜	19	長野北高

6.26	後楽園	●	4-8	広島	井上
6.28	大阪	○	5-0	松竹	大脇
6.28	大阪	○	6-0	松竹	金田
7.15	中日	●	0-1	名古	金田
7.16	中日	○	2-0	名古	大脇
7.17	豊橋	●	3-12	名古	宮地
7.19	鶴岡	○	4-0	松竹	金田
7.20	新潟	●	1-3	松竹	大脇
7.20	新潟	●	1-5	松竹	高橋
7.23	後楽園	●	1-13	巨人	金田
7.24	後楽園	●	4-7	巨人	金田
7.26	後楽園	●	1-2	名古	田原
7.27	後楽園	○	2-1	名古	金田
8.3	福島	○	8-7	広島	金田
8.3	福島	○	4-1	広島	金田
8.6	弘前	●	4-7	大洋	大脇
8.8	旭川	●	0-4	大洋	高橋
8.9	札幌円山	●	4-5	巨人	金田
8.10	札幌円山	●	3-7	広島	大脇
8.12	夕張	○	3-1	大洋	金田
8.14	函館	●	2-3	巨人	金田
8.16	盛岡	○	1-0	大洋	大脇
8.17	仙台	●	2-5	広島	金田
8.23	後楽園	○	5-3	大洋	大脇
8.24	後楽園	○	4-2	大洋	宮地
8.24	後楽園	●	4-7	大洋	井上
8.26	甲子園	●	3-7	阪神	田原
8.27	甲子園	●	3-8	阪神	大脇
8.27	甲子園	●	0-3	阪神	金田
8.28	日生	●	4-5	阪神	大脇
8.30	土浦	○	3-2	大洋	大脇
8.31	熊谷	○	5-2	大洋	古谷
8.31	熊谷	●	3-6	大洋	井上
9.2	広島	●	1-4	広島	大脇
9.2	広島	●	0-2	広島	金田
9.3	呉二河	○	2-1	広島	井上
9.5	川崎	●	2-6	阪神	田原
9.6	後楽園	○	7-1	阪神	井上
9.7	後楽園	●	11-14	名古	大脇
9.7	後楽園	○	5-3	名古	金田
9.11	日生	●	7-10	阪神	金田
9.15	広島	○	6-3	広島	井上
9.15	広島	○	3-1	広島	金田
9.17	富山	●	5-6	名古	古谷

4.29	金沢	○	2-1	阪神	箱田
5.2	西條	●	8-14	広島	田所
5.3	広島	●	1-7	広島	井上
5.3	広島	●	2-8	広島	大脇
5.5	甲子園	○	4-1	阪神	井上
5.5	甲子園	●	2-4	阪神	大脇
5.6	日生	●	5-7	阪神	田所
5.9	西京極	●	0-1	洋松	井上
5.10	大阪	●	4-8	洋松	宮地
5.10	大阪	○	3-0	洋松	大脇
5.12	長岡	●	5-10	阪神	井上
5.13	新潟	●	4-10	阪神	大脇
5.16	千葉	●	2-4	広島	箱田
5.17	銚子	●	5-9	広島	井上
5.17	銚子	●	2-7	広島	大脇
5.19	後楽園	●	0-4	巨人	大脇
5.20	後楽園	●	3-5	巨人	金田
5.21	後楽園	●	0-3	巨人	宮地
5.24	後楽園	●	3-5	洋松	井上
5.24	後楽園	○	3-2	洋松	大脇
5.26	中日	●	1-4	名古	井上
5.27	中日	●	1-3	名古	大脇
5.28	中日	●	1-5	名古	高橋
5.30	大阪	●	6-7	洋松	井上
6.6	後楽園	●	0-2	巨人	井上
6.9	豊橋	●	1-5	名古	宮地
6.10	中日	●	3-4	名古	箱田
6.11	中日	●	3-6	名古	高橋
6.13	川崎	●	1-3	広島	箱田
6.14	川崎	●	0-7	広島	田所
6.14	川崎	○	2-1	広島	金田
6.16	後楽園	●	1-5	阪神	井上
6.17	後楽園	○	5-2	阪神	箱田
6.20	後楽園	○	3-2	洋松	金田
6.24	大阪	○	1-0	阪神	金田
7.11	松本	●	3-10	巨人	井上
7.12	長野	●	0-4	巨人	金田
7.12	長野	●	4-11	巨人	宮地
7.14	呉二河	●	2-6	広島	井上
7.15	福山	○	5-2	広島	金田
7.19	中日	●	2-3	名古	金田
7.19	中日	●	0-3	名古	箱田
7.24	大阪	○	5-0	洋松	金田
7.25	日生	●	4-12	阪神	井上

内野手	6	渡辺 光央	24	作新学院
	7	中村 栄	30	桐生中
	8	福田 勇一	33	専大
	9	大久保英男	21	鳴門高
	10	辻井 弘	36	早大
	26	千原 雅生	27	大分商
	39	鵜飼 勝助	21	享栄商
	47	大橋 一郎	20	愛知学院
外野手	5	佐藤 孝夫	22	白石高
	12	浅田 肇	23	立大
	23	安居 玉一	31	東邦商
	24	土屋 五郎	29	法大
	25	初岡 栄治	23	専大
	27	町田 行彦	19	長野北
	28	百々 隆夫	21	中大
	32	続木 清	21	高松高
	35	青山 浩	21	鳥取西高

月日	球場	勝敗	スコア	相手	責任投手
3.28	後楽園	●	1-5	阪神	宮地
3.31	中日	●	4-6	名古	宮地
4.1	中日	○	3-1	名古	井上
4.2	中日	●	7-10	名古	井上
4.4	福山	●	5-10	広島	金田
4.5	広島	○	3-1	広島	宮地
4.5	広島	●	2-3	広島	井上
4.7	後楽園	●	4-5	名古	金田
4.8	後楽園	●	4-12	名古	宮地
4.9	後楽園	○	7-2	名古	井上
4.10	後楽園	●	0-1	巨人	金田
4.12	後楽園	●	1-7	巨人	宮地
4.14	中日	○	4-1	名古	金田
4.15	中日	●	4-6	名古	井上
4.16	中日	●	1-2	名古	大脇
4.18	福島	○	6-4	洋松	井上
4.19	仙台	○	3-1	洋松	金田
4.19	仙台	●	0-4	洋松	大脇
4.21	静岡	●	1-4	広島	宮地
4.22	川崎	○	6-4	広島	金田
4.25	後楽園	○	9-3	巨人	井上
4.26	後楽園	●	2-5	巨人	金田
4.26	後楽園	●	0-1	巨人	宮地
4.28	福井	●	2-5	阪神	大脇
4.29	金沢	●	2-5	阪神	井上

10.4	西京極	●	0-2	洋松	金田
10.4	西京極	●	5-8	洋松	井上
10.7	後楽園	○	2-0	阪神	金田
10.7	後楽園	●	1-2	阪神	井上
10.8	後楽園	○	2-1	阪神	北畑
10.11	中津	○	6-2	洋松	金田
10.11	中津	●	3-7	洋松	井上
10.13	長崎	●	0-4	洋松	宮地
10.13	長崎	○	8-2	洋松	金田
10.15	大牟田	○	5-2	洋松	田所
10.16	小倉	○	4-1	洋松	宮地
10.16	小倉	○	6-5	洋松	北畑

【1954(昭和29)年】

位置	背番号	氏名	年齢	出身校
総監督	50	西垣　徳雄	43	法大
監督	30	藤田　宗一	40	法大
コーチ	1	宇野　光雄	37	慶大
	33	森谷　良平	40	法大
	40	宇佐美一夫	40	横高商
投手	11	田所善治郎	20	静岡商
	12	黒岩　弘	21	須坂商
	14	高橋　輝	23	中大
	15	田代　照勝	20	南海高
	16	井上　佳明	22	天王寺高
	17	宮地　惟友	22	金沢高
	18	古谷　法夫	33	法大
	19	中村　利男	24	東海高
	31	三林　清二	18	宇治山田商
	34	金田　正一	21	享栄商
	36	大脇　照夫	24	滝実
	37	大辻　秀夫	21	八幡商
	38	北畑　利雄	21	明石南高
	41	松田　康彦	23	鳥取西高
	43	深沢　建彦	20	甲府一
	44	間瀬　雅夫	20	東邦商
捕手	4	佐竹　一雄	29	京阪商
	20	深沢　督	31	法大
	22	木下　雅弘	23	神奈川大
	45	松橋　善喜	20	長野北高
	48	阿井　利治	19	静岡商
内野手	3	箱田　弘志	22	盈進商
	7	中村　栄	31	桐生中
	8	千原　雅生	28	大分商

7.26	大阪	●	3-6	阪神	箱田
7.26	大阪	●	2-4	阪神	金田
7.28	後楽園	●	3-4	名古	金田
7.29	後楽園	○	4-3	名古	金田
7.30	後楽園	○	4-0	名古	箱田
7.31	後楽園	●	4-5	広島	井上
8.1	後楽園	△	4-4	広島	—
8.2	後楽園	●	0-3	広島	箱田
8.4	弘前	○	8-7	阪神	田所
8.6	函館	●	1-11	阪神	井上
8.8	夕張	○	6-1	阪神	金田
8.9	札幌円山	●	3-4	阪神	箱田
8.12	盛岡	○	8-3	阪神	金田
8.13	福島	○	9-2	巨人	井上
8.18	川崎	○	2-1	洋松	金田
8.19	横浜	○	4-3	洋松	井上
8.19	横浜	●	3-7	洋松	宮地
8.26	後楽園	○	4-1	巨人	金田
8.26	後楽園	●	3-8	巨人	井上
9.1	大分	●	2-3	名古	田所
9.2	小倉	○	3-2	名古	井上
9.2	小倉	○	8-0	名古	金田
9.6	広島	●	1-6	広島	金田
9.6	広島	●	4-5	広島	箱田
9.8	後楽園	○	6-1	巨人	金田
9.9	後楽園	●	1-3	巨人	大辻
9.9	後楽園	●	5-11	巨人	井上
9.10	後楽園	○	2-0	巨人	金田
9.11	横浜	●	0-7	巨人	宮地
9.13	甲子園	●	1-6	阪神	金田
9.13	甲子園	●	0-7	阪神	田所
9.14	日生	●	1-5	阪神	北畑
9.15	和歌山	○	8-3	洋松	井上
9.16	大阪	○	1-0	洋松	金田
9.16	大阪	●	1-5	洋松	田所
9.19	呉二河	○	4-2	広島	金田
9.20	広島	○	3-1	広島	北畑
9.20	広島	●	2-3	広島	井上
9.21	徳山	○	6-1	広島	金田
9.21	徳山	○	3-2	広島	宮地
9.26	後楽園	●	5-9	名古	金田
9.27	中日	●	1-2	名古	井上
9.27	中日	●	0-2	名古	井上
9.29	静岡	○	2-1	巨人	金田

5.15	日生	○	6-4	阪神	金田
5.16	甲子園	●	7-11	阪神	黒岩
5.16	甲子園	○	6-3	阪神	金田
5.18	熊谷	○	4-2	巨人	宮地
5.19	横浜	○	3-2	巨人	金田
5.20	前橋	○	5-2	巨人	高橋
5.25	後楽園	●	0-2	広島	金田
5.26	後楽園	●	1-2	広島	黒岩
5.27	後楽園	○	6-5	広島	大脇
5.29	後楽園	○	4-1	巨人	高橋
5.30	後楽園	○	5-0	巨人	金田
5.30	後楽園	○	2-1	巨人	大脇
6.1	西京極	○	6-1	洋松	田所
6.3	西京極	○	4-3	洋松	金田
6.5	福山	●	0-1	広島	北畑
6.8	横浜	●	1-5	洋松	金田
6.9	川崎	○	6-1	洋松	田所
6.10	千葉	○	7-1	洋松	高橋
6.12	高崎	○	4-3	広島	北畑
6.13	宇都宮常設	○	3-2	広島	北畑
6.13	宇都宮常設	○	6-4	広島	田所
6.15	日生	●	4-5	阪神	北畑
6.16	日生	●	2-8	阪神	金田
6.17	日生	●	1-4	阪神	井上
6.20	川崎	○	6-1	洋松	高橋
6.20	川崎	●	0-1	洋松	田所
6.22	後楽園	○	4-2	巨人	金田
6.24	後楽園	●	0-7	巨人	宮地
6.30	川崎	●	1-11	巨人	金田
7.6	西條	●	4-8	広島	高橋
7.7	広島	●	2-3	広島	田所
7.7	広島	●	1-5	広島	北畑
7.10	中日	●	4-5	中日	金田
7.11	中日	●	6-9	中日	田所
7.11	中日	●	0-1	中日	高橋
7.13	静岡	●	0-4	阪神	金田
7.14	川崎	○	4-1	阪神	井上
7.17	日生	○	3-2	洋松	金田
7.18	和歌山	●	4-5	洋松	金田
7.18	和歌山	●	6-7	洋松	北畑
7.20	後楽園	●	1-6	巨人	田所
7.21	後楽園	○	6-1	巨人	金田
7.22	後楽園	●	0-11	巨人	井上
7.25	後楽園	○	7-1	洋松	黒岩

	9	大久保英男	22	鳴門高
	10	辻井　弘	37	早大
	26	渡辺礼次郎	23	明大
	28	南　輝明	19	京都商
	29	石田　雅亮	18	明治高
	39	鵜飼　勝美	22	享栄商
	47	大橋　一郎	21	愛知学院
外野手	2	土屋　五郎	30	法大
	5	佐藤　孝夫	23	白石高
	6	渡辺　光央	25	作新学院
	23	安居　玉一	32	東邦商
	24	続木　清	22	高松高
	25	初岡　栄治	24	専大
	27	町田　行彦	20	長野北高
	35	青山　浩	22	鳥取西高

月日	球場	勝敗	スコア	相手	責任投手
4.3	後楽園	●	1-5	巨人	金田
4.4	後楽園	●	0-3	巨人	高橋
4.4	後楽園	○	3-1	巨人	宮地
4.7	中日	●	1-2	中日	金田
4.8	中日	○	8-6	中日	北畑
4.10	富山	○	14-0	広島	高橋
4.11	金沢	●	1-6	広島	金田
4.11	金沢	●	9-10	広島	北畑
4.14	後楽園	○	5-4	阪神	金田
4.15	後楽園	●	2-3	阪神	高橋
4.17	後楽園	●	0-2	中日	金田
4.20	甲子園	○	11-2	阪神	黒岩
4.21	日生	●	1-2	阪神	宮地
4.22	日生	●	0-10	阪神	大脇
4.24	桐生	○	9-6	洋松	黒岩
4.25	高崎	○	5-4	洋松	大脇
4.25	高崎	○	4-1	洋松	金田
4.28	後楽園	○	4-3	阪神	北畑
4.29	後楽園	●	3-5	阪神	宮地
4.29	後楽園	○	8-7	阪神	金田
5.2	広島	●	1-2	広島	大脇
5.2	広島	●	3-5	広島	高橋
5.5	彦根	○	2-1	洋松	金田
5.5	彦根	○	9-2	洋松	井上
5.8	川崎	●	1-7	中日	黒岩
5.11	中日	●	0-1	中日	金田
5.12	中日	●	0-2	中日	北畑

9.30	後楽園	●	3-4	中日	大脇
10.3	川崎	●	4-7	巨人	北畑
10.8	大阪	●	2-9	阪神	金田
10.10	川崎	○	8-3	洋松	高橋
10.10	川崎	●	2-3	洋松	北畑
10.14	後楽園	●	2-3	阪神	金田
10.14	後楽園	●	3-7	阪神	大脇
10.16	十日市	●	1-2	広島	金田
10.17	広島	●	1-5	広島	大脇
10.17	広島	△	3-3	広島	—
10.18	広島	●	2-5	広島	田所
10.19	福山	○	9-1	広島	金田
10.24	中日	△	7-7	中日	—
10.24	中日	●	2-3	中日	北畑
10.25	中日	○	3-1	洋松	金田

【1955(昭和30)年】

位置	背番号	氏名	年齢	出身校
監督	30	藤田　宗一	41	法大
コーチ	1	宇野　光雄	38	慶大
	33	森谷　良平	41	法大
	40	宇佐美一夫	41	横高商
投手	10	大脇　照夫	25	滝実
	11	田所善治郎	21	静岡商
	12	黒岩　弘	22	須坂商
	14	高橋　輝	24	中大
	15	田代　照勝	21	南海高
	16	井上　佳明	23	天王寺高
	17	宮地　惟友	23	金沢高
	18	古谷　法夫	34	法大
	19	中村　利男	25	東海高
	20	北畑　利雄	22	明石南高
	21	深沢　建彦	21	甲府一高
	31	三林　清二	19	宇治山田商
	34	金田　正一	22	享栄商
	36	片岡節次郎	22	早大
	37	酒井　豪久	24	丸の内高
	38	小林　勝巳	22	前橋高
	39	真下　定夫	21	高崎商
	41	大沼　清	19	白石高
捕手	4	佐竹　一雄	30	京阪商
	22	木下　雅弘	24	神奈川大
	23	松橋　義喜	21	長野北高
	24	阿井　利治	20	静岡商

7.25	後楽園	●	0-1	洋松	金田
7.27	上田	●	1-4	広島	北畑
7.28	長野	○	8-7	広島	金田
7.28	長野	○	4-2	広島	金田
7.31	浜松	○	5-4	中日	高橋
8.1	中日	●	2-3	中日	黒岩
8.1	中日	●	0-4	中日	金田
8.7	川崎	●	4-5	阪神	金田
8.8	川崎	●	2-12	阪神	高橋
8.8	川崎	●	6-9	阪神	大脇
8.11	川崎	●	1-4	巨人	金田
8.12	川崎	●	1-6	巨人	三林
8.14	静岡	○	4-2	巨人	田所
8.15	浜松	○	12-3	巨人	金田
8.15	浜松	●	1-3	巨人	井上
8.17	松阪	○	1-0	洋松	黒岩
8.17	松阪	○	9-4	洋松	井上
8.21	呉二河	○	4-3	広島	金田
8.22	広島	●	0-2	広島	高橋
8.22	広島	●	2-3	広島	井上
8.25	八王子	●	1-5	中日	大脇
8.26	川崎	●	3-4	中日	田所
8.26	川崎	○	1-0	中日	金田
8.28	中日	●	2-5	中日	高橋
8.29	中日	●	1-2	中日	大脇
8.29	中日	●	1-5	中日	金田
9.1	後楽園	○	4-3	阪神	金田
9.4	後楽園	●	3-7	巨人	金田
9.5	後楽園	●	1-3	巨人	田所
9.5	後楽園	○	7-3	巨人	金田
9.8	川崎	●	1-2	巨人	高橋
9.9	川崎	●	0-4	巨人	金田
9.11	川崎	○	1-0	中日	北畑
9.11	川崎	○	2-1	中日	大脇
9.16	神戸	●	3-13	阪神	田所
9.19	川崎	○	3-1	洋松	金田
9.19	川崎	●	1-8	洋松	高橋
9.21	川崎	●	1-13	中日	北畑
9.21	川崎	○	5-2	中日	大脇
9.23	甲子園	○	6-5	阪神	金田
9.23	甲子園	●	1-9	阪神	高橋
9.26	岡山	○	3-2	洋松	大脇
9.26	岡山	○	7-1	洋松	北畑
9.29	後楽園	●	0-10	中日	金田

4.30	三次	○	12-3	広島	宮地
5.1	広島	●	2-3	広島	北畑
5.1	広島	●	1-2	広島	大脇
5.3	金沢	●	9-10	阪神	北畑
5.3	金沢	●	2-4	阪神	宮地
5.5	富山	○	8-3	阪神	大脇
5.5	富山	●	2-14	阪神	高橋
5.8	川崎	○	3-2	広島	黒岩
5.8	川崎	●	2-6	広島	北畑
5.10	川崎	●	0-1	中日	金田
5.11	川崎	○	5-3	中日	大脇
5.14	長岡	○	6-3	大洋	金田
5.15	新潟	●	2-3	大洋	高橋
5.15	新潟	○	8-4	大洋	金田
5.17	後楽園	○	8-7	阪神	金田
5.19	後楽園	●	1-3	阪神	宮地
5.19	後楽園	○	6-2	阪神	金田
5.21	後楽園	○	2-1	巨人	金田
5.22	後楽園	○	5-3	巨人	大脇
5.22	後楽園	●	0-9	巨人	田所
5.24	川崎	●	0-7	中日	黒岩
5.26	川崎	○	1-0	中日	金田
5.26	川崎	○	6-4	中日	金田
5.28	千葉	●	4-9	広島	北畑
5.31	甲子園	●	0-1	阪神	金田
6.1	大阪	○	4-2	阪神	金田
6.4	中日	○	1-0	中日	大脇
6.5	中日	●	4-5	中日	金田
6.5	中日	●	0-1	中日	黒岩
6.7	川崎	●	3-5	大洋	宮地
6.12	広島	○	10-2	広島	金田
6.12	広島	●	2-5	広島	大脇
6.14	川崎	●	0-1	巨人	金田
6.16	川崎	●	3-5	巨人	宮地
6.18	川崎	○	1-0	広島	金田
6.19	川崎	○	3-2	広島	黒岩
6.22	後楽園	○	9-3	中日	金田
6.23	後楽園	●	3-8	中日	田所
6.25	後楽園	○	8-0	阪神	金田
6.26	後楽園	●	0-8	阪神	大脇
6.26	後楽園	○	7-0	阪神	北畑
6.28	長野	○	11-3	巨人	金田
6.29	下諏訪	●	1-2	巨人	高橋
6.30	甲府	●	5-6	巨人	田所

	53	岩崎　哲郎	22	岩手福岡
	54	廿浦　克郎	18	鴻巣高
内野手	3	箱田　淳	23	盈進商
	7	中村　栄	32	桐生中
	8	鵜飼　勝美	23	享栄商
	9	大久保英男	23	鳴門高
	26	渡辺礼次郎	24	明大
	28	南　輝明	20	京都商
	29	石田　雅亮	19	明治高
	32	大橋　一郎	22	愛知学院
	42	瀬野　浄	21	呉阿賀高
	43	佐々木重徳	21	明大
	52	高田　良明	20	札幌北高
外野手	2	小松原博喜	31	横浜商
	5	佐藤　孝夫	24	白石高
	6	渡辺　光央	26	作新学院
	25	初岡　栄治	25	専大
	27	町田　行彦	21	長野北高
	35	青山　浩	23	鳥取西高
	44	飯村　誠	19	作新学院
	45	林田　章三	23	明大
	51	高橋　武	22	熊谷高
技術顧問		楠見　幸信	48	慶大
		西垣　徳雄	44	法大

月日	球場	勝敗	スコア	相手	責任投手
4.2	中日	●	1-3	中日	金田
4.3	中日	●	0-1	中日	北畑
4.3	中日	●	2-4	中日	高橋
4.5	後楽園	●	1-5	巨人	宮地
4.6	後楽園	●	6-10	巨人	田所
4.7	後楽園	○	2-1	巨人	北畑
4.10	川崎	●	1-3	大洋	宮地
4.10	川崎	○	1-0	大洋	大脇
4.12	甲子園	○	4-3	阪神	金田
4.13	甲子園	○	2-1	阪神	北畑
4.14	甲子園	●	4-5	阪神	金田
4.17	後楽園	○	3-1	中日	大脇
4.17	後楽園	●	0-1	中日	宮地
4.20	後楽園	●	0-2	巨人	金田
4.20	後楽園	●	3-4	巨人	金田
4.21	後楽園	○	7-3	巨人	田所
4.23	岡山	○	4-0	広島	大脇
4.26	川崎	●	0-1	大洋	金田

9.4	宇都宮常設	●	1-3	大洋	黒岩
9.6	中日	△	0-0	中日	—
9.7	中日	○	3-0	中日	宮地
9.10	呉二河	●	1-2	広島	金田
9.11	広島	△	1-1	広島	—
9.13	岡山	●	0-1	阪神	田所
9.14	神戸	○	2-1	阪神	宮地
9.15	大阪	●	4-8	阪神	北畑
9.17	高田	●	2-6	大洋	黒岩
9.23	後楽園	●	0-1	巨人	金田
9.24	後楽園	○	3-2	大洋	金田
9.25	後楽園	●	3-5	大洋	田代
10.4	横浜	○	3-1	大洋	金田
10.4	横浜	●	0-1	大洋	宮地
10.5	川崎	○	9-4	大洋	金田
10.7	横浜	○	6-2	巨人	金田
10.7	横浜	●	2-3	巨人	宮地
10.8	静岡	○	5-4	巨人	田所
10.8	静岡	●	2-3	巨人	深沢
10.12	後楽園	○	2-0	中日	金田
10.12	後楽園	○	6-1	中日	大脇
10.13	後楽園	○	8-2	中日	深沢
10.13	後楽園	●	1-5	中日	田所
10.19	長野	●	1-3	阪神	金田

【1956(昭和31)年】

位置	背番号	氏名	年齢	出身校
監督	30	宇野　光雄	39	慶大
ヘッドコーチ				
	31	西垣　徳雄	45	法大
コーチ	33	森谷　良平	42	法大
	40	宇佐美一夫	41	横浜高商
投手	10	大脇　照夫	26	滝実
	11	田所善治郎	22	静岡商
	12	黒岩　弘	23	須坂商
	14	高橋　輝	25	中大
	15	田代　照勝	22	南海高
	16	井上　佳明	24	天王寺高
	17	宮地　惟友	24	金沢高
	18	三林　清二	21	宇治山田商
	19	松田　清	26	明大中野
	20	北畑　利雄	23	明石南高
	21	深沢　建彦	22	甲府一高
	34	金田　正一	23	享栄商

7.6	後楽園	●	1-7	大洋	金田
7.7	後楽園	○	6-0	大洋	田所
7.9	神戸	○	2-0	阪神	金田
7.10	甲子園	●	0-4	阪神	高橋
7.10	甲子園	●	1-4	阪神	北畑
7.12	川崎	○	2-0	広島	金田
7.13	川崎	○	22-4	広島	大脇
7.15	川崎	●	1-3	巨人	金田
7.16	川崎	●	3-4	巨人	金田
7.17	川崎	●	0-13	巨人	黒岩
7.20	山口	●	6-8	広島	田所
7.21	福山	○	5-0	広島	三林
7.24	大阪	●	1-5	阪神	金田
7.24	大阪	●	0-2	阪神	三林
7.26	川崎	○	8-2	大洋	北畑
7.26	川崎	○	8-0	大洋	金田
7.27	川崎	○	10-4	大洋	田代
7.30	中日	●	0-5	中日	金田
7.31	中日	●	2-9	中日	大脇
8.3	米子	○	5-1	阪神	金田
8.4	米子	●	0-3	阪神	田代
8.6	西條	○	3-2	広島	金田
8.7	広島	●	8-9	広島	金田
8.7	広島	●	4-5	広島	大脇
8.9	中日	●	1-8	中日	高橋
8.10	中日	●	2-3	中日	田所
8.11	中日	●	1-2	中日	北畑
8.13	郡山	○	4-2	大洋	田所
8.14	仙台	○	2-1	大洋	金田
8.14	仙台	○	3-2	大洋	黒岩
8.16	後楽園	●	4-6	広島	大脇
8.17	後楽園	●	1-4	広島	金田
8.18	後楽園	○	4-0	広島	田所
8.20	大宮	●	2-3	大洋	北畑
8.20	大宮	○	3-2	大洋	金田
8.23	後楽園	○	6-3	巨人	黒岩
8.24	後楽園	○	2-0	巨人	金田
8.25	後楽園	●	4-12	巨人	高橋
8.27	後楽園	●	0-3	広島	黒岩
8.27	後楽園	○	4-0	広島	金田
8.28	後楽園	○	5-4	広島	金田
8.30	茨城	●	0-2	巨人	宮地
9.3	川崎	●	2-3	大洋	田所
9.3	川崎	●	0-2	大洋	金田

4.10	松本	●	1-10	中日	宮地
4.12	長野	○	3-1	中日	金田
4.12	長野	○	4-2	中日	田代
4.14	前橋	○	11-6	大洋	金田
4.15	高崎	●	1-17	大洋	北畑
4.15	高崎	●	2-3	大洋	宮地
4.17	後楽園	○	6-2	阪神	金田
4.18	後楽園	●	3-6	阪神	大脇
4.19	後楽園	●	1-3	阪神	金田
4.21	富山	●	1-2	大洋	松田
4.22	金沢	○	4-1	大洋	金田
4.22	金沢	○	3-2	大洋	宮地
4.24	茨城	●	2-10	巨人	田代
4.26	静岡	△	4-4	巨人	—
4.28	呉二河	○	6-0	広島	宮地
4.29	広島	○	2-1	広島	金田
4.29	広島	●	0-3	広島	北畑
5.1	中日	●	0-4	中日	田代
5.2	中日	●	0-1	中日	金田
5.3	中日	○	2-1	中日	宮地
5.3	中日	○	5-0	中日	大脇
5.5	福井	○	6-5	阪神	金田
5.6	富山	○	1-0	阪神	宮地
5.6	富山	○	1-0	阪神	田代
5.8	後楽園	○	8-2	巨人	金田
5.9	後楽園	○	2-0	巨人	大脇
5.12	八王子	●	2-4	広島	宮地
5.17	後楽園	●	0-3	阪神	大脇
5.17	後楽園	●	0-3	阪神	宮地
5.19	後楽園	●	1-3	中日	金田
5.19	後楽園	●	1-4	中日	松田
5.20	後楽園	○	12-3	中日	宮地
5.22	後楽園	●	2-6	大洋	田所
5.23	後楽園	●	1-2	大洋	金田
5.26	福山	○	1-0	広島	宮地
5.27	広島	○	6-0	広島	金田
5.27	広島	●	2-4	広島	大脇
5.31	甲子園	○	3-2	阪神	金田
6.5	後楽園	●	2-3	中日	宮地
6.6	後楽園	●	2-14	中日	金田
6.9	甲子園	○	8-2	阪神	宮地
6.10	甲子園	●	1-3	阪神	金田
6.10	甲子園	●	1-5	阪神	田代
6.13	中日	●	0-2	中日	大脇

	36	片岡節次郎	23	兵庫高
	37	酒井　豪久	25	丸の内高
	39	真下　定夫	22	高崎商
	41	大沼　清	20	白石高
捕手	4	佐竹　一郎	31	京阪商
	6	谷田比呂美	32	尼崎中
	22	木下　雅弘	25	神奈川大
	23	松橋　義喜	22	長野北高
	24	阿井　利治	21	静岡商
	51	土居　章助	18	城東高
	53	岩崎　哲郎	23	岩手福岡
	54	廿浦　克郎	19	鴻巣高
内野手	1	佐々木重徳	22	明大
	3	箱田　淳	24	盈進商
	7	中村　栄	33	桐生中
	8	鵜飼　勝美	24	享栄商
	9	大久保英男	24	鳴門高
	26	南　輝明	21	京都商
	28	渡辺礼次郎	25	明大
	29	石田　雅亮	20	明治高
	32	大橋　一郎	23	愛知学院
	38	西岡　清吉	19	城東高
	42	瀬野　浄	22	呉阿賀高
	52	高田　良明	21	札幌北高
外野手	2	小松原博喜	32	横浜商
	5	佐藤　孝夫	25	白石高
	21	小林　勝巳	23	前橋高
	27	町田　行彦	22	長野北高
	35	青山　浩	24	鳥取西高
	43	飯村　誠	20	作新学院
	45	林田　章三	24	明大

月日	球場	勝敗	スコア	相手	責任投手
3.21	後楽園	●	1-4	巨人	金田
3.21	後楽園	○	3-2	巨人	松田
3.22	後楽園	●	1-4	巨人	田所
3.24	甲子園	●	2-3	阪神	金田
3.27	中日	●	1-9	中日	大脇
3.28	中日	○	3-2	中日	金田
3.31	西條	●	2-5	広島	宮地
4.3	後楽園	●	1-3	阪神	金田
4.4	後楽園	●	2-8	阪神	大脇
4.5	後楽園	●	0-3	阪神	宮地
4.7	後楽園	○	4-0	巨人	松田

8.16	後楽園	○	1-0	広島	宮地
8.18	仙台	○	5-4	大洋	金田
8.18	仙台	○	3-0	大洋	北畑
8.20	後楽園	●	1-4	巨人	金田
8.21	後楽園	●	0-8	巨人	金田
8.23	後楽園	●	1-5	巨人	北畑
8.23	後楽園	●	3-8	巨人	宮地
8.25	後楽園	○	3-2	中日	田所
8.25	後楽園	●	0-1	中日	三林
8.26	後楽園	○	6-1	中日	北畑
8.31	後楽園	○	2-1	巨人	北畑
9.1	後楽園	●	0-1	巨人	金田
9.2	後楽園	●	3-6	巨人	金田
9.2	後楽園	○	5-4	巨人	北畑
9.4	川崎	○	1-0	大洋	田所
9.8	福山	●	4-5	広島	田所
9.9	広島	○	1-0	広島	金田
9.9	広島	△	4-4	広島	—
9.11	後楽園	○	1-0	阪神	田所
9.12	後楽園	●	0-6	阪神	北畑
9.14	後楽園	○	9-7	広島	宮地
9.15	後楽園	●	2-5	巨人	金田
9.15	後楽園	●	3-8	巨人	田所
9.19	金沢	○	2-1	広島	金田
9.19	金沢	○	6-0	広島	宮地
9.25	後楽園	○	3-1	巨人	田所
9.28	後楽園	△	4-4	広島	—
9.30	川崎	●	1-3	巨人	田所
10.3	甲子園	●	2-4	阪神	宮地
10.5	後楽園	○	10-3	広島	田所
10.5	後楽園	●	4-5	巨人	大脇

【1957(昭和32)年】

位置	背番号	氏名	年齢	出身校
監督	30	宇野　光雄	40	慶大
コーチ	31	西垣　徳雄	46	法大
	40	宇佐美一夫	42	横浜高商
	50	森谷　良平	43	法大
投手	10	大脇　照夫	27	滝実
	11	田所善治郎	23	静岡商
	12	黒岩　　弘	24	須坂商
	14	大沼　　清	21	白石高
	15	田代　照勝	23	南海高
	16	井上　佳明	25	天王寺高

6.14	中日	○	6-1	中日	三林
6.16	川崎	○	1-0	大洋	金田
6.17	川崎	○	3-1	大洋	宮地
6.17	川崎	○	8-5	大洋	大脇
6.19	後楽園	●	0-1	大洋	金田
6.20	後楽園	●	0-4	大洋	宮地
6.21	後楽園	○	3-2	大洋	金田
6.24	後楽園	△	7-7	巨人	—
6.24	後楽園	○	3-1	巨人	田所
6.26	足利	●	1-3	広島	宮地
6.26	足利	●	3-9	広島	高橋
6.28	高崎	○	2-0	広島	金田
7.7	後楽園	○	5-1	巨人	宮地
7.7	後楽園	○	1-0	巨人	金田
7.8	後楽園	○	3-2	巨人	金田
7.11	川崎	○	4-1	広島	金田
7.13	甲子園	●	1-2	阪神	宮地
7.14	甲子園	○	2-1	阪神	金田
7.15	甲子園	●	3-4	阪神	田所
7.15	甲子園	○	1-0	阪神	金田
7.17	後楽園	○	2-1	大洋	大脇
7.18	後楽園	○	4-1	大洋	黒岩
7.19	後楽園	●	0-1	大洋	金田
7.21	中日	●	3-4	中日	金田
7.22	中日	●	0-2	中日	大脇
7.22	中日	○	1-0	中日	三林
7.24	山口	●	1-2	広島	金田
7.25	広島	○	2-1	広島	田所
7.26	広島	●	0-2	広島	大脇
7.28	甲子園	●	0-1	阪神	黒岩
7.29	甲子園	●	5-9	阪神	金田
7.29	甲子園	●	1-2	阪神	大脇
7.31	長野	○	8-5	大洋	北畑
8.1	伊那	○	2-1	大洋	金田
8.2	飯田	●	0-3	大洋	田所
8.4	川崎	●	4-11	中日	大脇
8.5	川崎	●	0-1	中日	金田
8.7	川崎	○	7-6	大洋	北畑
8.8	川崎	○	7-3	大洋	金田
8.9	川崎	●	2-4	大洋	大脇
8.11	中日	●	0-2	中日	三林
8.12	中日	●	0-1	中日	大脇
8.14	後楽園	○	1-0	広島	金田
8.15	後楽園	○	5-4	広島	金田

4.4	後楽園	●	3-8	阪神	宮地
4.6	三次	○	6-2	広島	金田
4.7	広島	○	3-1	広島	田所
4.7	広島	●	2-3	広島	宮地
4.9	中日	●	2-3	中日	金田
4.10	中日	○	1-0	中日	田所
4.13	後楽園	○	2-1	巨人	金田
4.14	後楽園	●	2-5	巨人	田所
4.14	後楽園	○	6-2	巨人	田代
4.16	後楽園	○	4-2	中日	金田
4.18	後楽園	●	4-8	中日	田所
4.20	川崎	●	3-11	大洋	大脇
4.21	川崎	○	6-1	大洋	金田
4.21	川崎	○	4-1	大洋	田所
4.24	中日	○	3-0	中日	金田
4.27	甲子園	●	0-2	阪神	田所
4.28	甲子園	●	5-6	阪神	大脇
4.29	甲子園	●	0-1	阪神	金田
5.1	後楽園	○	1-0	広島	金田
5.2	後楽園	●	4-5	広島	大脇
5.3	後楽園	○	2-1	広島	金田
5.4	後楽園	●	1-2	巨人	田所
5.5	後楽園	○	5-0	巨人	金田
5.7	甲子園	●	2-3	阪神	金田
5.8	甲子園	○	6-4	阪神	田代
5.9	甲子園	○	2-1	阪神	金田
5.14	後楽園	●	3-4	大洋	金田
5.15	後楽園	△	1-1	大洋	—
5.16	後楽園	○	5-1	大洋	田代
5.18	後楽園	○	2-1	巨人	金田
5.19	後楽園	●	1-9	巨人	田所
5.19	後楽園	●	2-8	巨人	宮地
5.21	後楽園	○	9-1	広島	金田
5.22	後楽園	○	5-2	広島	田所
5.23	後楽園	●	5-7	広島	井上
5.26	後楽園	○	10-5	中日	宮地
5.28	甲子園	●	4-5	阪神	金田
5.30	甲子園	●	2-3	阪神	大脇
6.1	福井	●	2-3	広島	金田
6.2	富山	○	4-3	広島	田所
6.4	川崎	○	4-3	阪神	大脇
6.5	川崎	○	9-5	阪神	田所
6.9	川崎	●	2-7	中日	田所
6.11	後楽園	●	2-7	巨人	金田

	17	宮地　惟友	25	金沢高
	18	三林　清二	25	宇治山田商
	20	北畑　利雄	23	明石南高
	33	斉藤　良雄	19	白石高
	34	金田　正一	24	享栄商
	35	茂木　忠之	19	伊勢崎高
	36	島谷　勇雄	19	盈進商
	37	根来　広光	21	府中高
	52	村田　元一	19	明治高
	53	浜田　義治	19	尾道商
	57	高島　俊夫	19	大宮高
捕手	4	佐竹　一雄	32	京阪商
	6	谷田比呂美	33	尼崎中
	21	林田　章三	25	明大
	22	岩崎　哲郎	24	岩手福岡
	24	阿井　利治	22	静岡商
	39	瀬戸　昭彦	19	尾道商
内野手	1	佐々木重徳	23	明大
	3	箱田　　淳	25	盈進商
	9	大久保英男	25	鳴門高
	23	飯田　徳治	33	浅野中
	26	南　　輝明	22	京都商
	28	渡辺礼次郎	26	明大
	29	石田　雅亮	21	明治高
	38	西岡　清吉	20	城東高
	51	土居　章助	20	城東高
	56	岡野　久一	20	下妻一
外野手	2	小松原博喜	33	横浜商
	5	佐藤　孝夫	26	白石高
	7	町田　行彦	23	長野北高
	8	鵜飼　勝美	25	享栄商
	19	松田　　清	27	明大中野
	25	青山　　浩	27	鳥取西高
	32	大橋　一郎	24	愛知学院
	54	廿浦　克郎	20	鴻巣高
	55	瀬野　　浄	23	呉阿賀高
	58	桂本　和夫	23	中大

月日	球場	勝敗	スコア	相手	責任投手
3.30	後楽園	●	0-1	巨人	田所
3.31	後楽園	●	2-3	巨人	金田
3.31	後楽園	●	0-1	巨人	宮地
4.2	後楽園	●	1-7	阪神	田所
4.3	後楽園	●	2-5	阪神	金田

8.20	中日	●	0-5	中日	大脇
8.21	中日	●	0-1	中日	田所
8.21	中日	○	1-0	中日	金田
8.24	広島	●	4-7	広島	大脇
8.25	広島	●	0-1	広島	田所
8.25	広島	○	6-3	広島	金田
8.27	後楽園	●	3-8	中日	三林
8.28	後楽園	○	3-1	中日	田所
8.29	後楽園	●	2-5	中日	金田
8.30	後楽園	●	2-3	大洋	大脇
8.31	後楽園	○	7-3	大洋	田所
9.1	後楽園	●	0-3	大洋	黒岩
9.3	広島	●	3-5	広島	三林
9.4	広島	●	3-4	広島	北畑
9.8	甲子園	○	4-2	阪神	宮地
9.12	中日	●	1-8	中日	大脇
9.12	中日	●	0-3	中日	宮地
9.15	金沢	●	1-2	大洋	田所
9.15	金沢	●	3-5	大洋	田所
9.18	後楽園	●	3-4	巨人	大脇
9.18	後楽園	○	4-2	巨人	田所
9.21	後楽園	●	6-10	阪神	北畑
9.21	後楽園	●	3-4	阪神	田所
9.22	後楽園	○	1-0	阪神	宮地
9.23	後楽園	○	4-0	阪神	田所
9.30	広島	●	5-10	広島	三林
9.30	広島	○	7-0	広島	大脇
10.2	下関	○	9-1	大洋	金田
10.2	下関	○	5-1	大洋	宮地
10.7	中日	●	3-10	中日	田所
10.7	中日	●	1-2	中日	大脇
10.9	甲子園	○	4-2	阪神	金田
10.15	後楽園	○	3-2	中日	大脇
10.16	後楽園	○	2-0	広島	田所
10.20	仙台	●	2-3	広島	大脇
10.20	仙台	○	1-0	広島	田所
10.25	高崎	●	6-8	中日	宮地

【1958(昭和33)年】

位置	背番号	氏名	年齢	出身校
監督	30	宇野　光雄	41	慶大
ヘッドコーチ	50	西垣　徳雄	49	法大
コーチ	4	佐竹　一雄	33	京阪商

6.13	後楽園	○	5-4	巨人	井上
6.13	後楽園	●	0-2	巨人	金田
6.15	後楽園	○	6-1	大洋	宮地
6.16	後楽園	○	6-4	大洋	金田
6.18	後楽園	●	5-6	巨人	田所
6.19	後楽園	○	9-2	巨人	金田
6.20	後楽園	○	5-1	巨人	大脇
6.22	後楽園	○	9-1	阪神	北畑
6.23	後楽園	●	2-7	阪神	金田
6.25	川崎	●	2-4	広島	田所
6.29	川崎	●	2-6	大洋	井上
7.2	後楽園	○	3-2	大洋	金田
7.3	後楽園	○	7-1	大洋	田所
7.4	後楽園	○	4-3	大洋	金田
7.6	中日	○	6-1	中日	金田
7.14	中日	△	1-1	中日	—
7.14	中日	●	1-2	中日	大脇
7.15	中日	●	1-2	中日	金田
7.17	川崎	●	2-7	大洋	北畑
7.18	川崎	●	0-2	大洋	田所
7.20	後楽園	○	4-0	広島	金田
7.23	後楽園	○	5-4	巨人	金田
7.25	後楽園	○	3-0	巨人	田所
7.25	後楽園	○	4-3	巨人	金田
7.27	甲子園	●	0-2	阪神	井上
7.28	甲子園	●	2-7	阪神	田所
7.28	甲子園	○	5-2	阪神	金田
7.30	広島	△	2-2	広島	—
7.31	広島	●	1-2	広島	黒岩
8.1	広島	○	6-0	広島	金田
8.3	川崎	●	1-6	大洋	三林
8.4	川崎	●	0-2	大洋	金田
8.4	川崎	●	3-6	大洋	田所
8.6	川崎	●	4-7	阪神	田所
8.7	川崎	●	2-7	阪神	金田
8.9	後楽園	○	9-1	巨人	田所
8.10	後楽園	△	2-2	巨人	—
8.10	後楽園	○	2-1	巨人	金田
8.11	後楽園	○	2-1	巨人	大脇
8.13	後楽園	●	5-6	中日	田所
8.14	後楽園	○	4-2	中日	金田
8.15	後楽園	○	6-5	中日	金田
8.17	後楽園	●	0-1	大洋	田所
8.18	後楽園	●	2-4	大洋	金田

19	松田	清	28	明大中野
29	石田	雅亮	22	明治高
53	浜田	義治	20	尾道商
58	桂本	和夫	23	中大

月日	球場	勝敗	スコア	相手	責任投手
4.5	後楽園	○	4-1	巨人	金田
4.6	後楽園	○	4-2	巨人	金田
4.6	後楽園	○	4-3	巨人	宮地
4.8	後楽園	●	2-5	阪神	村田
4.9	後楽園	○	5-1	阪神	金田
4.10	後楽園	●	2-3	阪神	大脇
4.12	中日	●	2-3	中日	村田
4.13	中日	○	9-2	中日	金田
4.13	中日	●	0-7	中日	大脇
4.15	甲子園	●	3-10	阪神	村田
4.16	甲子園	○	1-0	阪神	金田
4.17	甲子園	●	1-3	阪神	宮地
4.19	後楽園	○	4-0	巨人	金田
4.20	後楽園	●	2-10	巨人	大脇
4.20	後楽園	○	3-2	巨人	金田
4.22	後楽園	●	0-8	中日	宮地
4.23	後楽園	○	2-1	中日	金田
4.24	後楽園	●	1-7	中日	宮地
4.25	後楽園	○	1-0	大洋	金田
4.26	後楽園	○	6-0	大洋	村田
4.27	後楽園	●	2-3	大洋	金田
4.29	後楽園	○	6-1	広島	村田
4.30	後楽園	○	4-3	広島	金田
5.1	後楽園	○	6-0	広島	宮地
5.3	中日	○	4-0	中日	金田
5.4	中日	○	3-2	中日	村田
5.5	中日	●	1-5	中日	田所
5.5	中日	●	2-9	中日	宮地
5.7	広島	○	3-0	広島	金田
5.10	川崎	○	5-3	大洋	村田
5.13	後楽園	○	6-0	中日	金田
5.14	後楽園	○	3-1	中日	村田
5.17	後楽園	○	2-1	巨人	金田
5.18	後楽園	●	1-3	巨人	村田
5.18	後楽園	●	1-12	巨人	三林
5.21	後楽園	○	2-0	大洋	金田
5.22	後楽園	○	4-2	大洋	村田
5.24	甲子園	○	4-2	阪神	金田

	40	宇佐美	一夫	43	横浜高商
	60	小松原	博喜	34	横浜商
投手	10	大脇	照夫	28	滝実
	11	田所	善治郎	24	静岡商
	12	黒岩	弘	25	須坂商
	17	宮地	惟友	26	金沢高
	18	三林	清二	22	宇治山田商
	31	田代	照勝	24	南海高
	32	高屋	俊夫	20	大宮高
	33	斎藤	良雄	20	白石高
	34	金田	正一	25	享栄商
	35	茂木	忠之	20	伊勢崎高
	36	島谷	勇雄	20	盈進商
	37	村田	元一	20	明治高
	38	北畑	利雄	25	明石南高
	39	白川	久夫	19	金沢高
	44	梅原	武男	19	茨城高
	45	金田	高義	20	愛知学院
	47	永井	亮	19	与野高
	48	小野木	孝	19	仙台工
	49	吉屋	民夫	20	朝日中
	51	福里	寛	19	指宿高
捕手	21	林田	章三	26	明大
	22	岩崎	哲郎	25	岩手福岡
	24	阿井	利治	23	静岡商
	25	平岩	次男	22	立命大
	26	谷田	比呂美	34	尼崎中
	27	根来	広光	22	府中高
	28	瀬戸	昭彦	20	尾道商
内野手	1	佐々木	重徳	24	明大
	2	土居	章助	21	城東高
	3	箱田	淳	26	盈進商
	9	大久保	英男	26	鳴門高
	14	渡辺	礼次郎	27	明大
	15	大橋	一郎	25	愛知学院高
	16	西岡	清吉	21	城東高
	23	飯田	徳治	34	浅野中
	41	赤池	彰徳	20	立大
	56	岡野	久一	21	下妻一高
	57	亀田	信夫	18	大宮高
外野手	5	佐藤	孝夫	27	白石高
	6	青山	浩	26	鳥取西高
	7	町田	行彦	24	長野北高
	8	鵜飼	勝美	26	享栄商

8.1	川崎	●	0-2	大洋	村田	5.25	甲子園	●	1-2	阪神	村田
8.2	川崎	○	5-2	大洋	金田	5.25	甲子園	●	2-7	阪神	田所
8.3	川崎	●	4-6	大洋	金田	5.27	広島	△	2-2	広島	—
8.3	川崎	○	5-2	大洋	村田	5.28	広島	△	1-1	広島	—
8.5	中日	●	2-4	中日	村田	5.29	広島	○	3-1	広島	大脇
8.6	中日	●	1-6	中日	宮地	5.31	川崎	●	4-5	大洋	金田
8.6	中日	●	3-7	中日	金田	6.1	川崎	●	5-14	大洋	田所
8.8	広島	●	2-8	広島	村田	6.1	川崎	●	1-3	大洋	村田
8.9	広島	●	0-1	広島	金田	6.4	中日	○	3-2	中日	金田
8.10	広島	●	2-3	広島	金田	6.6	後楽園	○	9-5	阪神	金田
8.12	後楽園	○	4-3	巨人	村田	6.7	後楽園	●	1-4	阪神	大脇
8.13	後楽園	○	2-0	巨人	田所	6.10	後楽園	○	5-0	広島	金田
8.16	後楽園	○	5-2	広島	村田	6.13	後楽園	○	4-1	巨人	金田
8.17	後楽園	△	1-1	広島	—	6.14	後楽園	●	0-1	巨人	村田
8.19	後楽園	○	5-1	阪神	村田	6.15	後楽園	●	4-5	巨人	金田
8.20	後楽園	○	2-1	阪神	金田	6.15	後楽園	○	6-3	巨人	村田
8.21	後楽園	○	2-1	阪神	田所	6.17	川崎	●	3-7	大洋	北畑
8.24	後楽園	●	0-7	中日	村田	6.19	川崎	○	1-0	大洋	金田
8.26	後楽園	●	2-3	大洋	大脇	6.21	甲子園	○	9-3	阪神	宮地
8.27	後楽園	○	1-0	大洋	田所	6.22	甲子園	●	3-4	阪神	金田
8.28	後楽園	△	4-4	大洋	—	6.22	甲子園	●	1-5	阪神	金田
8.30	後楽園	●	2-4	巨人	田所	6.24	後楽園	○	8-7	大洋	金田
8.31	後楽園	●	0-2	巨人	金田	6.25	後楽園	●	3-4	大洋	田所
9.2	川崎	○	3-1	大洋	田所	6.26	後楽園	○	2-1	大洋	金田
9.3	川崎	○	2-1	大洋	村田	6.28	後楽園	●	2-6	阪神	村田
9.3	川崎	●	0-4	大洋	三林	6.29	後楽園	●	1-13	阪神	金田
9.6	広島	●	5-6	広島	村田	6.3	後楽園	○	6-3	阪神	村田
9.7	広島	●	2-4	広島	黒岩	7.1	後楽園	●	2-7	巨人	金田
9.7	広島	○	6-2	広島	宮地	7.3	後楽園	●	1-8	巨人	田所
9.9	中日	●	1-2	中日	田所	7.5	後楽園	●	0-7	広島	村田
9.10	中日	●	0-8	中日	村田	7.6	後楽園	○	3-2	広島	金田
9.13	後楽園	○	6-1	阪神	田所	7.8	後楽園	○	3-2	巨人	村田
9.14	後楽園	●	2-3	阪神	宮地	7.9	後楽園	●	3-6	巨人	大脇
9.18	後楽園	○	2-1	大洋	田所	7.10	後楽園	●	2-4	中日	金田
9.21	仙台	○	4-3	広島	金田	7.11	後楽園	●	2-4	中日	村田
9.21	仙台	○	2-1	広島	宮地	7.12	後楽園	●	1-3	中日	金田
9.23	後楽園	●	2-6	広島	田所	7.13	後楽園	●	1-6	中日	大脇
9.27	後楽園	○	3-2	巨人	金田	7.15	広島	○	6-4	広島	村田
9.28	後楽園	○	9-8	巨人	金田	7.16	広島	○	6-0	広島	金田
9.28	後楽園	●	3-6	巨人	田所	7.17	広島	●	0-4	広島	北畑
9.30	甲子園	●	0-2	阪神	村田	7.19	甲子園	●	3-4	阪神	村田
10.4	上田	●	1-10	中日	村田	7.20	甲子園	●	5-6	阪神	北畑
10.5	長野	●	1-3	中日	田所	7.20	甲子園	●	1-8	阪神	宮地
10.5	長野	○	4-3	中日	金田	7.23	後楽園	●	1-11	巨人	村田

	41	赤池　彰敏	21	立大
	55	中村修一郎	23	松商学園
	56	岡野　久一	22	中妻一高
	57	亀田　信夫	19	大宮高
	59	渡辺　稔	19	大宮高
外野手	2	杉山　悟	33	岡崎中
	5	佐藤　孝夫	28	白石高
	6	赤木　健一	23	慶大
	7	町田　行彦	25	長野北高
	8	鵜飼　勝美	27	享栄商
	9	友川　賢次	24	宮崎大宮
	10	岩下　守道	28	小県農
	19	松田　清	29	明大中野
	43	浜田　義治	21	尾道商
	58	桂本　和夫	25	中大

月日	球場	勝敗	スコア	相手	責任投手
4.11	後楽園	○	3-2	巨人	金田
4.12	後楽園	●	3-4	巨人	村田
4.12	後楽園	●	1-6	巨人	北川
4.14	甲子園	●	0-3	阪神	金田
4.15	甲子園	○	1-0	阪神	北川
4.18	広島	○	5-3	広島	田所
4.19	広島	○	5-3	広島	金田
4.19	広島	○	1-0	広島	北川
4.22	中日	○	6-2	中日	村田
4.23	中日	●	1-9	中日	田所
4.25	後楽園	●	2-3	巨人	金田
4.26	後楽園	●	0-1	巨人	北川
4.26	後楽園	●	0-2	巨人	村田
4.28	川崎	○	9-6	大洋	小野木
4.29	川崎	△	7-7	大洋	—
4.29	川崎	○	4-3	大洋	金田
5.2	後楽園	○	3-1	阪神	田所
5.3	後楽園	●	0-4	阪神	村田
5.3	後楽園	●	3-10	阪神	北川
5.5	後楽園	●	0-2	広島	北川
5.6	後楽園	○	8-1	広島	田所
5.7	後楽園	●	0-8	広島	村田
5.10	金沢	○	5-4	大洋	金田
5.10	金沢	●	0-3	大洋	北川
5.13	後楽園	●	6-12	中日	田所
5.14	後楽園	○	6-0	中日	金田
5.17	後楽園	○	3-0	阪神	北川
10.8	後楽園	●	1-7	巨人	村田
10.9	後楽園	●	1-6	大洋	田所
10.12	広島	●	0-3	広島	宮地
10.12	広島	●	0-6	広島	村田

【1959(昭和34)年】

位置	背番号	氏名	年齢	出身校
監督	30	宇野　光雄	42	慶大
ヘッドコーチ				
	50	西垣　徳雄	48	法大
コーチ	51	宇佐美一夫	44	横高商
	52	佐竹　一雄	34	京阪商
	53	小松原博喜	35	横浜商
	54	林田　章三	27	明大
投手	11	田所善治郎	25	静岡商
	17	宮地　惟友	27	金沢高
	18	巽　一	23	慶大
	20	北川　芳男	27	佐原一高
	31	福里　寛	20	指宿高
	32	高屋　俊夫	21	大宮高
	33	斎藤　良雄	21	白石高
	34	金田　正一	26	享栄商
	35	茂木　忠之	21	伊勢崎高
	36	島谷　勇雄	21	盈進商
	37	村田　元一	21	明治高
	38	横山　守	19	岐阜工
	39	白川　久夫	20	金沢高
	44	梅原　武男	20	茨城高
	45	金田　高義	21	愛知学院
	47	永井　亮	20	与野高
	48	小野木　孝	20	仙台工
捕手	22	岩崎　哲郎	26	岩手福岡
	24	阿井　利治	24	静岡商
	25	平岩　次男	23	立命大
	26	谷田比呂美	35	尼崎中
	27	根来　広光	23	府中高
	28	瀬戸　昭彦	21	尾道商
内野手	1	佐々木重徳	25	明大
	3	箱田　淳	26	盈進商
	12	土居　章助	21	高知城東
	14	渡辺礼次郎	27	明大
	16	西岡　清吉	21	高知城東
	23	飯田　徳治	35	浅野中
	29	石田　雅亮	23	明治高

7.25	中日	○	8-2	中日	北川
7.26	中日	○	4-2	中日	北川
7.26	中日	●	2-4	中日	金田
8.1	広島	○	6-2	広島	北川
8.2	広島	●	0-5	広島	金田
8.2	広島	●	1-9	広島	村田
8.4	川崎	●	3-4	大洋	金田
8.4	川崎	○	4-1	大洋	村田
8.6	川崎	●	3-8	大洋	巽
8.6	川崎	○	5-3	大洋	田所
8.8	仙台	○	14-9	大洋	田所
8.8	仙台	○	12-3	大洋	北川
8.13	後楽園	●	1-4	巨人	村田
8.14	後楽園	●	2-7	阪神	北川
8.15	後楽園	●	2-8	阪神	巽
8.16	後楽園	○	5-4	阪神	北川
8.18	後楽園	○	4-0	大洋	田所
8.19	後楽園	△	1-1	大洋	—
8.20	後楽園	●	3-8	大洋	巽
8.22	後楽園	●	4-6	中日	村田
8.22	後楽園	○	8-0	中日	田所
8.25	後楽園	○	2-1	広島	金田
8.26	後楽園	●	4-6	広島	田所
8.27	後楽園	○	4-1	広島	金田
8.29	後楽園	●	1-4	巨人	田所
8.30	後楽園	●	0-7	巨人	巽
8.30	後楽園	●	0-4	巨人	金田
9.1	中日	●	2-5	中日	田所
9.2	中日	●	2-11	中日	巽
9.3	中日	●	1-2	中日	金田
9.5	広島	●	1-5	広島	北川
9.6	広島	○	6-4	広島	金田
9.8	後楽園	○	11-3	巨人	北川
9.9	後楽園	●	3-8	巨人	金田
9.10	後楽園	○	3-0	巨人	田所
9.12	甲子園	○	5-1	阪神	北川
9.15	後楽園	●	4-5	中日	金田
9.16	後楽園	○	5-3	中日	北川
9.17	後楽園	○	4-3	中日	金田
9.17	後楽園	●	2-5	中日	金田
9.19	後楽園	○	3-1	広島	金田
9.20	後楽園	○	6-2	広島	北川
9.21	後楽園	○	8-6	広島	金田
9.22	後楽園	○	12-2	巨人	北川
5.17	後楽園	○	5-3	阪神	金田
5.20	広島	○	2-0	広島	北川
5.21	広島	○	4-0	広島	金田
5.26	後楽園	○	1-0	巨人	金田
5.27	後楽園	○	5-4	巨人	金田
5.29	後楽園	○	4-1	大洋	村田
5.30	後楽園	○	5-3	大洋	金田
5.31	後楽園	●	4-7	大洋	北川
6.4	後楽園	○	1-0	中日	金田
6.6	後楽園	○	5-1	巨人	村田
6.7	後楽園	●	0-3	巨人	北川
6.7	後楽園	●	4-13	巨人	金田
6.9	後楽園	●	1-4	広島	村田
6.13	甲子園	○	1-0	阪神	北川
6.14	甲子園	●	0-9	阪神	金田
6.14	甲子園	●	2-5	阪神	村田
6.16	川崎	○	5-1	大洋	巽
6.20	甲子園	●	0-2	阪神	北川
6.21	甲子園	●	0-1	阪神	巽
6.21	甲子園	○	8-3	阪神	村田
6.23	中日	●	3-4	中日	金田
6.24	中日	○	5-2	中日	金田
6.25	中日	●	1-5	中日	巽
6.27	広島	○	7-0	広島	北川
6.28	広島	●	1-7	広島	金田
6.28	広島	○	4-2	広島	田所
6.30	後楽園	○	4-2	中日	巽
7.1	後楽園	●	3-4	中日	北川
7.2	後楽園	●	2-9	中日	田所
7.4	後楽園	○	1-0	巨人	北川
7.5	後楽園	●	1-4	巨人	金田
7.5	後楽園	●	1-8	巨人	小野木
7.7	甲子園	○	5-4	阪神	北川
7.9	甲子園	○	2-0	阪神	村田
7.12	後楽園	●	4-11	巨人	北川
7.12	後楽園	●	3-6	巨人	金田
7.14	駒沢	○	4-0	広島	村田
7.14	駒沢	●	3-10	広島	北川
7.19	川崎	○	3-1	大洋	田所
7.19	川崎	●	0-1	大洋	北川
7.21	後楽園	●	2-4	阪神	金田
7.22	後楽園	●	2-5	阪神	北川
7.22	後楽園	○	3-1	阪神	田所
7.23	後楽園	●	0-5	阪神	巽

	24	阿井　利治	25	静岡商
	25	平岩　次男	24	立命大
	26	谷田比呂美	36	尼崎中
	27	根来　広光	24	府中高
	28	瀬戸　昭彦	22	尾道商
	55	岩崎　哲郎	27	岩手福岡
内野手	1	佐々木重徳	26	明大
	2	平井　嘉明	26	関大
	3	箱田　　淳	28	盈進商
	9	中村修一郎	25	松商学園
	16	西岡　清吉	23	高知城東
	12	土居　章助	23	高知城東
	14	渡辺礼次郎	28	明大
	23	飯田　徳治	36	浅野中
	29	石田　雅亮	24	明治高
	41	坂巻　　豊	21	法大
	57	亀田　信夫	21	大宮高
	59	渡辺　　稔	20	大宮高
外野手	5	佐藤　孝夫	29	白石高
	6	赤木　健一	24	慶大
	7	町田　行彦	26	長野北高
	8	小西　秀明	23	立大
	10	岩下　守道	29	小県農
	15	鵜飼　勝美	28	享栄商
	19	松田　　清	30	明大中野
	58	桂本　和夫	26	中大

月日	球場	勝敗	スコア	相手	責任投手
4.2	後楽園	●	1-8	巨人	金田
4.3	後楽園	●	3-6	巨人	北川
4.3	後楽園	●	1-8	巨人	田所
4.5	後楽園	○	8-6	大洋	金田
4.6	後楽園	○	2-0	大洋	村田
4.7	後楽園	○	5-4	大洋	金田
4.9	後楽園	○	11-1	巨人	田所
4.10	後楽園	●	1-2	巨人	北川
4.10	後楽園	○	6-0	巨人	金田
4.12	広島	○	4-3	広島	村田
4.14	広島	●	0-2	広島	巽
4.16	中日	○	7-2	中日	金田
4.17	中日	●	3-12	中日	村田
4.17	中日	○	6-3	中日	北川
4.19	川崎	●	3-4	大洋	巽
4.21	川崎	●	0-1	大洋	金田

9.24	後楽園	○	7-4	阪神	金田
9.27	後楽園	●	4-6	巨人	北川
9.30	川崎	●	1-2	大洋	金田
9.3	川崎	●	0-1	大洋	北川
10.3	中日	●	0-6	中日	村田
10.8	甲子園	●	0-9	阪神	北川
10.8	甲子園	●	0-5	阪神	金田
10.9	姫路	○	2-1	広島	金田
10.11	長野	○	4-3	大洋	金田
10.11	長野	●	1-7	大洋	村田
10.13	川崎	○	5-3	大洋	巽
10.13	川崎	○	6-0	大洋	村田
10.14	駒沢	●	4-8	巨人	北川
10.21	後楽園	●	1-2	中日	北川
10.21	後楽園	○	3-1	中日	村田

【1960(昭和35)年】

位置	背番号	氏名	年齢	出身校
監督	30	宇野　光雄	43	慶大
コーチ	31	砂押　邦信	38	立大
	40	佐竹　一雄	35	京阪商
	50	宇佐美一夫	46	横浜高商
	53	小松原博喜	36	横浜商
	54	林田　章三	28	明大
投手	11	田所善治郎	26	静岡商
	18	巽　　　一	24	慶大
	20	北川　芳男	28	佐原一高
	21	森滝　義巳	22	立大
	32	高屋　俊夫	22	大宮高
	33	斎藤　良雄	22	白石高
	34	金田　正一	27	享栄商
	35	茂木　忠之	22	伊勢崎高
	36	島谷　勇雄	22	盈進商
	37	村田　元一	22	明治高
	38	横山　　守	20	岐阜工
	39	木村　清彦	18	大垣商
	43	浜田　義治	22	尾道商
	44	平社達三郎	25	世田谷工
	45	金田　高義	22	愛知学院
	46	金田　星雄	20	愛知学院
	47	池上　　毅	18	高知工
	48	小野木　孝	21	仙台工
	56	福里　　寛	21	指宿高
捕手	22	東　　郷幸	25	上野高

6.26	川崎	●	0-2	大洋	金田
6.26	川崎	●	4-5	大洋	巽
6.28	後楽園	●	3-6	中日	金田
6.29	後楽園	○	3-2	中日	村田
6.30	後楽園	○	7-1	中日	巽
7.2	後楽園	○	7-3	巨人	村田
7.3	後楽園	●	1-6	巨人	田所
7.3	後楽園	●	3-5	巨人	巽
7.5	後楽園	○	6-2	広島	金田
7.6	後楽園	○	3-1	広島	村田
7.7	後楽園	○	5-0	広島	巽
7.9	後楽園	○	2-1	阪神	金田
7.10	後楽園	○	7-6	阪神	北川
7.12	広島	△	4-4	広島	—
7.13	広島	●	2-3	広島	村田
7.13	広島	●	1-5	広島	北川
7.16	甲子園	●	1-7	阪神	金田
7.17	甲子園	○	7-5	阪神	村田
7.17	甲子園	●	1-2	阪神	北川
7.19	後楽園	●	2-3	巨人	金田
7.20	後楽園	●	6-10	巨人	金田
7.21	後楽園	○	10-3	巨人	巽
7.23	後楽園	○	9-0	広島	森滝
7.24	後楽園	○	5-4	広島	巽
7.30	広島	○	3-1	広島	巽
7.31	広島	●	3-5	広島	金田
7.31	広島	○	3-1	広島	村田
8.1	広島	●	1-4	広島	巽
8.3	甲子園	●	1-2	阪神	北川
8.4	甲子園	○	3-1	阪神	村田
8.7	駒沢	●	4-11	大洋	巽
8.7	駒沢	●	0-3	大洋	金田
8.8	駒沢	●	0-4	大洋	村田
8.11	後楽園	●	0-2	巨人	金田
8.15	後楽園	○	4-3	阪神	北川
8.16	後楽園	○	2-0	大洋	金田
8.17	後楽園	●	0-3	大洋	巽
8.18	後楽園	●	0-6	大洋	金田
8.21	後楽園	○	3-1	巨人	村田
8.21	後楽園	●	4-8	巨人	金田
8.23	浜松	△	8-8	広島	—
8.24	静岡	○	6-4	広島	村田
8.27	中日	●	3-4	中日	村田
8.28	中日	○	7-0	中日	金田

4.23	後楽園	●	2-6	阪神	森滝
4.24	後楽園	○	3-2	阪神	金田
4.24	後楽園	●	1-2	阪神	巽
4.26	後楽園	●	0-3	中日	村田
4.27	後楽園	○	2-1	中日	田所
4.27	後楽園	○	5-2	中日	村田
4.29	川崎	○	2-1	大洋	金田
5.1	川崎	○	3-1	大洋	村田
5.3	甲子園	●	1-5	阪神	金田
5.5	甲子園	●	7-8	阪神	北川
5.8	後楽園	○	8-0	巨人	村田
5.8	後楽園	○	2-1	巨人	金田
5.11	川崎	○	2-1	大洋	金田
5.12	川崎	●	3-4	大洋	金田
5.15	駒沢	○	5-4	広島	金田
5.15	駒沢	○	4-1	広島	村田
5.17	後楽園	●	9-10	中日	田所
5.18	後楽園	●	1-2	中日	金田
5.21	後楽園	○	4-3	巨人	村田
5.22	後楽園	●	2-4	巨人	巽
5.22	後楽園	○	6-3	巨人	金田
5.25	広島	●	0-1	広島	村田
5.26	広島	●	6-7	広島	村田
5.28	中日	●	2-4	中日	森滝
5.29	中日	○	3-2	中日	田所
5.29	中日	●	2-5	中日	金田
5.31	甲子園	●	0-1	阪神	村田
6.1	甲子園	●	1-5	阪神	森滝
6.4	川崎	●	0-6	大洋	田所
6.5	川崎	○	3-1	大洋	村田
6.5	川崎	●	1-2	大洋	金田
6.8	後楽園	●	4-5	巨人	村田
6.9	後楽園	●	2-6	巨人	森滝
6.1	後楽園	○	4-2	巨人	金田
6.11	後楽園	●	1-5	大洋	村田
6.12	後楽園	△	5-5	大洋	—
6.14	後楽園	○	2-0	阪神	巽
6.15	後楽園	○	5-1	阪神	村田
6.18	後楽園	●	1-2	広島	金田
6.19	後楽園	○	1-0	広島	巽
6.20	後楽園	○	4-3	広島	金田
6.23	中日	○	3-2	中日	金田
6.23	中日	○	9-1	中日	村田
6.25	川崎	●	1-5	大洋	森滝

	34	金田 正一	28	享栄商
	35	茂木 忠之	23	伊勢崎高
	36	島谷 勇雄	23	盈進商
	37	村田 元一	23	明治高
	38	横山 守	21	岐阜工
	39	木村 靖彦	19	大垣商
	43	浜田 義治	23	尾道商
	44	日根 紘三	21	豊南高
	46	金田 星雄	21	愛知学院
	47	池上 毅	19	高知工
捕手	22	東 郷幸	26	上野高
	24	阿井 利治	26	静岡商
	25	平岩 嗣朗	25	立命大
	26	片岡 宏雄	25	立大
	27	根来 広光	25	府中高
	28	瀬戸 昭彦	23	尾道商
	45	高橋 勝	20	榛原高
	55	岩崎 哲郎	28	岩手福岡
内野手	1	杉本 公孝	23	立大
	2	平井 嘉明	27	関大
	3	徳武 定之	23	早大
	9	中村修一郎	26	松商学園
	10	土屋 正孝	26	松本深志
	16	西岡 清吉	24	高知城東
	17	佐々木重徳	27	明大
	29	石田 雅亮	25	明治高
	41	坂巻 豊	22	法大
	48	小橋 優	19	倉敷工
	57	亀田 信夫	22	大宮高
	59	渡辺 稔	21	大宮高
外野手	5	佐藤 孝夫	30	白石高
	6	赤木 健一	25	慶大
	7	町田 行彦	27	長野北
	8	小西 秀朗	24	立大
	14	鈴木 秀幸	28	神奈川大
	15	鵜飼 勝美	29	享栄商
	19	松田 清	31	明大中野

月日	球場	勝敗	スコア	相手	責任投手
4.9	甲子園	○	2-1	阪神	北川
4.9	甲子園	●	1-3	阪神	田所
4.11	後楽園	●	0-1	巨人	村田
4.13	後楽園	●	2-3	巨人	北川
4.16	中日	●	1-5	中日	村田

8.28	中日	●	2-3	中日	巽
8.30	後楽園	●	5-9	中日	巽
8.31	後楽園	●	1-3	中日	金田
9.3	甲子園	●	0-3	阪神	村田
9.3	甲子園	○	4-3	阪神	巽
9.4	甲子園	●	0-2	阪神	金田
9.4	甲子園	●	1-3	阪神	村田
9.6	後楽園	●	0-4	中日	巽
9.9	後楽園	●	0-6	巨人	村田
9.10	後楽園	●	1-3	巨人	金田
9.11	後楽園	●	2-5	巨人	森滝
9.14	川崎	●	4-16	大洋	巽
9.14	川崎	○	6-1	大洋	北川
9.15	川崎	○	1-0	大洋	金田
9.17	中日	●	1-7	中日	村田
9.21	広島	△	0-0	広島	—
9.22	広島	●	2-7	広島	北川
9.23	広島	●	0-6	広島	村田
9.26	後楽園	●	0-3	阪神	金田
9.26	後楽園	●	0-2	阪神	村田
9.29	後楽園	○	2-0	中日	金田
9.30	後楽園	○	2-1	中日	金田
10.2	中日	●	3-6	中日	森滝
10.5	後楽園	●	0-1	阪神	島谷
10.5	後楽園	●	3-7	阪神	森滝
10.6	後楽園	●	1-6	阪神	島谷

【1961(昭和36)年】

位置	背番号	氏名	年齢	出身校
監督	30	砂押 邦信	39	立大
コーチ	23	飯田 徳治	37	浅野中
	31	谷田比呂美	37	尼崎中
	40	佐竹 一雄	36	京阪商
	50	宇佐美一夫	47	横浜高商
	51	渡辺礼次郎	30	明大
	53	小松原博喜	37	横浜商
	54	林田 章三	29	明大
投手	11	田所善治郎	27	静岡商
	12	稲垣 博愛	25	愛知大
	18	巽 一	25	慶大
	20	北川 芳男	29	佐原一高
	21	森滝 義巳	23	立大
	32	高屋 俊夫	23	大宮高
	33	斎藤 良雄	23	白石高

6.20	後楽園	○	1-0	中日	森滝
6.21	後楽園	●	0-2	中日	村田
6.22	後楽園	○	3-2	中日	金田
6.24	後楽園	○	7-3	巨人	村田
7.1	後楽園	○	2-1	阪神	金田
7.2	後楽園	○	2-1	阪神	北川
7.2	後楽園	○	5-0	阪神	巽
7.5	中日	●	0-7	中日	村田
7.8	後楽園	●	0-1	巨人	金田
7.9	後楽園	●	3-4	巨人	森滝
7.9	後楽園	○	3-1	巨人	北川
7.12	川崎	●	0-4	大洋	金田
7.12	川崎	●	1-2	大洋	北川
7.15	広島	○	4-0	広島	森滝
7.16	広島	●	1-2	広島	金田
7.16	広島	○	2-1	広島	北川
7.22	後楽園	●	0-3	阪神	村田
7.23	後楽園	●	1-5	阪神	北川
7.25	後楽園	○	4-2	大洋	村田
7.26	後楽園	●	1-4	大洋	金田
7.29	広島	○	4-3	広島	村田
7.30	広島	●	1-6	広島	北川
7.30	広島	○	4-0	広島	巽
8.1	中日	○	4-0	中日	森滝
8.2	中日	●	2-4	中日	金田
8.3	中日	●	1-4	中日	北川
8.5	松本	○	10-1	阪神	村田
8.6	長野	●	3-14	阪神	金田
8.9	静岡	●	1-2	巨人	村田
8.10	浜松	○	12-6	巨人	巽
8.12	中日	●	0-3	中日	森滝
8.13	中日	●	1-4	中日	村田
8.13	中日	●	0-1	中日	金田
8.15	後楽園	○	2-0	広島	巽
8.16	後楽園	○	5-1	広島	森滝
8.17	後楽園	△	2-2	広島	—
8.19	後楽園	△	3-3	巨人	—
8.20	後楽園	○	4-3	巨人	北川
8.20	後楽園	△	8-8	巨人	—
8.22	甲子園	○	1-0	阪神	村田
8.23	甲子園	●	3-4	阪神	金田
8.24	甲子園	○	2-0	阪神	村田
8.26	川崎	○	2-0	大洋	森滝
8.27	川崎	○	1-0	大洋	北川

4.16	中日	●	1-2	中日	北川
4.18	広島	○	2-0	広島	金田
4.19	広島	○	10-6	広島	北川
4.22	後楽園	○	4-3	巨人	北川
4.23	後楽園	●	1-4	巨人	村田
4.23	後楽園	○	6-1	巨人	巽
4.25	後楽園	○	2-1	阪神	北川
4.26	後楽園	○	5-0	阪神	金田
4.27	後楽園	○	8-2	阪神	森滝
4.29	後楽園	○	3-2	大洋	村田
4.30	後楽園	○	2-0	大洋	北川
4.30	後楽園	○	3-1	大洋	金田
5.2	駒沢	●	7-9	広島	田所
5.3	駒沢	○	5-1	広島	金田
5.3	駒沢	○	13-2	広島	森滝
5.5	川崎	○	5-3	大洋	村田
5.6	川崎	●	3-4	大洋	村田
5.7	川崎	○	2-1	大洋	金田
5.9	金沢	●	0-3	中日	北川
5.10	富山	○	4-3	中日	金田
5.13	川崎	●	1-2	大洋	北川
5.14	川崎	○	3-0	大洋	金田
5.14	川崎	●	1-2	大洋	森滝
5.16	後楽園	●	3-4	巨人	巽
5.17	後楽園	●	4-5	巨人	金田
5.18	後楽園	●	0-3	巨人	北川
5.20	甲子園	●	1-4	阪神	森滝
5.23	後楽園	○	7-6	大洋	村田
5.24	後楽園	△	4-4	大洋	—
5.25	後楽園	○	5-1	大洋	村田
5.27	後楽園	○	5-1	中日	金田
5.28	後楽園	○	4-0	中日	森滝
5.30	駒沢	○	6-5	広島	金田
6.3	駒沢	●	1-2	中日	村田
6.4	駒沢	○	7-3	中日	金田
6.4	駒沢	●	0-5	中日	北川
6.7	広島	●	2-3	広島	村田
6.10	甲子園	○	5-2	阪神	金田
6.11	甲子園	●	0-3	阪神	村田
6.11	甲子園	○	2-1	阪神	金田
6.14	後楽園	○	3-2	巨人	村田
6.17	後楽園	○	4-3	大洋	村田
6.18	後楽園	○	1-0	大洋	金田
6.18	後楽園	○	6-2	大洋	北川

	50	宇佐美一夫	48	横浜高商
	51	渡辺礼次郎	31	明大
	54	林田　章三	30	明大
投手	11	田所善治郎	28	静岡商
	12	稲垣　博愛	26	愛知大
	13	荒川　巌	20	会津工
	17	鈴木　皖武	21	土居高
	18	巽　一	26	慶大
	19	大畠　康嘉	23	日大
	20	北川　芳男	30	佐原一高
	21	森滝　義巳	24	立大
	24	渋谷　誠司	23	弘前商
	32	吹田　俊明	25	富田林高
	34	金田　正一	29	享栄商
	35	茂木　忠之	24	伊勢崎高
	36	島谷　勇雄	24	盈進商
	37	村田　元一	24	明治高
	38	只野　勝義	19	荏原高
	39	木村　靖彦	21	大垣商
	43	浜田　義治	24	尾道商
	44	日根　紘三	22	豊南高
	47	原之後富則	19	牧園高
	61	醍醐　俊光	19	早実
捕手	22	東　郷幸	27	上野高
	25	平岩　嗣朗	26	立命大
	26	片岡　宏雄	26	立大
	27	根来　広光	26	府中高
	45	高橋　勝	21	榛原高
	52	阿井　利治	27	尾道商高
内野手	1	杉本　公孝	24	立大
	2	平井　嘉明	28	関大
	3	徳武　定之	24	早大
	9	中村修一郎	27	松商学園
	10	土屋　正孝	27	松本深志
	16	西岡　清吉	25	高知城東
	28	星山　晋徳	24	中京商
	29	丸山　完二	22	立大
	41	坂巻　豊	23	法大
	42	木次　文夫	25	早大
	55	小川　幸一	23	芝浦工大
	57	亀田　信夫	23	大宮高
	59	渡辺　稔	22	大宮高
外野手	4	太田　文高	26	大分上野丘
	5	佐藤　孝夫	31	白石高

8.27	川崎	●	1-2	大洋	金田
8.29	後楽園	○	4-2	中日	北川
8.30	後楽園	●	4-6	中日	金田
8.30	後楽園	●	0-5	中日	北川
9.1	後楽園	●	3-4	広島	金田
9.2	後楽園	○	3-1	広島	村田
9.3	後楽園	●	0-1	広島	北川
9.5	後楽園	○	6-0	巨人	金田
9.6	後楽園	●	3-4	巨人	北川
9.7	後楽園	●	4-12	巨人	巽
9.7	後楽園	○	3-2	巨人	金田
9.9	後楽園	○	6-2	中日	森滝
9.10	後楽園	●	1-3	中日	村田
9.12	広島	●	2-4	広島	森滝
9.13	広島	●	1-5	広島	金田
9.17	甲子園	○	5-1	阪神	村田
9.17	甲子園	●	0-7	阪神	森滝
9.19	後楽園	○	3-2	大洋	金田
9.20	後楽園	●	2-3	大洋	金田
9.21	川崎	○	4-3	大洋	森滝
9.21	川崎	○	7-4	大洋	巽
9.23	後楽園	○	3-1	巨人	金田
9.24	後楽園	●	0-7	巨人	巽
9.24	後楽園	●	0-2	巨人	北川
9.26	駒沢	○	2-0	広島	金田
9.27	駒沢	●	1-5	広島	北川
9.27	駒沢	●	1-2	広島	森滝
10.1	甲子園	○	3-1	阪神	北川
10.1	甲子園	●	1-4	阪神	巽
10.3	中日	●	0-1	中日	金田
10.4	中日	○	2-1	中日	北川
10.6	後楽園	○	5-1	巨人	巽
10.8	後楽園	●	1-2	阪神	田所
10.8	後楽園	○	8-3	阪神	北川
10.11	広島	●	4-9	広島	金田
10.11	広島	●	5-7	広島	巽
10.18	後楽園	●	3-4	阪神	森滝

【1962(昭和37)年】

位置	背番号	氏名	年齢	出身校
監督	30	砂押　邦信	40	立大
コーチ	23	飯田　徳治	38	浅野中
	31	谷田比呂美	38	尼崎中
	40	佐竹　一雄	37	京阪商

5.19	後楽園	○	1-0	巨人	北川
5.20	後楽園	●	0-3	巨人	村田
5.20	後楽園	○	4-3	巨人	鈴木皖
5.22	後楽園	●	0-3	広島	渋谷
5.23	後楽園	○	7-3	広島	村田
5.24	後楽園	○	5-4	広島	金田
5.26	後楽園	○	2-1	中日	村田
5.30	川崎	●	1-10	大洋	村田
5.31	川崎	●	0-10	大洋	渋谷
6.2	甲子園	○	5-3	阪神	金田
6.5	中日	○	1-0	中日	村田
6.6	中日	○	4-0	中日	北川
6.10	後楽園	△	0-0	巨人	—
6.10	後楽園	●	0-1	巨人	金田
6.12	後楽園	●	1-2	阪神	北川
6.16	後楽園	○	4-0	巨人	金田
6.17	後楽園	●	0-3	巨人	村田
6.17	後楽園	●	2-4	巨人	北川
6.19	中日	○	4-2	中日	金田
6.20	中日	●	2-4	中日	村田
6.23	後楽園	○	6-1	巨人	金田
6.24	後楽園	○	1-0	巨人	村田
6.24	後楽園	○	2-1	巨人	金田
6.26	広島	●	2-7	広島	渋谷
6.27	広島	○	4-2	広島	村田
6.27	広島	●	0-1	広島	金田
6.28	広島	○	8-0	広島	渋谷
6.3	甲子園	○	3-0	阪神	北川
7.1	甲子園	○	4-2	阪神	金田
7.1	甲子園	●	1-2	阪神	北川
7.3	後楽園	○	4-2	広島	村田
7.7	後楽園	●	3-4	大洋	金田
7.8	後楽園	●	2-4	大洋	村田
7.8	後楽園	△	6-6	大洋	—
7.10	後楽園	●	1-5	阪神	巽
7.11	後楽園	●	0-4	阪神	北川
7.12	後楽園	●	2-4	阪神	金田
7.12	後楽園	○	1-0	阪神	村田
7.14	後楽園	●	0-2	中日	森滝
7.15	後楽園	●	1-4	中日	村田
7.15	後楽園	●	1-6	中日	鈴木皖
7.17	川崎	●	2-4	大洋	金田
7.18	川崎	●	1-5	大洋	村田
7.19	川崎	○	4-2	大洋	巽

6	赤木	健一	26	慶大
7	町田	行彦	28	長野北高
8	小西	秀朗	25	立大
14	鈴木	秀幸	29	神奈川大
15	鵜飼	勝美	30	享栄商
33	斎藤	良雄	24	白石高
46	喜多代晏節		23	東筑高
48	小橋	優	20	倉敷工
56	中島	節男	18	奈良高田
58	向井	脩三	19	呉港高

月日	球場	勝敗	スコア	相手	責任投手
4.7	後楽園	○	3-1	大洋	金田
4.8	後楽園	●	5-7	大洋	巽
4.11	後楽園	●	0-2	中日	森滝
4.12	後楽園	●	0-1	中日	金田
4.14	広島	●	0-4	広島	村田
4.15	広島	●	2-17	広島	北川
4.15	広島	○	5-0	広島	渋谷
4.17	中日	●	1-4	中日	金田
4.19	中日	○	7-4	中日	渋谷
4.21	後楽園	○	4-3	巨人	金田
4.22	後楽園	●	5-6	巨人	金田
4.22	後楽園	●	0-2	巨人	渋谷
4.24	後楽園	○	1-0	阪神	北川
4.25	後楽園	○	3-2	阪神	金田
4.27	後楽園	●	2-5	阪神	巽
4.28	後楽園	●	2-8	広島	北川
4.29	後楽園	○	9-1	広島	金田
4.29	後楽園	○	3-0	広島	渋谷
5.1	川崎	○	6-3	大洋	北川
5.2	川崎	●	1-4	大洋	渋谷
5.3	川崎	○	5-1	大洋	金田
5.3	川崎	●	0-1	大洋	田所
5.6	甲子園	●	1-3	阪神	北川
5.6	甲子園	○	4-1	阪神	渋谷
5.8	富山	●	1-2	巨人	金田
5.10	金沢	●	3-4	巨人	鈴木皖
5.12	広島	●	0-1	広島	北川
5.13	広島	△	3-3	広島	—
5.13	広島	●	0-8	広島	巽
5.16	後楽園	○	3-1	大洋	村田
5.17	後楽園	●	2-3	大洋	鈴木皖
5.18	後楽園	○	7-4	大洋	渋谷

9.19	川崎	○	2-1	大洋	金田
9.22	東京	○	2-1	広島	村田
9.22	東京	○	2-1	広島	北川
9.24	後楽園	○	2-1	広島	村田
9.25	後楽園	○	2-0	中日	北川
9.27	中日	●	1-2	中日	巽
9.27	中日	●	0-3	中日	村田
9.29	甲子園	●	1-2	阪神	渋谷
9.30	甲子園	●	3-5	阪神	巽
9.30	甲子園	●	2-5	阪神	田所
10.3	後楽園	●	7-8	中日	渋谷
10.4	後楽園	○	2-1	中日	北川
10.4	後楽園	●	0-3	中日	田所
10.5	後楽園	●	2-8	中日	森滝

【1963(昭和38)年】

位置	背番号	氏名	年齢	出身校
監督	63	浜崎　真二	62	慶大
コーチ	30	砂押　邦信	41	立大
	31	谷田比呂美	39	尼崎中
	50	宇佐美一夫	49	横浜高商
	51	林田　章三	31	明大
	60	藤村富美男	47	呉港中
	61	小山恒希知	47	立大
投手	11	田所善治郎	29	静岡商
	12	稲垣　博愛	27	愛知大
	13	荒川　　巌	21	会津工
	17	鈴木　皖武	22	土居高
	18	巽　　一	27	慶大
	20	宮下　陽吾	21	栃木商
	21	森滝　義巳	25	立大
	24	渋谷　誠司	24	弘前商
	34	金田　正一	30	享栄商
	35	茂木　忠之	25	伊勢崎高
	36	島谷　勇雄	25	盈進商
	37	村田　元一	25	明治高
	38	只野　勝義	20	荏原高
	39	木村　靖彦	22	大垣商
	42	醍醐　俊光	20	早実
	44	緒方　　勝	23	高鍋高
	49	石戸　四六	22	秋田商
	52	大畠　康嘉	24	日大
	53	西田　　享	33	カルフォルニア州大
	67	原之後富則	20	牧園高

7.21	後楽園	●	4-7	巨人	鈴木皖
7.22	後楽園	●	2-3	巨人	巽
7.22	後楽園	●	1-2	巨人	金田
7.29	神宮	○	4-2	大洋	村田
7.29	神宮	●	1-2	大洋	金田
7.31	甲子園	○	2-0	阪神	北川
8.1	甲子園	●	0-3	阪神	鈴木皖
8.2	甲子園	●	0-3	阪神	田所
8.2	甲子園	●	1-3	阪神	金田
8.4	東京	●	3-4	広島	村田
8.5	東京	○	7-3	広島	金田
8.5	東京	●	7-9	広島	金田
8.8	東京	●	4-11	阪神	村田
8.9	東京	●	3-4	阪神	森滝
8.9	東京	○	6-2	阪神	金田
8.11	川崎	●	2-4	大洋	村田
8.12	川崎	●	2-4	大洋	北川
8.12	川崎	●	3-4	大洋	金田
8.14	広島	●	0-5	広島	村田
8.15	広島	●	0-2	広島	田所
8.16	広島	○	4-1	広島	金田
9.18	中日	●	1-3	中日	森滝
8.19	中日	●	1-2	中日	村田
8.19	中日	○	4-2	中日	金田
8.21	後楽園	●	4-8	巨人	鈴木皖
8.22	後楽園	●	1-6	巨人	森滝
8.23	後楽園	●	1-3	巨人	金田
8.24	後楽園	○	4-1	中日	村田
8.28	後楽園	●	0-1	大洋	金田
8.29	後楽園	●	0-1	大洋	巽
8.30	後楽園	△	0-0	大洋	—
8.30	後楽園	○	2-1	大洋	村田
8.31	後楽園	●	0-3	大洋	渋谷
9.1	後楽園	●	2-3	巨人	巽
9.2	後楽園	●	2-6	巨人	巽
9.2	後楽園	○	4-1	巨人	金田
9.4	後楽園	●	1-4	巨人	村田
9.5	後楽園	○	3-2	巨人	金田
9.8	中日	●	3-8	中日	村田
9.9	中日	●	3-5	中日	金田
9.9	中日	○	1-0	中日	金田
9.11	広島	●	0-7	広島	森滝
9.15	後楽園	○	2-1	阪神	金田
9.16	後楽園	●	0-4	阪神	北川

月日	球場	勝敗	スコア	相手	責任投手
4.13	中日	●	1-2	中日	金田
4.14	中日	△	5-5	中日	—
4.14	中日	●	3-4	中日	西田
4.16	川崎	○	2-1	大洋	渋谷
4.17	川崎	●	3-4	大洋	金田
4.18	川崎	●	4-7	大洋	金田
4.20	甲子園	●	4-5	阪神	西田
4.25	広島	●	2-3	広島	鈴木
4.27	後楽園	○	7-0	阪神	金田
4.28	後楽園	●	4-9	阪神	鈴木
4.29	後楽園	●	1-3	阪神	渋谷
4.30	後楽園	○	7-1	広島	金田
5.1	後楽園	○	2-0	広島	田所
5.3	後楽園	●	5-7	巨人	渋谷
5.4	後楽園	○	8-3	巨人	金田
5.7	後楽園	●	3-6	大洋	鈴木
5.8	後楽園	○	2-1	大洋	金田
5.11	後楽園	○	2-0	巨人	渋谷
5.12	後楽園	○	6-0	巨人	金田
5.12	後楽園	●	2-3	巨人	鈴木
5.14	後楽園	△	0-0	中日	—
5.19	川崎	○	4-1	大洋	金田
5.19	川崎	○	1-0	大洋	村田
5.22	東京	●	2-4	阪神	森滝
5.23	東京	○	3-0	阪神	金田
5.25	中日	●	3-5	中日	田所
5.26	中日	○	1-0	中日	金田
5.26	中日	●	3-7	中日	村田
5.28	後楽園	○	3-2	巨人	田所
5.29	後楽園	●	4-5	巨人	金田
5.30	後楽園	○	1-0	巨人	村田
5.30	後楽園	●	1-6	巨人	渋谷
6.1	東京	●	3-6	大洋	村田
6.2	東京	○	3-0	大洋	金田
6.2	東京	●	2-3	大洋	西田
6.5	後楽園	○	5-4	広島	金田
6.8	後楽園	○	7-1	巨人	金田
6.9	後楽園	○	5-3	巨人	西田
6.9	後楽園	●	4-7	巨人	村田
6.11	広島	○	8-3	広島	鈴木
6.12	広島	○	1-0	広島	金田
6.15	甲子園	○	5-2	阪神	金田
6.16	甲子園	●	2-5	阪神	西田

	70	佐藤　進	21	北海高
捕手	19	岡本凱孝	23	立大
	25	平岩嗣朗	27	立命大
	26	片岡宏雄	27	立大
	27	根来広光	27	府中高
	45	高橋　勝	22	榛原高
	47	東　郷幸	28	上野高
	54	岩崎哲郎	30	岩手福岡
	65	阿井利治	28	静岡商
内野手	1	杉本公孝	25	立大
	2	平井嘉明	29	関大
	3	徳武定之	25	早大
	7	豊田泰光	28	水戸商
	9	中村修一郎	28	松商学園
	10	土屋正孝	28	松本深志
	16	西岡清吉	26	高知城東
	23	飯田徳治	39	浅野中
	28	星山晋徳	25	中京商
	41	白野清美	25	鳳高
	43	坂巻　豊	24	法大
	46	望月喜雄	19	東海一高
	55	小川幸一	24	芝浦工大
	57	亀田信夫	24	大宮高
	59	渡辺　稔	23	大宮高
	66	坂野日出一	23	赤穂高
外野手	4	松本雄作	23	明大
	5	町田行彦	29	長野北高
	6	赤木健一	27	慶大
	8	小西秀朗	26	立大
	14	高山忠克	19	作新学院
	15	高林恒夫	25	立大
	22	別部捷夫	23	明大
	29	丸山完二	23	立大
	32	鵜飼勝美	31	享栄商
	33	斎藤良雄	25	白石高
	40	宮本敏雄	30	ボールドウィン高
	48	小橋　優	21	倉敷工
	54	佐藤一誠	18	神奈川大
	56	中島節男	19	奈良高田
	58	向井脩三	20	呉港高
	62	佐藤孝夫	32	白石高
	68	松井尚男	20	名商大付

8.13	東京	●	6-7	阪神	渋谷	6.16	甲子園	●	0-5	阪神	村田
8.14	東京	○	8-0	阪神	村田	6.18	後楽園	●	3-6	中日	金田
8.15	東京	○	10-9	阪神	金田	6.19	後楽園	●	5-6	中日	村田
8.15	東京	●	2-4	阪神	鈴木	6.20	後楽園	●	3-5	中日	渋谷
8.17	後楽園	●	1-2	巨人	渋谷	6.20	後楽園	●	2-3	中日	金田
8.18	後楽園	●	1-10	巨人	金田	6.22	後楽園	○	3-2	大洋	金田
8.20	後楽園	●	1-5	中日	渋谷	6.23	後楽園	●	1-2	大洋	金田
8.21	後楽園	●	1-6	中日	村田	6.23	後楽園	●	1-6	大洋	森滝
8.22	後楽園	○	1-0	中日	金田	6.25	中日	○	4-2	中日	村田
8.22	後楽園	●	1-2	中日	鈴木	6.26	中日	●	1-3	中日	鈴木
8.24	川崎	○	4-1	大洋	渋谷	6.27	中日	●	4-5	中日	金田
8.27	神宮	○	6-5	広島	村田	6.29	東京	○	7-2	広島	村田
8.31	甲子園	●	0-1	阪神	金田	6.30	東京	○	8-4	広島	金田
8.31	甲子園	●	1-4	阪神	村田	6.30	東京	●	0-3	広島	西田
9.1	甲子園	○	5-1	阪神	渋谷	7.2	東京	○	3-2	巨人	金田
9.1	甲子園	●	1-8	阪神	茂木	7.3	東京	●	3-5	巨人	村田
9.3	神宮	○	8-0	中日	村田	7.4	神宮	○	5-1	巨人	金田
9.4	神宮	●	2-4	中日	金田	7.6	札幌円山	●	2-3	巨人	渋谷
9.5	神宮	○	6-1	中日	渋谷	7.7	札幌円山	○	8-4	巨人	金田
9.7	川崎	●	0-5	大洋	村田	7.10	甲子園	●	4-5	阪神	渋谷
9.8	川崎	○	7-1	大洋	金田	7.13	広島	○	8-2	広島	金田
9.8	川崎	●	2-8	大洋	渋谷	7.14	広島	○	3-2	広島	鈴木
9.10	広島	○	5-4	広島	金田	7.14	広島	○	5-3	広島	渋谷
9.14	中日	●	2-4	中日	鈴木	7.16	後楽園	○	7-5	阪神	金田
9.15	中日	○	6-3	中日	村田	7.17	後楽園	●	0-4	阪神	渋谷
9.17	後楽園	●	0-7	巨人	渋谷	7.18	後楽園	●	2-9	阪神	村田
9.18	後楽園	○	4-3	巨人	村田	7.20	後楽園	○	5-2	中日	金田
9.19	後楽園	○	2-0	巨人	金田	7.21	後楽園	○	5-4	中日	金田
9.22	後楽園	●	5-6	広島	村田	7.27	川崎	●	0-4	大洋	渋谷
9.24	甲子園	○	4-3	阪神	渋谷	7.28	川崎	●	1-5	大洋	金田
9.24	甲子園	●	0-2	阪神	金田	7.28	川崎	●	0-1	大洋	荒川
9.26	甲子園	○	5-3	阪神	村田	7.30	広島	○	1-0	広島	村田
9.28	後楽園	○	3-0	巨人	渋谷	7.31	広島	●	6-7	広島	金田
9.29	後楽園	●	1-8	巨人	茂木	8.1	広島	○	10-4	広島	渋谷
10.2	川崎	○	1-0	大洋	村田	8.1	広島	●	4-10	広島	荒川
10.2	川崎	●	0-2	大洋	渋谷	8.3	中日	●	4-8	中日	金田
10.4	東京	○	4-1	大洋	荒川	8.4	中日	●	0-2	中日	渋谷
10.4	東京	○	6-3	大洋	渋谷	8.5	中日	●	1-4	中日	石戸
10.5	東京	●	2-5	阪神	鈴木	8.7	後楽園	●	2-3	巨人	金田
10.6	東京	●	2-6	阪神	村田	8.8	後楽園	○	1-0	巨人	渋谷
10.7	川崎	○	4-1	大洋	渋谷	8.8	後楽園	○	5-3	巨人	田所
10.8	後楽園	○	2-1	広島	金田	8.10	神宮	●	2-11	大洋	荒川
10.8	後楽園	●	0-3	広島	西田	8.11	神宮	●	2-4	大洋	田所
10.9	後楽園	●	1-3	広島	村田	8.11	後楽園	●	4-5	大洋	金田

	54	岩崎 哲郎	31	岩手福岡
	56	中島 節男	20	奈良高田
	65	阿井 利治	29	静岡商
内野手	1	杉本 公孝	26	立大
	2	平井 嘉明	30	関大
	3	徳武 定之	26	早大
	6	篠田 勇	24	立大
	7	豊田 泰光	29	水戸商
	9	倉島今朝徳	24	明大
	10	土屋 正孝	29	松本深志
	16	西岡 清吉	27	高知城東
	28	星山 晋徳	26	中京商
	32	小渕 泰輔	29	三池工
	41	白野 清美	26	鳳高
	43	坂巻 豊	25	法大
	46	望月 喜雄	20	東海一高
	57	亀田 信夫	25	大宮高
	59	小林 誠	19	保原高
外野手	4	松本 雄作	24	明大
	5	町田 行彦	30	長野北高
	8	丸山 完二	24	立大
	14	高山 忠克	20	作新学院
	15	高林 恒夫	26	立大
	22	別部 捷夫	24	明大
	40	宮本 敏雄	31	ボールドウィン高
	48	小橋 優	22	倉敷工
	55	佐藤 一誠	19	神奈川大
	58	松井 尚男	20	名商大付

月日	球場	勝敗	スコア	相手	責任投手
3.20	後楽園	●	1-3	巨人	金田
3.21	後楽園	●	1-6	巨人	村田
3.22	後楽園	●	6-8	巨人	石岡
3.22	後楽園	○	12-10	巨人	佐藤進
3.24	中日	●	3-6	中日	鈴木
3.26	中日	○	8-4	中日	金田
3.28	神宮	○	8-3	巨人	渋谷
3.29	神宮	○	4-2	巨人	村田
3.29	神宮	○	5-2	巨人	金田
3.31	神宮	●	2-6	阪神	石岡
4.1	神宮	○	10-0	阪神	渋谷
4.2	神宮	●	0-5	阪神	金田
4.4	川崎	●	3-4	大洋	田所
4.5	川崎	●	4-6	大洋	渋谷
10.10	川崎	●	2-3	広島	渋谷
10.10	川崎	○	15-4	広島	金田
10.12	甲子園	○	11-2	阪神	渋谷
10.13	甲子園	○	6-0	阪神	金田
10.17	後楽園	○	6-5	巨人	村田
10.22	広島	●	0-8	広島	渋谷
10.22	広島	○	5-3	広島	鈴木
10.23	広島	●	1-5	広島	村田
10.23	広島	○	4-3	広島	渋谷

【1964(昭和39)年】

位置	背番号	氏名	年齢	出身校
監督	71	林 義一	44	明大
コーチ	23	飯田 徳治	40	浅野中
	30	砂押 邦信	42	立大
	31	谷田比呂美	40	尼崎中
	50	内藤 博文	33	甲府一高
	51	佐藤 孝夫	33	白石高
	60	小川 善治	40	明大
	61	小鶴 誠	42	飯塚商
投手	11	田所善治郎	30	静岡商
	12	稲垣 博愛	28	愛知大
	13	荒川 巌	22	会津工
	17	鈴木 皖武	23	土居高
	18	巽 一	28	慶大
	20	宮下 陽吾	22	栃木商
	21	森滝 義巳	26	立大
	24	渋谷 誠司	25	弘前商
	26	石岡 康三	23	明大
	29	佐藤 進	22	北海高
	33	半沢 士郎	19	鎌倉学園
	34	金田 正一	31	享栄商
	35	茂木 忠之	26	伊勢崎高
	36	谷口 勝範	21	駒場学園
	37	村田 元一	26	明治高
	38	原之後富則	21	牧園高
	39	醍醐 俊光	21	早実
	44	緒方 勝	24	高鍋高
	49	石戸 四六	23	秋田商
捕手	19	岡本 凱孝	24	立大
	25	平岩 嗣朗	28	立命大
	27	根来 広光	28	府中高
	45	高橋 勝	22	榛原高
	47	大塚 徹	19	土浦三高

6.7	広島	●	7-8	広島	半沢
6.7	広島	●	3-4	広島	佐藤進
6.9	神宮	●	1-6	巨人	森滝
6.10	神宮	○	3-1	巨人	金田
6.11	神宮	○	4-3	巨人	半沢
6.13	甲子園	●	3-5	阪神	半沢
6.16	川崎	●	3-6	大洋	金田
6.17	川崎	●	5-9	大洋	森滝
6.18	川崎	●	1-11	大洋	佐藤進
6.19	後楽園	●	2-3	巨人	渋谷
6.20	後楽園	○	5-2	巨人	佐藤進
6.21	後楽園	●	1-5	巨人	金田
6.23	東京	●	4-8	阪神	森滝
6.24	東京	○	8-2	阪神	石岡
6.28	神宮	●	0-2	大洋	森滝
6.28	神宮	●	2-5	大洋	金田
6.30	中日	○	4-2	中日	佐藤進
7.1	中日	●	2-3	中日	森滝
7.1	中日	○	6-5	中日	金田
7.2	中日	●	1-4	中日	石岡
7.4	広島	○	5-3	広島	渋谷
7.5	広島	○	5-2	広島	金田
7.5	広島	●	2-3	広島	森滝
7.11	神宮	○	5-2	阪神	金田
7.12	神宮	△	4-4	阪神	—
7.12	神宮	●	4-7	阪神	渋谷
7.15	神宮	●	1-4	大洋	森滝
7.15	神宮	●	0-4	大洋	渋谷
7.16	神宮	○	2-1	大洋	金田
7.18	後楽園	○	5-0	巨人	石岡
7.19	後楽園	●	1-6	巨人	半沢
7.25	甲子園	○	7-0	阪神	半沢
7.26	甲子園	●	0-6	阪神	佐藤進
7.26	甲子園	○	5-3	阪神	金田
7.28	川崎	○	6-0	大洋	半沢
7.29	川崎	○	5-2	大洋	佐藤進
7.30	川崎	○	2-0	大洋	金田
8.1	神宮	●	2-5	中日	半沢
8.2	神宮	○	4-3	中日	金田
8.2	神宮	●	4-6	中日	金田
8.3	神宮	●	1-3	中日	森滝
8.4	神宮	○	6-5	巨人	佐藤進
8.5	神宮	●	1-4	巨人	渋谷
8.6	神宮	○	2-0	巨人	金田

4.5	川崎	○	2-0	大洋	森滝
4.7	神宮	○	3-2	広島	鈴木
4.11	東京	●	5-6	大洋	渋谷
4.12	東京	●	2-4	大洋	村田
4.12	東京	●	0-3	大洋	金田
4.14	甲子園	○	5-0	阪神	佐藤進
4.15	甲子園	○	5-4	阪神	金田
4.16	甲子園	●	1-3	阪神	佐藤進
4.18	東京	○	5-3	中日	金田
4.21	広島	○	10-0	広島	渋谷
4.23	広島	○	2-1	広島	金田
4.25	東京	●	8-9	巨人	佐藤進
4.26	東京	●	3-6	巨人	村田
4.26	東京	●	5-7	巨人	金田
4.29	神宮	●	1-2	阪神	渋谷
4.29	神宮	○	3-1	阪神	佐藤進
4.30	神宮	●	4-6	阪神	村田
5.2	広島	○	2-0	広島	金田
5.3	広島	●	1-10	広島	渋谷
5.3	広島	●	5-6	広島	佐藤進
5.6	中日	○	5-3	中日	金田
5.7	中日	○	3-1	中日	佐藤進
5.9	甲子園	○	6-5	阪神	金田
5.10	甲子園	●	1-8	阪神	村田
5.12	神宮	●	0-1	広島	森滝
5.13	神宮	△	2-2	広島	—
5.16	東京	○	5-2	中日	森滝
5.17	東京	●	1-3	中日	佐藤進
5.17	東京	●	2-3	中日	渋谷
5.19	川崎	○	8-4	大洋	金田
5.20	川崎	○	8-4	大洋	森滝
5.21	川崎	●	2-5	大洋	佐藤進
5.23	後楽園	○	6-3	巨人	金田
5.24	後楽園	●	3-8	巨人	森滝
5.24	後楽園	●	7-8	巨人	佐藤進
5.26	神宮	○	2-1	大洋	渋谷
5.27	神宮	●	1-3	大洋	金田
5.28	神宮	●	1-4	大洋	渋谷
5.3	東京	●	6-7	広島	金田
5.31	東京	○	8-7	広島	金田
5.31	東京	○	8-3	広島	金田
6.2	中日	○	3-2	中日	半沢
6.4	中日	○	1-0	中日	森滝
6.6	広島	○	11-3	広島	金田

4.13	神宮	●	2-4	広島	渋谷
4.14	神宮	●	3-4	広島	森滝
4.15	神宮	●	4-6	広島	渋谷
4.16	神宮	○	3-1	大洋	石戸
4.17	神宮	△	5-5	大洋	—
4.18	神宮	●	2-8	大洋	石岡
4.22	神宮	●	1-4	中日	石戸
4.24	広島	●	0-1	広島	渋谷
4.25	広島	●	1-7	広島	石戸
4.25	広島	○	2-1	広島	半沢
4.27	神宮	●	3-5	巨人	石戸
4.28	神宮	●	1-2	巨人	渋谷
5.1	中日	●	3-4	中日	緒方
5.5	後楽園	●	0-1	巨人	村田
5.6	後楽園	○	5-3	巨人	鈴木
5.7	後楽園	○	7-5	巨人	鈴木
5.8	甲子園	●	4-5	阪神	石戸
5.9	甲子園	○	2-1	阪神	村田
5.9	甲子園	○	5-3	阪神	渋谷

5月10日、国鉄球団株式会社が臨時株主総会を開き、社名を株式会社サンケイスワローズに変更。取締役会長には水野成夫氏（産経新聞社長、フジテレビ会長）が就任した。5月11日の試合から球団名が「サンケイスワローズ」となり、「国鉄スワローズ」は解散。

球団名略称一覧（1950～1964）

巨人：読売ジャイアンツ
阪神：阪神タイガース（～1960）、大阪タイガース（1961～）
中日：中日ドラゴンズ（～1950、1954～）
名古：名古屋ドラゴンズ（1951～1953）
松竹：松竹ロビンス（～1952）
大洋：大洋ホエールズ（1950～1952、1955～）
洋松：大洋松竹ロビンス（1953～1954）
広島：広島カープ（1950～）
西日：西日本パイレーツ（1950）

8.8	広島	○	2-1	広島	半沢
8.9	広島	△	4-4	広島	—
8.9	広島	△	3-3	広島	—
8.11	中日	○	9-4	中日	森滝
8.12	中日	○	5-1	中日	佐藤進
8.12	中日	○	4-3	中日	金田
8.14	神宮	●	1-10	広島	森滝
8.14	神宮	○	6-1	広島	半沢
8.15	東京	○	10-6	広島	金田
8.16	東京	○	4-3	広島	渋谷
8.16	東京	●	0-3	広島	佐藤進
8.18	東京	●	0-3	阪神	半沢
8.19	東京	●	4-8	阪神	金田
8.21	東京	△	2-2	阪神	—
8.22	神宮	●	1-11	中日	半沢
8.23	神宮	○	8-1	中日	村田
8.23	神宮	○	6-2	中日	金田
8.26	甲子園	●	1-4	阪神	渋谷
8.26	甲子園	●	1-2	阪神	半沢
8.27	甲子園	●	1-9	阪神	村田
8.27	甲子園	●	0-3	阪神	佐藤進
8.30	神宮	●	2-4	巨人	金田
8.31	神宮	●	0-9	巨人	半沢
9.2	神宮	●	2-5	大洋	森滝
9.2	神宮	●	0-2	大洋	佐藤進
9.3	神宮	●	0-4	大洋	渋谷
9.5	東京	●	1-3	広島	半沢
9.6	東京	●	2-5	広島	村田
9.6	東京	○	5-0	広島	金田
9.9	川崎	○	6-2	大洋	半沢
9.9	川崎	●	4-6	大洋	森滝
9.11	神宮	○	2-1	中日	佐藤進
9.12	後楽園	●	0-4	巨人	渋谷
9.13	後楽園	○	2-1	巨人	金田
9.23	神宮	○	2-1	中日	半沢
9.25	中日	●	0-7	中日	佐藤進
9.29	甲子園	●	2-7	阪神	半沢
9.29	甲子園	●	1-5	中日	森滝

【1965（昭和40）年】

月日	球場	勝敗	スコア	相手	責任投手
4.10	川崎	●	0-1	大洋	村田
4.11	川崎	●	2-5	大洋	石戸
4.11	川崎	●	1-8	大洋	佐藤進

総得点	総失点	防御率	守備率	監督
480	790	4.67	0.959	西垣徳雄
389	533	3.96	0.960	西垣徳雄
410	526	3.38	0.963	西垣徳雄
380	525	3.36	0.967	西垣徳雄
434	518	3.34	0.967	藤田宗一
424	428	2.69	0.972	藤田宗一
346	405	2.64	0.977	宇野光雄
418	425	2.74	0.976	宇野光雄
359	478	3.10	0.976	宇野光雄
422	491	3.19	0.974	宇野光雄
388	461	3.09	0.980	宇野光雄
387	361	2.29	0.980	砂押邦信
313	421	2.61	0.983	砂押邦信
472	489	3.15	0.985	浜崎真二
486	545	3.43	0.983	林　義一
6108	7396	3.18	0.973	

「国鉄スワローズ」年度別リーグ成績

年	優勝	順位	勝利	敗戦	引分	勝率	差	打率
1950	松竹	7	42	94	2	0.309	57.5	0.244
1951	巨人	5	46	59	2	0.438	31.5	0.245
1952	巨人	5	50	70	0	0.417	33.0	0.238
1953	巨人	6	45	79	1	0.363	42.0	0.235
1954	中日	5	55	73	2	0.430	32.0	0.258
1955	巨人	5	57	71	2	0.445	34.5	0.228
1956	巨人	4	61	65	4	0.485	21.0	0.218
1957	巨人	4	58	68	4	0.462	15.5	0.226
1958	巨人	4	58	68	4	0.462	17.5	0.223
1959	巨人	4	63	65	2	0.431	15.5	0.230
1960	大洋	6	54	72	4	0.427	16.0	0.232
1961	巨人	3	67	60	3	0.528	5.5	0.227
1962	阪神	6	51	79	4	0.392	24.0	0.201
1963	巨人	4	65	73	2	0.471	18.0	0.241
1964	阪神	5	61	74	5	0.452	18.5	0.242
	通算		833	1070	41	0.438	25.5	0.233

※セ・リーグ公式記録に準じて、1956〜61年は1引き分けを0.5勝、0.5敗で計算しています。

1965年から1969年までは読売ジャイアンツ）

被安打	本塁打	四死球	奪三振	暴投	失点	自責点	防御率
132	12	128	143	1	93	72	3.93
257	22	198	233	3	159	110	2.83
280	17	207	269	8	149	126	3.17
222	10	143	229	1	90	80	2.37
290	19	120	269	2	128	101	2.63
279	19	109	350	2	91	79	1.78
222	20	83	316	5	86	71	1.74
256	17	95	306	1	88	64	1.63
216	16	63	311	4	63	48	1.30
222	26	82	313	0	96	86	2.54
238	27	95	284	3	97	92	2.58
257	27	83	262	3	88	78	2.12
265	25	88	262	5	78	66	1.73
234	20	84	287	2	83	74	1.98
250	36	72	231	3	100	96	2.79
3620	313	1650	4065	43	1489	1243	2.27
95	12	36	100	1	38	29	1.84
72	12	28	58	2	36	32	3.43
146	13	60	132	3	47	43	2.28
122	21	71	87	3	57	53	3.46
65	8	35	48	3	39	34	4.25
4120	379	1880	4490	55	1706	1434	2.34

金田正一の生涯投手記録（国鉄スワローズは1950年から1964年まで、

歳	年	登板	完投	勝利	敗戦	引分	勝率	打者	回数
17	1950	30	9	8	12	0	0.400	727	164.2
18	1951	56	25	22	21	0	0.512	1488	350
19	1952	64	23	24	25	0	0.490	1527	358
20	1953	47	24	23	13	1	0.639	1233	303.2
21	1954	53	28	23	23	1	0.500	1435	345.2
22	1955	62	34	29	20	1	0.592	1565	400
23	1956	68	24	25	20	3	0.556	1393	367.1
24	1957	61	25	28	16	4	0.636	1378	353
25	1958	56	22	31	14	3	0.689	1252	332.1
26	1959	58	14	21	19	2	0.525	1187	304.1
27	1960	57	22	20	22	4	0.476	1253	320.1
28	1961	57	23	20	16	3	0.556	1292	330.1
29	1962	48	24	22	17	2	0.564	1342	343.1
30	1963	53	25	30	17	1	0.638	1308	337
31	1964	44	22	27	12	1	0.692	1221	310
国鉄通算		814	344	353	267	26	0.569	19601	4920
32	1965	28	9	11	6	0	0.647	542	141.2
33	1966	19	1	4	6	0	0.400	341	84.1
34	1967	33	6	16	5	0	0.762	698	170
35	1968	32	4	11	10	0	0.524	585	138.1
36	1969	18	1	5	4	0	0.556	311	72.1
プロ通算		944	365	400	298	26	0.573	22078	5526.2

【参考文献】（順不同）

『スワローズ激動の歩み』徳永喜男（1980年、恒文社）
『ヤクルトスワローズ球団史』徳永喜男（1993年、ベースボール・マガジン社）
『国鉄野球史』「国鉄野球史」委員会（1981年、国鉄硬式野球連盟）
『真説　日本野球史〈昭和篇その六〉』大和球士（1980年、ベースボール・マガジン社）
『戦後二十年プロ野球の歩み』（1965年、ベースボール・マガジン社）
『鈴木龍二回顧録』鈴木龍二（1980年、ベースボール・マガジン社）
『巨怪伝』佐野真一（1994年、文芸春秋）
『プロ野球70年史―1934→2004―記録編』（2004年、ベースボール・マガジン社）
『プロ野球史再発掘　1』関三穂（1987年、ベースボール・マガジン社）
『日本の野球の歩み―普及・発展・低迷―』脇村春夫（2007年）
『野球場建設の研究』沢柳政義（1951年、野球場建設の研究刊行会）
『鉄道廃線跡を歩く』宮脇俊三編著（1995年、JTB）
『日本国有鉄道百年史』全14巻日本国有鉄道（1969年）
『交通協力会五十年史』（1993年、財団法人交通協力会）
『鉄道先人録』日本交通協会編（1972年、日本停車場株式会社出版事業部）
『鉄路の心　加賀山之雄』有賀宗吉（1982年、「加賀山之雄伝」刊行会）
『1936―1937島秀雄の世界旅行』島隆監修・高橋団吉（2009年、技術評論社）
『新幹線をつくった男　島秀雄物語』高橋団吉（2000年、小学館）
『十河信二』有賀宗吉（1988年、十河信二傳刊行会）
『あの日も列車は定時だった』磯崎叡（1991年、日本経済新聞社）
『国鉄の労政と労働運動』上下有賀宗吉（1978年、交通協力会）
『終戦前後の一証言』兼松學（1986年、交通協力会）
『戦前・戦後の本当のことを教えていただけますか』兼松學他（2006年、PHP研究所）
『国鉄』大島藤太郎（1956年、岩波新書）

参考文献

『この国鉄をどうするか』角本良平（1977年、東洋経済新報社）
『国鉄を裸にする—一億人の足・総点検』共同通信社社会部（1978年、共同通信社）
『国鉄崩壊』加藤仁（1986年、講談社）
『プロ野球記録大鑑　昭和11年→平成4年』宇佐美徹也（1993年、講談社）
『やったるで！』金田正一（1965年、報知新聞社）
『やったるで！　20年』金田正一（1970年、報知新聞社）
『大物はつらいよ』金田正一・竹村健一（1993年、太陽企画出版）
『享栄高校硬式野球部史』（2003年）
『愛知の高校野球全記録—愛知県高等学校野球連盟史』（2008年、愛知県高等学校野球連盟）
『野球の科學』岩波写真文庫35巻（1951年、岩波書店）
『熱球悲願』長嶋茂雄（1963年、白鳳社）
『野球は人生そのものだ』長嶋茂雄（2009年、日本経済新聞出版社）
『みんな野球が好きだった』根来広光・小田豊二（2006年、ホーム社）
『伝説のプロ野球選手に会いに行く』高橋安幸（2008年、白夜書房）
『伝説のプロ野球選手に会いに行く2』高橋安幸（2009年、白夜書房）
『ヤクルト・スワローズ栄光への道』豊田泰光（1978年、日新報道）
『オレが許さん！波乱万丈交遊録』豊田泰光（2006年、ベースボール・マガジン社）
『プロ野球を殺すのはだれだ』豊田泰光（2009年、ベースボール・マガジン新書）
『汗と涙の高校野球』好村三郎（1976年、山手書房）
『朝日新聞記者の証言2—スポーツ記者の視座』（1980年、朝日ソノラマ）
『スポーツとともに歩んで—東京運動記者クラブ80年史』（2003年、東京運動記者クラブ）
『函館オーシャンを追って』小林肇（2006年、長門出版印刷部）
『野球事始仙台物語』高野眞五人（2006年、無明舎出版）
『白球を追って—日本社会人野球協会九州連盟野球史』日本社会人野球協会九州連盟（1884年）
『せん茶ばん茶』山崎武（1964年、共栄出版社）
『国鉄のめし』渋沢誠次（1967年、鉄道研究社）

『ベースボールと陸蒸気─日本で初めてカーブを投げた男・平岡凞』鈴木康允・酒井堅次（2005年、小学館文庫）
『ベースボールと日本野球─打ち勝つ思考、守り抜く精神─』佐山和夫（1998年、中公新書）
『日本野球はなぜベースボールを超えたのか』佐山和夫（2007年、彩流社）
『向陵誌』第2巻（第一高等学校寄宿寮編・刊（昭和12年）の複製）（1984年、一高同窓会）
『慶應義塾野球部史』慶應義塾体育会野球部・三田倶楽部（1989年）
『早稲田大学野球部百年史』早稲田大学野球部・稲門倶楽部（2002年）
『立教大学野球部史』セントポールズ・ベースボール・クラブ（立教大学野球部OB会）（1981年）
『東京大学野球部史』東京大学野球部一誠会（1975年）
『東京大学野球部90年史』東京大学野球部一誠会（2010年）
『都市対抗野球大会60年史』日本野球連盟・毎日新聞社（1990年）
『プロ野球人名事典2003』森岡浩（2003年、日外アソシエーツ）
『選抜高等学校野球大会50年史』毎日新聞社（1978年）
『日本野球連盟50年史［1949─1998］』日本野球連盟（1999年）
『全国高等学校野球選手権大会史』朝日新聞社（1958年）
『全国旧制高等学校野球史』全国旧制高等学校野球史編集委員会（1981年）
『日刊スポーツ三十年史』（1978年、日刊スポーツ新聞社）
『世紀を超えて─報知新聞120年史 郵便報知からスポーツ報知まで』（1993年、報知新聞社）
『スポーツニッポン新聞50年史』（2001年、スポーツニッポン新聞東京本社）
『毎日新聞百年史』（1972年、毎日新聞社）
『読売新聞百年史』（1976年、読売新聞社）
『近代日本総合年表第三版』（1991年、岩波書店）
『明治大正昭和世相史』加藤秀俊（代表）（1967年、社会思想社）
『世相史』岩崎爾郎・加藤秀俊（1971年、社会思想社）
「野球界」「ベースボールマガジン」「週刊ベースボール」「サンデー毎日」「週刊朝日」
「毎日新聞」「読売新聞」「朝日新聞」「日刊スポーツ」「スポーツニッポン」「報知新聞」「交通新聞」「国鉄スポーツ」「国有鉄道」（国鉄部内誌）など新聞・雑誌の記事も参考にしました。

堤　哲（つつみさとし）
東京生まれ。早稲田大学政経学部卒。1964年毎日新聞社入社。編集委員、紙面審査委員長。社会部時代、都市対抗・選抜高校野球取材のキャップ。毎日新聞の草野球チーム「大東京竹橋野球団」名目オーナーで、正三塁手。東日印刷（株）監査役。野球文化學會会員。交通ペンクラブ事務局長。（財）日本ナショナルトラスト、（財）アジア刑政財団各評議員。「アジア刑政通信」編集長。

交通新聞社新書020
国鉄スワローズ1950-1964
400勝投手と愛すべき万年Bクラス球団
（定価はカバーに表示してあります）

2010年 8月15日　第1刷発行

著　者——堤　哲
発行者——山根昌也
発行所——株式会社　交通新聞社
http://www.kotsu.co.jp/
〒102-0083　東京都千代田区麹町6-6
電話　東京（03）5216-3915（編集部）
東京（03）5216-3217（販売部）

印刷・製本—大日本印刷株式会社

ISBN978-4-330-15610-1

読む・知る・楽しむ鉄道の世界。

ジャパニーズ・ドリーム──受け継がれた「夢」。

ゼロ戦から夢の超特急

小田急SE車世界新記録誕生秘話

青田 孝／著

ISBN978-4-330-10509-3

1957（昭和32）年、狭軌鉄道としては世界最速を記録した小田急のSE車。その製作には戦前の世界最先端の航空機製造技術が関わっていた。そしてそれが、今日の新幹線を生み出すことになる。

知られざるバックステージ──新幹線「納品」の真実。

新幹線、国道1号を走る

N700系陸送を支える男達の哲学

梅原淳・東良美季／著

ISBN978-4-330-10109-5

工場で造られた新幹線の車両は、一体どのようにしてJRに「納品」されるのか。実は、夜間一般道を利用して、1両ごとにトレーラーで運ばれているのだ。その陸送プロセスの一部始終をレポート。

美味しい旅の香り──走るレストラン誕生から今日まで。

食堂車乗務員物語

あの頃、ご飯は石炭レンジで炊いていた

宇都宮照信／著

ISBN978-4-330-11009-7

今では一部の列車のみに残る食堂車。本書は、その食堂車の全盛期に乗務をしていた著者による体験談、歴史秘話。読み進めるうちに、思い出の車窓風景や懐かしのメニューがよみがえる。

松本清張生誕100年──その作品と鉄道。

「清張」を乗る

昭和30年代の鉄道シーンを探して

岡村直樹／著

ISBN978-4-330-11109-4

日本における社会派推理小説の先駆けとなったベストセラー『点と線』が発表されたのが昭和33年。本書は、当時の世相を反映した松本清張全作品から、鉄道シーンを一挙に再読する試み。

山形新幹線のカリスマ・アテンダントに密着取材。

「つばさ」アテンダント驚きの車販テク

3秒で売る山形新幹線の女子力

松尾裕美／著

ISBN978-4-330-12210-6

山形新幹線「つばさ」に乗務し、車内販売を担当するカリスマ・アテンダントがいる。限られた時間と空間の中で、いかにワンランク上の売上げを確保するのか？ 取材を通じて見えてきたのは。

南の島の鉄道史──日本統治時代への旅。

台湾鉄路と日本人

線路に刻まれた日本の軌跡

片倉佳史／著

ISBN978-4-330-12310-3

明治28年（1895）より始まる日本統治時代に本格的に整備された台湾の鉄道網。本書では、当時、台湾の地で鉄道建設を担った日本人技師たちの挑戦と今日に至る「台湾鉄路」の歴史をたどる。

地域の宝を守れ──日本のローカル線案内。

乗ろうよ！ ローカル線

貴重な資産を未来に伝えるために

浅井康次／著

ISBN978-4-330-13610-3

存在が危ぶまれる日本各地のローカル線だが、なかには街づくりの中核的な存在として話題を発信しつづけるミニ鉄道もある。本書は、実例をあげ、それぞれの地域における将来に向けた鉄道活用策を指南する。